BestMasters

Mit **„BestMasters“** zeichnet Springer die besten Masterarbeiten aus, die an renommierten Hochschulen in Deutschland, Österreich und der Schweiz entstanden sind. Die mit Höchstnote ausgezeichneten Arbeiten wurden durch Gutachter zur Veröffentlichung empfohlen und behandeln aktuelle Themen aus unterschiedlichen Fachgebieten der Naturwissenschaften, Psychologie, Sozialwissenschaften, Technik und Wirtschaftswissenschaften. Die Reihe wendet sich an Praktiker und Wissenschaftler gleichermaßen und soll insbesondere auch Nachwuchswissenschaftlern Orientierung geben.

Springer awards **“BestMasters”** to the best master’s theses which have been completed at renowned Universities in Germany, Austria, and Switzerland. The studies received highest marks and were recommended for publication by supervisors. They address current issues from various fields of research in natural sciences, psychology, social sciences, technology, and economics. The series addresses practitioners as well as scientists and, in particular, offers guidance for early stage researchers.

Mike Kotterer

# Einsatzmöglichkeiten und Nutzenpotenziale von KI in der Produktentwicklung

## Eine Analyse deutscher mittlerer und großer Automobilzulieferer sowie Entwicklungsdienstleister

Springer Gabler

Mike Kotterer
Hochschule für Angewandte
Wissenschaften Burgenland
Eisenstadt, Österreich

ISSN 2625-3577 ISSN 2625-3615 (electronic)
BestMasters
ISBN 978-3-658-51913-1 ISBN 978-3-658-51914-8 (eBook)
https://doi.org/10.1007/978-3-658-51914-8

Die Deutsche Nationalbibliothek verzeichnet diese Publikation in der Deutschen Nationalbibliografie; detaillierte bibliografische Daten sind im Internet über https://portal.dnb.de abrufbar.



Planung/Lektorat: Elisabeth Horz
Springer Gabler ist ein Imprint der eingetragenen Gesellschaft Springer Fachmedien Wiesbaden GmbH und ist ein Teil von Springer Nature.
Die Anschrift der Gesellschaft ist: Abraham-Lincoln-Str. 46, 65189 Wiesbaden, Germany

# Geleitwort

Die Automobilindustrie steht an einem historischen Wendepunkt. Elektrifizierung, Digitalisierung, globale Wettbewerbsverschiebungen und ein zunehmender Innovationsdruck verändern Wertschöpfungsstrukturen grundlegend. Insbesondere für Automobilzulieferer und Entwicklungsdienstleister, die in einem Spannungsfeld aus Kostendruck, Fachkräftemangel und steigender Produktkomplexität agieren, wird die Fähigkeit zur technologischen und organisatorischen Transformation zur zentralen Zukunftsfrage.

Künstliche Intelligenz gilt dabei als eine der Schlüsseltechnologien unserer Zeit. Ihre Potenziale reichen von der datengetriebenen Entscheidungsunterstützung über simulationsgestützte Optimierung bis hin zur intelligenten Vernetzung von Wissen in hochkomplexen Entwicklungsprozessen. Während große Automobilhersteller bereits intensiv in entsprechende Lösungen investieren, zeigt sich bei vielen Zulieferern und Entwicklungsdienstleistern noch eine deutliche Diskrepanz zwischen technischer Möglichkeit und praktischer Umsetzung. Genau an dieser Stelle setzt die vorliegende Arbeit an. Sie widmet sich in fundierter und zugleich praxisnaher Weise der Frage, welche konkreten Einsatzmöglichkeiten Künstliche Intelligenz entlang des Produktentwicklungsprozesses deutscher mittlerer und großer Automobilzulieferer sowie Entwicklungsdienstleister bietet. Dabei bleibt die Untersuchung nicht auf einer abstrakten Technologiediskussion stehen, sondern analysiert systematisch die einzelnen Tätigkeitsfelder der Produktentwicklung – vom Anforderungsmanagement über Konstruktion und Simulation bis hin zu Teamarbeit, Kommunikation und Wissensmanagement – und verknüpft diese mit den spezifischen Fähigkeiten moderner KI-Systeme.

Besonders hervorzuheben ist die Verbindung aus theoretischer Durchdringung und empirischer Fundierung. Auf Grundlage einer umfassenden Literaturanalyse sowie einer quantitativen Befragung von Fach- und Führungskräften gelingt es dem Autor, nicht nur Potenziale zu identifizieren, sondern auch Einstellungen, Erwartungen und bestehende Nutzungsmuster differenziert zu erfassen. Dadurch entsteht ein realitätsnahes Bild der aktuellen Situation in der Branche – einschließlich der bestehenden Umsetzungshemmnisse.

Die Arbeit leistet damit einen wertvollen Beitrag zur Schließung einer Forschungslücke an der Schnittstelle von Produktentwicklung und Künstlicher Intelligenz im automobilen Zulieferumfeld. Sie bietet sowohl wissenschaftliche Erkenntnisse als auch konkrete, praxisorientierte Handlungsempfehlungen für Entscheiderinnen und Entscheider. Gerade in einer Zeit, in der Innovationsfähigkeit und Geschwindigkeit über Wettbewerbsfähigkeit entscheiden, liefert diese Untersuchung wichtige strategische Orientierung.

Ich wünsche Ihnen viel Freude bei der Lektüre und hoffe, dass die Ausarbeitung dazu beiträgt, die Potenziale Künstlicher Intelligenz in der Produktentwicklung mutig, reflektiert und verantwortungsvoll zu erschließen.

Prof. Dr. Daniel Schaebs, LL.M.
Hochschule Burgenland
Eisenstadt, Österreich

# Vorwort

Lebenslanges Lernen ist für mich ein zentraler Wert. Gerade in einer schnelllebigen und von stetigem Wandel geprägten Zeit halte ich es für unverzichtbar, sich kontinuierlich weiterzubilden, um mit den Entwicklungen Schritt zu halten. Dies gilt insbesondere für das Thema Künstliche Intelligenz, das den Ausgangspunkt für die Wahl des Themas dieser Masterarbeit darstellt.

Mein besonderer Dank gilt in erster Linie meiner Frau und meinen Kindern, die über eine lange Zeit hinweg Rücksicht auf mich und mein Vorhaben genommen haben. Sie mussten viele Entbehrungen in Kauf nehmen und haben mir gleichzeitig Rückhalt und emotionale Unterstützung gegeben, wenn es notwendig war.

Ebenso möchte ich mich bei meinen Vorgesetzten bedanken, die mich stets gefordert und gefördert haben und die mich zu dem Schritt des Masterstudiums motivierten und dabei tatkräftig unterstützt haben.

Abschließend danke ich Herrn Prof. Dr. Siller für seine stets verlässliche Unterstützung bei Fragen während des gesamten Studiums sowie Herrn Prof. Dr. Schaebs für das Interesse an meiner Masterarbeit und die hervorragende Betreuung.

Mike Kotterer

# Zusammenfassung

Die vorliegende Masterarbeit untersucht die Einsatzmöglichkeiten und Nutzenpotenziale von Künstlicher Intelligenz (KI) in der Produktentwicklung deutscher mittlerer und großer Automobilzulieferer sowie Entwicklungsdienstleister. Ausgangspunkt sind steigende Produkt- und Prozesskomplexität, wachsende Datenmengen, Fachkräftemangel sowie hoher Innovations- und Wettbewerbsdruck. Trotz dieser Herausforderungen wird KI bislang nur begrenzt genutzt, was auf eine Lücke zwischen technischer und wirtschaftlicher Notwendigkeit sowie praktischer Umsetzung verweist.

Ziel der Arbeit ist es, konkrete Einsatzfelder von KI im Produktentwicklungsprozess zu identifizieren, die Perspektive der Mitarbeitenden einzubeziehen und Maßnahmen für eine erfolgreiche Einführung abzuleiten. Methodisch wurde eine Literaturarbeit mit einer quantitativen Online-Befragung von 143 Fach- und Führungskräften kombiniert.

Die theoretische Analyse strukturierte den Produktentwicklungsprozess in zentrale Tätigkeitsfelder und stellte potenzielle KI-Fähigkeiten dar. Die empirische Untersuchung erhob ergänzend Erfahrungen, Einstellungen und Einschätzungen zum Nutzenpotenzial. Die Ergebnisse verdeutlichen, dass KI entlang des gesamten Prozesses einsetzbar ist, wobei besonders große Potenziale in den Bereichen Zusammenarbeit, Kommunikation und Wissensmanagement sowie im Anforderungsmanagement liegen. Gleichzeitig bleibt die Nutzung bislang gering und die praktischen Erfahrungen oberflächlich, auch wenn die grundsätzliche Einstellung positiv ist.

Für eine erfolgreiche Einführung sind gezielte Informationsangebote, Weiterbildungen und die aktive Einbindung der Mitarbeitenden entscheidend. Aufbauend auf diesen Erkenntnissen werden praxisorientierte Handlungsempfehlungen für Unternehmen abgeleitet.

**Schlagworte** Automobilbranche • Automobilzulieferer • Entwicklungsdienstleister • Produktentwicklung • Künstliche Intelligenz • Innovationsprozess

# Übersicht über verwendete Softwaretools

| Verwendung | Verwendete Tools | Verwendungsdetails |
|---|---|---|
| Themenwahl/ Gliederung | ChatGPT | Unterstützung bei Themenfindung und Strukturierung; Entwicklung von Ideen im Einklang mit den Aufgabenrichtlinien; systematische Ordnung von Gedanken. |
| Recherche | SciSpace, ChatGPT | Einsatz KI-gestützter Tools zur Literaturrecherche |
| Textentwurf | ChatGPT | Erstellung einzelner Textentwürfe/-absätze; stilistische Unterstützung bei Formulierungen. |
| Feinschliff/ Textoptimierung | ChatGPT | Optimierung von Sprache, Stil und Lesefluss |
| Übersetzung | ChatGPT, Translate for Zotero | Erstellung von Rohübersetzungen durch KI, anschließende manuelle Überprüfung und Anpassung |
| Datenerhebung | UmfageOnline.com | Durchführung der Online-Befragung über ein Online-Umfragetool. |
| Datenauswertung | PSPP, Microsoft Excel | Statistische Auswertung mit PSPP; ergänzende Datenaufbereitung in Excel |
| Datenbanken | Google Scholar, Online-Bibliothek HS Burgenland, Statista, ResearchGate | Nutzung wissenschaftlicher Datenbanken und Bibliotheken zur Literaturrecherche |
| Sonstiges | Stichprobenrechner Surveymonkey, | Berechnung der erforderlichen Stichprobengröße mit einem Online-Rechentool |

# Inhaltsverzeichnis

# Über den Autor

**Mike Kotterer** ist Absolvent des Masterstudiengangs Business Management (MBA). Er ist im Bereich der Produktentwicklung in der Automobilzulieferindustrie tätig und beschäftigt sich insbesondere mit Engineering-Prozessen, Digitalisierung sowie der Integration Künstlicher Intelligenz in Entwicklungsumgebungen.

Seine berufliche Tätigkeit umfasst die bereichsübergreifende Produktentwicklung, die Optimierung von Prozessen sowie die Implementierung digitaler Werkzeuge in komplexen Organisationsstrukturen. Seine Forschungsinteressen liegen im Innovationsmanagement, in Produktentwicklungssystemen und in der strategischen Anwendung von Künstlicher Intelligenz im industriellen Kontext.

# Abkürzungsverzeichnis

| | |
|---|---|
| AI | Artificial Intelligence |
| AIAD | Artificial Intelligence aided Design |
| B2B | Business to Business |
| BCC | Best-Cost-Countries |
| CAD | Computer aided Design |
| CAE | Computer aided Engineering |
| DFM | Design for Manufacturing |
| DFX | Design for X |
| EDL | Entwicklungsdienstleister |
| FEM | Finite-Elemente-Methode |
| GAI | General Artificial Intelligence |
| IoT | Internet of Things |
| KI | Künstliche Intelligenz |
| KNN | Künstliche neuronale Netze |
| MBSE | Model-Based Systems Engineering |
| ML | Machine Learning |
| NAI | Narrow Artificial Intelligence |
| NLP | Natural Language Processing |
| NPD | New product development |
| NPE | Neuproduktentwicklung |
| OEM | Original Equipment Manufacturer |
| PSPP | Open-Source-Alternative zu SPSS |
| SAI | Super Artificial Intelligence |
| SPSS | IBM SPSS Statistics |

| | |
|---|---|
| SUV | Sport Utility Vehicle |
| TRIZ | Theorie des erfinderischen Problemlösens |
| USA | United States of America |
| USD | United States Dollar |
| VDA | Verband der Automobilindustrie |
| VDI | Verein Deutscher Ingenieure |

# Abbildungsverzeichnis

# Tabellenverzeichnis

# 1 Einleitung

Im Rahmen der Einleitung wird die Problemstellung und die Motivation für diese Ausarbeitung erklärt. Darüber hinaus stellt sie den aktuellen Forschungsstand und die angenommene Forschungslücke dar. Außerdem werden die Forschungsfragen skizziert sowie ein kurzer Überblick der angedachten Methoden zur Beantwortung dieser gegeben. Zum Abschluss der Einleitung wird der Aufbau der Arbeit erklärt.

## 1.1 Problemstellung inkl. Forschungsstand und -lücke

Verbraucher*innen lieben einfache und intuitive Verbrauchertechnologien, die Ihnen das Leben so angenehm wir nur möglich machen. Die Produkte unserer Welt sind daher schon heute sehr komplex. Doch die Ansprüche an die Produkte werden sich in absehbarer Zukunft noch weiter erhöhen. Menschen wollen zukünftig von ihren technischen Geräten verstanden und von ihnen unterstützt werden. Außerdem wünschen sie sich mit ihnen zu interagieren und zu kommunizieren. Darüber hinaus bestehen Erwartungen an die Nachhaltigkeit von Produkten. Sie sollen so konzipiert werden, dass sie wiederverwendet werden können und recyclingfähig sind. Zudem sollen sie emissions- und abfallarm produziert werden (vgl. Marr, 2024).

Ziel der Hersteller solcher Technologien muss es sein mit immer innovativeren und neueren Produkten die wachsenden Erwartungen der Kund*innen zu erfüllen, um neue Kaufanreize zu schaffen und im Wettbewerb weiter bestehen zu können (vgl. Marr, 2024). Doch um den Kund*innen diese Produkte in Zukunft bieten zu können, bedarf es einer ebenso großen Komplexität im Hintergrund, da zur Erfüllung der Erwartungen Hardware, Software, Grad der Vernetzung und auch



M. Kotterer, *Einsatzmöglichkeiten und Nutzenpotenziale von KI in der Produktentwicklung*, BestMasters, https://doi.org/10.1007/978-3-658-51914-8_1

die mit den Produkten einhergehende Produkt-Compliance entscheidende Rollen spielen (vgl. Jastram, 2022, S. 1).

Die Komplexität und Vielfalt von Produkten und die damit verbundenen Daten aus Konstruktion, Fertigung, Prozessen und Dokumentation, tragen maßgeblich zum weltweiten Anstieg der Datenmengen bei. Allein in den Jahren von 2013 bis 2023 hat sich diese von 12,5 Zettabyte zu 132,4 Zettabyte mehr als verzehnfacht. Eine Prognose zeigt sogar einen weiteren Anstieg um fast 200 % bis 2028 (vgl. Western Digital, 2024). Damit stehen für die Entwicklung neuer innovativer Produkte zwar immens große Datenmengen aus dem Umfeld und dem eigenen Unternehmen zur Verfügung, es ist aber nicht mehr möglich diese manuell auszuwerten (vgl. Schweitzer, 2024, S. 1).

Schon heute bedarf es große Teams die gemeinsam und vernetzt an der Entwicklung neuer Produkte arbeiten, was wiederum die Komplexität in Entwicklungsprozessen erhöht (vgl. Jastram, 2022, S. 1). Typischerweise haben Unternehmen diesem Sachverhalt mit noch mehr Arbeitskräften und Fachwissen entgegen gewirkt (vgl. Jastram, 2022, S. 3), jedoch wird das in Zukunft nicht mehr zielführend sein, da der steigenden Komplexität und Datenmenge der globale Fachkräftemangel entgegensteht.

Diesen Mangel zeigt eine Studie der ManpowerGroup auf, der zufolge 75 % aller weltweit befragten Unternehmen Probleme haben qualifiziertes Fachpersonal zu finden. Im nationalen Vergleich führt Deutschland hierbei das Feld mit 86 % an. Die Studie zeigt darüber hinaus, dass das größte Problem in Deutschland darin besteht Qualifikationen in IT und Data-Science zu finden, aber auch dass im Ingenieurwesen Fachkräfte fehlen (vgl. ManpowerGroup, 2025). Der Verband Deutscher Ingenieure meldete Anfang 2024 ca. 148.000 unbesetzte Stellen für Ingenieure*innen (vgl. Verein Deutscher Ingenieure, 2024).

Gründe für den Fachkräftemangel in Deutschland sind der gestiegene Fachkräftebedarf aufgrund der digitalen Transformation, dem fehlenden Aus- und Weiterbildungsangebot dahingehend und die deutsche demografische Entwicklung. Wonach in den nächsten zehn Jahren die Babyboomer in den Ruhestand gehen werden und die daraus resultierende Fachkräftelücke nicht durch jüngere Generationen aufgewogen werden kann (vgl. Statistisches Bundesamt, 2025a; vgl. Verein Deutscher Ingenieure, 2024; vgl. Wirtschaft Magazin, 2025).

Mit steigender Erwartung an Produkte und Verbrauchertechnologien, steigt auch der Innovationsdruck in Unternehmen. Entscheidend ist, neue Produkte rechtzeitig und schnell auf den Markt zu bringen, um sich als Innovationsführer Marktanteile zusichern und sich gegen die globale Konkurrenz behaupten zu können. Eine kurze Time-to-Market ermöglicht es Unternehmen außerdem, flexibel auf Marktveränderung, wie geänderte Kundenbedürfnisse oder neue Wettbewerber, zu reagieren (vgl. Me & Company GmbH, 2025; vgl. Unternehmer Deutschlands, 2024). Besonders in der Automobilbranche ist der Wettbewerbsdruck hoch, da chinesische Automobilhersteller deutlich kürzere Entwicklungs- und damit Time-to-Market-Zeiten für neue Fahrzeugmodelle realisieren als europäische Hersteller (vgl. IT&Production, 2025).

Automobilhersteller als Inverkehrbringer von Fahrzeugen, haben die genannten Herausforderungen längst erkannt und setzen schon heute verstärkt auf KI-basierende Lösungen, um Komplexität, wachsende Datenmengen, mangelnde Ressourcen sowie Zeit- und Kostendruck zu bewerkstelligen. Anhand einer Studie des Capgemini Forschungsinstitutes aus dem Jahr 2019 lässt sich über das Investitions- und Implementierungsverhalten in Bezug auf künstliche Intelligenz erkennen, dass die Hersteller sich deutlich früher und intensiver mit dem Einsatz von KI beschäftigt haben als Automobilzulieferer (vgl. Capgemini Research Institute, 2019, S. 6, 12; vgl. GlobalLogic, 2024).

Obwohl viele Herausforderungen, wie steigende Komplexität, Innovationsdruck und Anforderungen, für Automobilhersteller und Zulieferer ähnlich sind, ist deren Bewältigung für Automobilzulieferer und Entwicklungsdienstleister oft deutlich schwieriger. Zulieferer entwickeln selten eigenständige Endprodukte, sondern müssen ihre Komponenten nahtlos in die Systeme der Hersteller integrieren, gleichzeitig haben sie nur geringen Einfluss auf Entwicklungszeiten. Dazu kommen eingeschränkte Ressourcen, rückläufige Beschäftigungszahlen (vgl. dpa, 2024) und zunehmender wirtschaftlicher Druck durch sinkende Margen (vgl. Majic et al., 2025). Die Zusammenarbeit zwischen Automobilherstellern und -zulieferern ist zudem geprägt von einseitiger Machtverteilung und einem zunehmenden wirtschaftlichen Spannungsfeld (vgl. Kemle, 2018).

Der Einsatz von KI, spätestens seit der Veröffentlichung und der Einführung von ChatGPT im November 2022 in der Wahrnehmung der Öffentlichkeit etabliert, scheint bei den eingangs genannten Herausforderungen naheliegend (vgl. Hannemann, 2023; vgl. OpenAI, 2022). Es wäre anzunehmen, dass seither die meisten Unternehmen künstliche Intelligenz für ihre Vorteile nutzen.

Doch verhält es sich in der Realität noch anders. Zwar planen bzw. nutzen zwischenzeitlich ca. 70 % aller Automobilunternehmen den Einsatz von KI, doch können sich 15,6 % ihr Beschäftigen noch immer nicht vorstellen von dieser unterstützt zu werden. Nur 1,8 % aller befragten Automobilbranchenmitarbeiter*innen sehen Unterstützungspotenziale im Innovationsprozess. Hinsichtlich der Anwendung von KI gaben lediglich 6,6 % tägliche Anwendung an, 49,3 % verwenden auf KI-basierende Programme kaum bis nie (vgl. Weiss, 2024).

Diese Zahlen zeigen, dass es Automobilzulieferern und Entwicklungsdienstleistern trotz wachsender Notwendigkeit, bislang nicht gelungen ist, Potentiale von künstlicher Intelligenz effektiv für sich zu nutzen. Daher liegt die zentrale Problematik nicht in fehlenden KI-Lösungen, sondern in der mangelnden Nutzung von Möglichkeiten und in der dadurch wachsenden Lücke von technischer bzw. wirtschaftlicher Notwendigkeit und praktischer Umsetzung.

Bei der Recherche zum aktuellen Forschungsstand fiel auf, dass es im Bereich Monografien zwar zahlreiche Fachliteratur zu den Themen Produktentwicklung und Künstliche Intelligenz gibt, jedoch kaum Werke, die beide Themen miteinander in Verbindung bringen. Einzelne Veröffentlichungen behandeln den Einsatz von künstlicher Intelligenz für sehr spezifische Entwicklungsvorhaben, wie zum Beispiel in der Antriebstechnik (Mirfendreski, 2022). Andere wiederum widmen sich dem Einsatz von KI in der Automobilindustrie insgesamt, um entlang der gesamten automobilen Wertschöpfungskette Mehrwert schaffen zu können (Nolting, 2021).

Einige wissenschaftliche Artikel wie zum Beispiel *„The Artificial Intelligence Revolution in New-Product Development"* von Robert G. Cooper bringen beide Themen miteinander in Verbindung. Sie deuten auf die Vorteile von künstlicher Intelligenz im Rahmen der Produktentwicklung hin und betonen die Notwendigkeit und Wichtigkeit dieser in der Zukunft (vgl. Cooper, 2024b) bei derzeitig noch geringer Anwendungsrate in den Unternehmen (vgl. Cooper, 2024a).

Eine Forschungslücke scheint nach erster Recherche in der Fragestellung zu liegen, wo konkret Einsatzmöglichkeiten von künstlicher Intelligenz in der automobilen Produktentwicklung bestehen und welche Faktoren die Akzeptanz von Anwendern beeinflussen (vgl. Plappert et al., 2020).

## 1.2 Ziele der Arbeit

Ziel dieser Arbeit ist es, Einsatzmöglichkeiten von künstlicher Intelligenz im Produktentwicklungsprozess deutscher mittlerer und großer Automobilzulieferer sowie Entwicklungsdienstleister zu erarbeiten. Hierzu soll der Produktentwicklungsprozess selbst zunächst analysiert und in Teilaufgaben untergliedert werden.

In einem weiteren Schritt werden die Grundlagen von KI-Technologien verständlich erarbeitet. Dabei ist es nicht Ziel KI im Detail oder auf binärer Ebene zu erklären, sondern den Grundaufbau, die Eingangsgrößen, Unterscheidungsmerkmale und Ausgabemöglichkeiten nachvollziehbar darzustellen.

Anschließend werden die erworbenen Erkenntnisse aus Produktentwicklung und künstlicher Intelligenz miteinander verknüpft, um daraus potenzielle Anwendungsgebiete und Einsatzmöglichkeiten abzuleiten.

Es ist anzunehmen, dass sich Anwendungsgebiete ergeben, für die es derzeit noch keine entsprechenden KI-Anwendungen auf dem Markt gibt. Für diesen Fall ist es wichtig zu betonen, dass es nicht Ziel dieser Arbeit ist KI-Anwendungen zu entwickeln. Es geht stattdessen darum Ansatzpunkte für einen praktischen Einsatz von KI in der Produktentwicklung zu identifizieren.

Ein weiteres Ziel besteht darin, Mitarbeiter*innen und Entscheider*innen entlang des Produktentwicklungsprozesses durch die praxisnahen Einsatzmöglichkeiten für das Thema KI zu sensibilisieren und Interesse zu wecken. Dies soll unter anderem durch eine Befragung zu den wahrgenommen Nutzenpotenzialen erfolgen.

Nicht Ziel dieser Arbeit ist es, Erfolgsfaktoren für die Implementierung von KI-Anwendungen in Unternehmen zu identifizieren oder Vorgaben für die für KI notwendigen Datenstrukturen zu machen und Umsetzungskonzepte zu entwickeln.

Abschließend sollen Handlungsempfehlungen für Entscheider*innen im Produktentwicklungsprozess als strategische Orientierungshilfen formuliert werden. Diese Empfehlungen sind auch auf andere strukturell vergleichbare Unternehmen der Branche anwendbar.

## 1.3 Forschungsfragen

Zur Untersuchung der Einsatzmöglichkeiten und Nutzenpotenziale von künstlicher Intelligenz im Produktentwicklungsprozess deutscher mittlerer und großer Automobilzulieferer sowie Entwicklungsdienstleister sollen die folgenden Forschungsfragen beantwortet werden.

**F1**

Welche Einsatzmöglichkeiten bietet künstliche Intelligenz entlang des Produktentwicklungsprozesses deutscher mittlerer und großer Automobilzulieferer sowie Entwicklungsdienstleister?

**F2**

Welche Erfahrungen und Erwartungen haben Mitarbeiter*innen im Produktentwicklungsprozess deutscher mittlerer und großer Automobilzulieferer sowie Entwicklungsdienstleister im Umgang mit künstlicher Intelligenz?

**F3**

Welche Maßnahmen sollten Entscheider*innen entlang des Produktentwicklungsprozesses deutscher mittlerer und großer Automobilzulieferer sowie Entwicklungsdienstleister ergreifen, damit zukünftige strategische Vorhaben auf Basis künstlicher Intelligenz gelingen?

## 1.4 Methode

Zur Beantwortung der Forschungsfragen werden zwei methodische Ansätze kombiniert: eine fundierte Literaturarbeit sowie eine quantitative Umfrage. Beide Methoden ergänzen sich und tragen gemeinsam zur Beantwortung aller drei Forschungsfragen bei.

Im theoretischen Teil werden zunächst die Grundlagen, Prozesse und Methoden der Produktentwicklung sowie die unterschiedlichen Tätigkeitsfelder analysiert. Dabei werden die Tätigkeiten nach zugrunde liegenden Informationsquellen in datenbasierte, modellbasierte, dokumentbasierte und erfahrungsbasierte Kategorien unterteilt. Ergänzend werden die grundlegenden Funktionsweisen und Arten Künstlicher Intelligenz systematisch dargestellt. Auf dieser Basis können theoretische Einsatzmöglichkeiten von KI in der Produktentwicklung abgeleitet werden.

Die empirische Untersuchung in Form einer quantitativen Befragung dient dazu, bestehende Erfahrungen, Einschätzungen und Erwartungen von Fach- und Führungskräften zu erfassen. Durch die Verbindung der theoretischen Erkenntnisse mit den empirischen Ergebnissen lassen sich die Forschungsfragen umfassend beantworten und Handlungsempfehlungen für Unternehmen ableiten. Eine detaillierte Darstellung des methodischen Vorgehens erfolgt in *Kapitel 4*.

## 1.5 Aufbau der Arbeit

Diese Masterarbeit ist in sechs Hauptteile gegliedert, die inhaltlich und logisch aufeinander aufbauen.

Im ersten Kapitel wird die Einleitung gegeben. Sie umfasst die Darstellung der Problemstellung, der bestehenden Forschungslücke sowie die Ableitung der Ziele und Forschungsfragen. Zudem wird die angewandte Methodik kurz vorgestellt und der Aufbau der Arbeit skizziert.

Das zweite Kapitel führt in den Branchenkontext ein. Neben der Definition zentraler Begriffe werden die deutsche Automobil- und Zulieferindustrie sowie ihre Marktsegmente und Herausforderungen erläutert. Ergänzend wird mit der SMP Deutschland GmbH ein Beispielunternehmen vorgestellt, das stellvertretend für die Perspektive eines großen Zulieferers steht.

Das dritte Kapitel bildet den theoretischen Rahmen. Es behandelt zunächst Konzepte und Modelle des Innovationsmanagements und geht anschließend detailliert auf die Produktentwicklung ein. Dabei werden deren Ziele, Aufgaben und Herausforderungen sowie zentrale Tätigkeitsfelder wie Anforderungsmanagement, Problemlösungs- und Entscheidungsfindung, Konstruktion, FEM-Simulation oder Teamarbeit, Kommunikation und Wissensmanagement systematisch dargestellt. Darauf aufbauend werden die Grundlagen der Künstlichen Intelligenz erläutert, ihre Funktionsweisen, Technologien und Fähigkeiten beschrieben und schließlich Einsatzmöglichkeiten im Produktentwicklungsprozess aufgezeigt. Ein Zwischenfazit fasst die wesentlichen theoretischen Erkenntnisse zusammen.

Im vierten Kapitel folgt der empirische Teil. Zunächst werden Forschungsstrategie und -design begründet, die Methode der Online-Umfrage dargestellt sowie die Stichprobe, der Fragebogen und der Pretest beschrieben. Anschließend erfolgt die Auswertung der erhobenen Daten in mehreren Schritten, von der Datenaufbereitung über univariate, bivariate und Korrelationsanalysen bis hin zur Reflexion der Ergebnisse anhand der Gütekriterien. Die Interpretation der Befunde sowie ihr Vergleich mit bestehender Literatur schließen dieses Kapitel ab.

Das fünfte Kapitel umfasst die Schlussfolgerungen und Handlungsempfehlungen. Hier werden die Forschungsfragen fundiert beantwortet und praxisorientierte Empfehlungen abgeleitet.

Im abschließenden sechsten Kapitel werden die zentralen Erkenntnisse zusammengefasst. Darüber hinaus werden Limitationen der Arbeit diskutiert, ein Ausblick gegeben und mögliche Anknüpfungspunkte für zukünftige Forschung aufgezeigt.

# 2 Vorstellung der Branche und ein Beispiel-Unternehmen

In diesem Kapitel wird auf die Zielgruppe dieser Ausarbeitung eingegangen. Hierzu wird, nach einer kurzen Begriffsdefinition, zunächst die Branche und danach ein Beispiel-Zulieferunternehmen vorgestellt.

## 2.1 Begriffsdefinition

Für die Lesbarkeit und das Verständnis der nachfolgenden Kapitel, werden an dieser Stelle die Begriffe *OEM*, *Automobilzulieferer* und *Entwicklungsdienstleister* definiert. Außerdem erfolgt eine Einordnung der Unternehmen in unterschiedliche Unternehmensgrößen.

**OEM – Original Equipment Manufacturer**
In der Automobilindustrie sind Original Equipment Manufacturer (OEM) die Hersteller und Inverkehrbringer von Fahrzeugen. Sie konzentrieren sich auf ihre jeweiligen Kernkompetenzen und geben im Rahmen einer arbeitsteiligen Wertschöpfungskette Produktions- und Entwicklungsumfänge an Zulieferer und Entwicklungsdienstleister ab, um Synergien aus spezifischem Know-How, unterschiedlichen Kostenstrukturen und verfügbaren Ressourcen zu nutzen (vgl. Leffers et al., 2020, S. 20–24; vgl. Mehrle et al., 2012, S. 332).



M. Kotterer, *Einsatzmöglichkeiten und Nutzenpotenziale von KI in der Produktentwicklung*, BestMasters, https://doi.org/10.1007/978-3-658-51914-8_2

**Automobilzulieferer**

Automobilzulieferer sind Hersteller von Bauteilen, Komponenten, Systemen oder Baugruppen, die in den Herstellungsprozess von Fahrzeugen eingehen und damit Bestandteile von Automobilen sind. Die Zulieferer beliefern die Fahrzeughersteller entweder direkt oder indirekt. Entsprechend der automobilen Lieferkette wird dabei in Ebenen, sogenannten Tiers, unterschieden. Somit beliefern Tier-1-Lieferanten den OEM direkt und Tier-2- bzw. Tier-3 Lieferanten jeweils den vorgelagerten Lieferanten. In manchen Fällen beliefern Unterlieferanten die OEM auch direkt (vgl. Prawitz, 2023).

**EDL – Entwicklungsdienstleister**

Entwicklungsdienstleister (EDL) sind professionelle Unternehmen, die OEMs und Zulieferer im Forschungs- und Entwicklungsprozess unterstützen. Sie übernehmen klar abgrenzbare Leistungs- und Entwicklungsumfänge, die von Konstruktion und Entwicklung über Testing bis hin zur Gesamtfahrzeugentwicklung reichen (vgl. Leffers et al., 2020, S. 9–11, 20–23).

**Kleinst-, kleine, mittlere und große Unternehmen**

In dieser Ausarbeitung liegt der Fokus auf mittleren und großen Unternehmen innerhalb der Automobilzulieferbranche sowie bei Entwicklungsdienstleistern. Die Einteilung der Unternehmen erfolgt dabei in Anlehnung an die Empfehlung 2003/361/EG der Europäischen Kommission. Diese definiert die Unternehmensgrößen anhand der Anzahl an Beschäftigten, sowie des Jahresumsatzes oder der Bilanzsumme. Die Einordnung der Unternehmensgrößen ist in Abbildung 2.1 dargestellt.

| Unternehmensgröße | Beschäftigte | Jahresumsatz | Jahresbilanzsumme |
|---|---|---|---|
| Kleinstunternehmen | 1 - 9 Personen | bis 2 Mio. EUR | bis 2 Mio. EUR |
| Kleines Unternehmen | 10 - 49 Persone | 2 -10 Mio. EUR | 2 -10 Mio. EUR |
| Mittleres Unternehmen | 50 - 249 Personen | 10 - 50 Mio. EUR | 10 - 43 Mio. EUR |
| Großes Unternehmen | mehr als 250 | mehr als 50 Mio. EUR | mehr als 43 Mio. EUR |

**Abbildung 2.1** Unternehmensgrößen. (Eigene Darstellung in Anlehnung an Europäische Kommission, 2003)

Diese Einteilung ermöglicht die klare Eingrenzung der in dieser Arbeit betrachteten Zielgruppe. Die Auswahl der mittleren und großen Unternehmen als Zielgruppe erfolgt unter der Annahme, dass diese typischerweise organisatorische und technologische Voraussetzungen erfüllen, um komplexe Entwicklungsprojekte durchzuführen und Zukunftstechnologien wie *Künstliche Intelligenz* in ihre Prozesse zu integrieren.

## 2.2 Vorstellung der Branche

Im Rahmen der Branchenvorstellung wird zu Beginn ein Überblick über die deutsche Automobilbranche und deren Herausforderungen gegeben, bevor auf den Marktverbund und die Marktsegmentierung eingegangen wird. Anschließend folgt die Vorstellung der Automobilzulieferindustrie sowie eine Darstellung der aktuellen Herausforderungen für Zulieferer. Abschließend wird die Rolle von Entwicklungsdienstleistern thematisiert.

### 2.2.1 Die deutsche Automobilbranche - ein Überblick

Die deutsche Automobilbranche erzielte 2024 einen Umsatz von 542 Mrd. € und ist somit ein zentraler Pfeiler der deutschen Wirtschaft. Hierzu trägt besonders das hohe Exportvolumen, welches im Jahr 2024 69 % des Gesamtumsatzes ausmachte, bei (vgl. Statistisches Bundesamt, o. J.). Laut dem Verband der Automobilindustrie und dem Statistischen Bundesamt waren im Jahr 2024 rund 780.000 Personen in 911 Betrieben direkt in der Automobilindustrie beschäftigt. In dieser Beschäftigungszahl sind folgende Tätigkeiten eingeschlossen: die Herstellung von Kraftwagen zur Personen- oder Güterbeförderung sowie die Produktion diverser Teile und Zubehörteile einschließlich der Herstellung von Anhängern und Sattelanhängern (vgl. Statistisches Bundesamt, o. J.; vgl. VDA, o. J.-f). Neben ihrer ökonomischen Bedeutung fungiert die Branche auch als Innovationstreiber, wie etwa bei Entwicklungen im Bereich des autonomen Fahrens, der Elektromobilität oder vernetzter Mobilitätssysteme. Deutsche Automobilmarken wie BMW, Volkswagen und Mercedes-Benz werden weltweit geschätzt und sind Ausdruck deutscher Ingenieurskunst (vgl. Nachhaltigkeit Wirtschaft, o. J.).

Die deutsche Automobilbranche steht vor einem umfangreichen und tiefgreifenden Wandel. Dieser ist geprägt durch die Elektrifizierung, der digitalen Transformation und dem globalen Wettbewerb.

**Elektrifizierung und Nachhaltigkeit**

Ein zentraler Bestandteil des Wandels ist die Elektrifizierung der deutschen Automobilbranche. Das deutsche Klimaschutzgesetz sieht vor, dass die Treibhausgasemissionen in Deutschland bis 2030 um mindestens 65 % reduziert werden. Da der Verkehrssektor, insbesondere der Straßenverkehr, in erheblichem Maß zum gesamten deutschen $CO_2$-Ausstoß beiträgt, plant die deutsche Bundesregierung bis 2030 rund 15 Millionen vollelektrische Fahrzeuge auf deutschen Straßen zu etablieren. Laut dem Umweltbundesamt liegt der Verkehrssektor deutlich hinter seinen Zielvorgaben zurück (vgl. Bundesregierung, 2024; vgl. Umweltbundesamt, 2024, 2025).

Die Elektrifizierung stellt die Automobilhersteller vor die Herausforderung, dass die Fertigung von Elektrofahrzeugen neue Technologien und Herstellungsprozesse erfordert und dadurch jahrzehntelang erworbenes Know-how an Bedeutung verliert (vgl. Fraunhofer IPT, o. J.). Der notwendige Wandel hin zur Elektromobilität erfordert nicht nur Investitionen in neue Fertigungstechnologien, sondern auch erhebliche Aufwendungen für Forschung und Entwicklung. Diese Faktoren treiben die ohnehin hohen Produktionskosten von Elektrofahrzeugen zusätzlich in die Höhe (vgl. Gilgen, 2024; vgl. ING Bank, 2023). Nachdem im Jahr 2024 die Elektroförderung der deutschen Bundesregierung ausgelaufen ist und die Anschaffungspreise für Elektrofahrzeuge weiterhin höher sind als für Fahrzeuge mit Verbrennungsmotor, stagniert derzeit der Absatz (vgl. OM online, 2025; vgl. Zwick, 2024).

**Digitale Transformation**

Unter Digitalisierung wird die Integration moderner digitaler Technologien in Produktion und Geschäftsmodelle der Branche verstanden. Dazu gehören unter anderem Industrie 4.0, das Internet of Things (IoT), KI-gestützte Prozesse sowie softwarezentrierte Fahrzeuge. Herausforderungen für die deutschen Automobilunternehmen bestehen in hohen Investitionskosten sowie in verschiedenen regulatorischen Hürden, beispielsweise im Bereich Datenschutz. Zudem erschweren eine bestehende Qualifikationslücke der Mitarbeitenden sowie komplexe interne Prozesse die Umsetzung digitaler Strategien. Um sich gegen den internationalen Wettbewerb, insbesondere gegenüber den USA und China, behaupten zu können, gehen Automobilhersteller oft strategische Partnerschaften mit etablierten Softwareunternehmen ein (vgl. Daubner, 2025).

**Globaler Wettbewerb**

Ein Drittel ihres Umsatzes erzielt die deutsche Automobilindustrie auf dem chinesischen Markt, womit sie im hohen Maß von China abhängig ist. Der Absatz deutscher Fahrzeuge in China stagniert, und im dritten Quartal 2024 verloren deutsche Hersteller deutlich an Markanteilen: BMW verzeichnete einen Rückgang von 30 %, Volkswagen 15 % und Mercedes-Benz 13 %. Gesamtheitlich verzeichnet die Branche im Jahr 2024 einen Rückgang von 17 % gegenüber dem Vorjahr 2023 (vgl. Kienle, 2024; vgl. VDA, o. J.-d).

Während deutsche Hersteller in China zunehmend weniger Fahrzeuge verkaufen, drängen gleichzeitig chinesische Automobilhersteller verstärkt auf den europäischen Markt. So konnte beispielsweise die Marke BYD ihren Absatz im Jahr 2024 um 45 % steigern (vgl. Kienle, 2024; vgl. VDA, o. J.-d).

Ein weiterer wichtiger Absatzmarkt für alle deutschen Automobilhersteller sind die USA. Im Jahr 2024 wurden rund 13,1 % aller exportierten deutschen Fahrzeuge in die Vereinigten Staaten geliefert, was einer Steigerung von 12 % gegenüber dem Vorjahr entspricht (vgl. Becker, 2025; vgl. VDA, o. J.-d).

Zum 03. April 2025 hat die US-amerikanische Regierung neue Importzölle für nicht in den USA produzierte Personenkraftwagen und Nutzfahrzeuge eingeführt. Der bisherige Zollsatz von 2,5 % auf in Europa gefertigte Fahrzeuge wurde auf 25 % erhöht. Diese Maßnahme führt zu höheren Preisen für Verbraucher und dürfte sich negativ auf die Nachfrage auswirken. Der bislang positive Absatztrend in den USA ist damit gefährdet und könnte erhebliche Auswirkungen auf die deutsche Automobilindustrie haben (vgl. manager, 2025; vgl. VDA, 2025).

### 2.2.2 Marktverbund: Neuwagenmarkt und After-Markt

In der Regel bezieht sich der Begriff *Automobilmarkt* auf den Neuwagenmarkt. Der Verkauf von neuen Fahrzeugen stellt den Ausgangspunkt für zahlreiche weitere wirtschaftliche Aktivitäten dar, die sich entlang der Wertschöpfungskette in vorgelagerte und nachgelagerte Bereiche unterteilen lassen. Rund um das Neufahrzeug hat sich ein vielfältiges Ökosystem aus Dienstleistungen und ergänzenden Märkten entwickelt (vgl. Diez, 2009, S. 17).

Der Automobilmarkt umfasst dabei sowohl den Neuwagenverkauf bzw. den Neuwagenmarkt als auch den After-Markt für Service- und Ersatzteile. Auf die Bedeutung dieser Märkte für die Automobilbranche wird im Folgenden eingegangen.

**Neuwagenmarkt**

Der Neuwagenmarkt stellt, wie bereits beschrieben, den Kern des Automobilmarktes dar. Hierbei handelt es sich um den Verkauf von fabrikneuen

Fahrzeugen durch die Automobilhersteller. Die In- und Auslandsproduktion deutscher Automobilhersteller belief sich im Jahr 2024 auf rund 13,6 Millionen Personenkraftwagen, davon wurden 4,1 Millionen in Deutschland produziert (vgl. VDA, o. J.-a). Der weltweite Marktanteil der deutschen Automobilindustrie am Neuwagenmarkt lag im Jahr 2024 bei 17,3 % (vgl. Business Insider, 2025).

**After-Markt**

Obwohl der After-Markt oft weniger im Fokus steht als der Neuwagenmarkt, spielt er innerhalb der Automobilbranche eine wichtige Rolle. Er umfasst alle Produkte und Leistungen, die nach einem Fahrzeugkauf angeboten werden. Dazu zählen Reparatur- und Wartungsleistungen, Verkauf und Austausch von Ersatzteilen und das Angebot von Zubehörteilen. Besonders das Ersatzteil- und Zubehörgeschäft hat aufgrund seiner hohen Profitabilität und seiner weitgehenden Konjunkturunabhängigkeit besondere Bedeutung für die Automobilhersteller als auch für Teilehersteller bzw. Automobilzulieferer auf deren Rolle im weiteren Verlauf noch eingegangen wird (vgl. Diez, 2009, S. 19).

### 2.2.3 Marktsegmentierung

Für eine differenzierte Marktbearbeitung ist die Aufteilung des Gesamtmarktes in Teilmärkte sinnvoll. Dies ermöglicht die Anwendung eines gezielten Marketing-Mix je Segment (vgl. Diez, 2009, S. 26).

In der Automobilbranche ist die Marktsegmentierung häufig produktbezogen. Meist erfolgt sie nach Preisklassen, untere, mittlere und obere, wobei zusätzlich zwischen Volumen-, Premium- und Luxussegmenten unterschieden wird. Diese Einteilung ist einfach, greift jedoch oft zu kurz, da sie die unterschiedlichen Kundenbedürfnisse unzureichend berücksichtigt (vgl. Diez, 2009, S. 26–28).

Alternativ wird der Markt nach technischen Kriterien segmentiert, etwa anhand von Fahrzeuggröße und -typ. Eine gängige Orientierung bietet dabei die Einteilung in Fahrzeugklassen gemäß der Europäischen Kommission, die beispielsweise in wettbewerbsrechtlichen Verfahren genutzt wird, jedoch ohne bindenden Charakter (vgl. Diez, 2009, S. 28; vgl. European Commission, 1999).

In der Praxis finden sich weitere Klassifizierungen, etwa jene des Kraftfahrt-Bundesamts, die oft in ähnlicher Form zur Anwendung kommen. Bei dieser Klassifizierung wird zwischen den Segmenten Mini, Kleinwagen, Kompaktklasse, Mittelklasse, obere Mittelklasse, Sport Utility Vehicle (SUV), Geländewagen und Utilities unterschieden (vgl. Das Kraftfahrt-Bundesamt, o. J.-b). Insgesamt lässt sich jedoch feststellen, dass es weder eine starre noch eine einheitliche Definition von Fahrzeugsegmenten gibt und auch keine klaren Abgrenzungen zwischen den Segmenten bestehen.

SUVs sind derzeit das stärkste Segment in Bezug auf Neuzulassungen in Deutschland. Im Jahr 2024 erreichten sie einen Anteil von 30 % an allen Neuzulassungen. Als weiteres bedeutendes Segment ist die Kompaktwagenklasse hervorzuheben, die im selben Jahr einen Anteil von 18,7 % verzeichnete (vgl. Das Kraftfahrt-Bundesamt, o. J.-a).

### 2.2.4 Die deutsche Automobilzulieferindustrie

Die Automobilzulieferindustrie ist ein elementarer Bestandteil der automobilen Wertschöpfungskette. Zwischen 70 und 80 % der Wertschöpfung werden durch die Zulieferer erbracht, womit sie ein Grundpfeiler der globalen Automobilindustrie darstellen (vgl. Bach, 2024; vgl. Stuttgarter Zeitung, 2019).

Die deutsche Zulieferindustrie umfasst rund 1400 Unternehmen mit etwa 266.800 Beschäftigten (vgl. Listflix, 2025; vgl. Statistisches Bundesamt, 2025b). Der Gesamtumsatz der deutschen TOP 100 Automobilzulieferer belief sich im Jahr 2023 auf 279 Mrd. € (vgl. Meyer Industry Research, 2025, S. 6).

Das Produktportfolio der einhundert umsatzstärksten Unternehmen lässt sich in die Kategorien Interior, Exterieur, Antrieb, Fahrwerk, Elektronik, E-Mobilität und Sonstiges unterteilen. Es ist ein klarer Trend zu erkennen, dass sich immer mehr Lieferanten auf die Produktsegmente Elektronik, E-Mobilität und Fahrwerk spezialisieren (vgl. Meyer Industry Research, 2025, S. 2, 7).

Unter den deutschen Zulieferbetrieben gibt es auch einige global agierende Unternehmen. Hierzu zählen unter anderem die deutschen Unternehmen Bosch GmbH, ZF Friedrichhafen AG und Continental AG, welche zu den weltweit größten Automobilzulieferunternehmen gehören. Gemeinsam erwirtschaften sie 20,7 % des Umsatzes der einhundert größten Automobilzulieferer weltweit (vgl. Autozeitung, 2024; vgl. Buske & Wirth, 2024).

Zulieferer produzieren und liefern nicht nur Bauteile, Komponenten und Systeme, sondern übernehmen zunehmend auch Aufgaben in der Entwicklung und Systemverantwortung (vgl. Knauf Industries Automotive, 2024). Meist handelt es sich dabei um Tier-1-Zulieferer, die direkt mit den Fahrzeugherstellern zusammenarbeiten und häufig ganze Module, wie Cockpits, Fahrwerksysteme oder Türverkleidungen, entwickeln und liefern. Ein Beispiel für einen Tier-1-Zulieferer wird im *Abschnitt 2.3* vorgestellt.

### 2.2.5 Besondere Herausforderungen für Zulieferer

Zulieferer stehen vor denselben Herausforderungen wie die Automobilhersteller, zusätzlich jedoch auch vor spezifischen Herausforderungen, auf die im Folgenden eingegangen wird.

**Transformation zur Elektromobilität**
Viele Automobilzulieferer sind direkt von der Mobilitätswende betroffen, da sie Komponenten für Verbrennungsmotoren herstellen und diese für elektrisch angetriebene Fahrzeuge nicht benötigt werden. Der Grad der Abhängigkeit variiert je nach individueller Diversifizierung der Zulieferunternehmen. In vielen Fällen werden die Unternehmen zum Umdenken gezwungen und Transformationsprozesse sind meist bereits angestoßen worden. Dabei befinden sich die betroffenen Unternehmen jedoch in unterschiedlichen Phasen des Wandels (vgl. Deloitte GmbH & VDA, 2021, S. 5, 7).

In der Branche war man sich im Jahr 2021 zwar darüber einig, dass der Marktanlauf der Elektromobilität deutlich beschleunigt werden würde, jedoch herrschte Uneinigkeit darüber, über welchen Zeitraum sich diese Entwicklung erstrecken würde. Es bestanden unterschiedliche Meinungen darüber, wann die Verbrennungstechnologie, eine der zentralen Kernkompetenzen der deutschen Automobilzulieferindustrie vollständig abgelöst sein würde. Ebenso war unklar, wie sich die Marktanteile von Verbrennern, Elektrofahrzeugen und alternativen Antriebstechnologien bis dahin entwickeln würden (vgl. Deloitte GmbH & VDA, 2021, S. 8–9).

Aufgrund dieser Unsicherheit verfolgen die betroffenen Zulieferer unterschiedliche Transformationsstrategien. Die meisten Unternehmen planen, sich schrittweise aus dem Verbrennergeschäft zurückzuziehen und gleichzeitig interne Kompetenzen im Bereich Elektromobilität aufzubauen. Andere wählen eine ähnliche Strategie des Rückzugs, kombiniert mit dem Zukauf neuer Technologien in Richtung Elektromobilität. Radikalere Strategien sehen entweder einen schnellen Ausstieg mit gezieltem Technologiezukauf vor oder setzen auf die Konsolidierung des Verbrennermarktes durch die Übernahme verbleibender Anbieter. Beide Strategien, werden jedoch nur von wenigen Zulieferern verfolgt (vgl. Deloitte GmbH & VDA, 2021, S. 12–13).

Aktuelle Marktentwicklungen unterstreichen die Unsicherheiten rund um die Elektromobilität. Trotz politischer Zielvorgaben steigt im Jahr 2025 die Beliebtheit von Verbrennerfahrzeugen in Deutschland wieder auf 53 %, während Elektrofahrzeuge nur noch bei 14 % der Verbraucher gefragt sind. Die schwache Nachfrage sowie die hohen Anforderungen an Preis, Reichweite und

Ladeinfrastruktur verdeutlichen, wie unsicher und standortabhängig die Transformation zur Elektromobilität ist und vor welche Herausforderungen sie die Automobilzulieferer stellt (vgl. Deloitte GmbH, 2025).

**Kostendruck und Spannungsfeld zwischen Zulieferern und OEMs**

Aufgrund von Krisen wie der Corona-Pandemie, dem Krieg in der Ukraine, Lieferkettenproblemen und allgemeiner Inflation kämpft die Automobilzulieferbranche seither mit erheblichen Kostensteigerungen. Im Jahr 2023 stiegen bei 76 % der Zulieferunternehmen die Kosten um mehr als 5 %, im Durchschnitt sogar um 7,9 %. Ausschlaggebend hierfür sind höhere Ausgaben für Material, Energie und Löhne (vgl. Timmer et al., 2024, S. 16).

Da die Automobilhersteller selbst im globalen Preiswettbewerb stehen, üben sie zusätzlich Druck auf die Preisgestaltung der Lieferanten aus und fordern Preissenkungen, während sie selbst Preiserhöhungen durch Maßnahmen wie Angebotsverknappung bei den Verbrauchern durchsetzen konnten (vgl. Köth, 2022; vgl. Timmer et al., 2024, S. 16).

Das hat zur Folge, dass die OEM ihre Margen bis 2023 stabil halten und wieder auf Vorkrisenniveau anheben konnten, während insbesondere deutsche Zulieferer deutliche Gewinneinbußen verzeichnen (2023: 4,1 % EBIT) und nicht an die Margen der Vorkrisenzeit anknüpfen können (2017: 7,7 % EBIT) (vgl. Majic et al., 2025; vgl. Timmer et al., 2024, S. 16).

Kostenoptimierungsprogramme der Zulieferer allein reichen nicht aus, um die Gewinne wieder auf ein stabiles und gesundes Niveau zu heben. Daher ist es erforderlich, mit den Kunden Nachforderungsverhandlungen zu führen, um die Preise sowohl aufgrund allgemeiner Kostensteigerungen als auch infolge von Volumenschwankungen neu festzulegen. Die ungleichen Machtverhältnisse führen dabei zunehmend zu Spannungen in den Beziehungen zwischen Herstellern und Lieferanten und stellen die partnerschaftliche Zusammenarbeit auf die Probe (vgl. Köth, 2022; vgl. Timmer et al., 2024, S. 16).

**Zunehmender internationaler Wettbewerbsdruck**

Mit dem Fortschreiten der Mobilitätswende gewinnen elektrische Antriebe, Batterietechnologien und softwarebasierende Fahrzeugfunktionen immer mehr an Bedeutung. Diese Entwicklung birgt nicht nur neue technologische Anforderungen, wie bereits zuvor beschrieben, sondern verschiebt auch Machtverhältnisse auf dem weltweiten Zuliefermarkt.

Insbesondere der wachsende Wettbewerb aus China stellt deutsche Zulieferer vor Herausforderungen. Zwischen 2020 und 2023 sankt der weltweite Marktanteil der deutschen Zulieferer um zwei Prozentpunkte auf 25 %, während chinesische

Zulieferunternehmen ihren Anteil im selben Zeitraum auf 10 % verdoppeln konnten. Dies lässt sich unter anderem mit der steigenden Nachfrage nach Batterien erklären, einem Technologiezweig, in dem sich chinesische Anbieter schon früher Kompetenzen und Produktionskapazitäten aufgebaut haben (vgl. DER SPIEGEL online, 2024).

Chinesische Unternehmen investieren zunehmend in neue Technologien und werden dabei durch staatliche Förderprogramme unterstützt. Auch deutsche Zulieferunternehmen investieren in Forschung und Entwicklung, können aber im internationalen Vergleich immer seltener Innovationen vorweisen. Die Wettbewerber aus China agieren zudem entschlossener und mit größerer Risikobereitschaft (vgl. DER SPIEGEL online, 2024).

Um im internationalen Wettbewerb bestehen zu können, sollten deutsche Automobilzulieferer deutlich innovativer, schneller und risikobereiter agieren. Dafür ist es notwendig, Innovationen gezielt zu entwickeln, neue Technologien zügig umzusetzen und Risiken bewusst einzugehen, um nachhaltige Wettbewerbsvorteile zu schaffen (vgl. PwC Strategy&, 2024).

### 2.2.6 Rolle der Entwicklungsdienstleister

In der deutschen Automobilindustrie nehmen deutsche Entwicklungsdienstleister eine zunehmend bedeutende Rolle ein. Sie unterstützen Hersteller und Zulieferer schon heute bei der Konstruktion, Entwicklung und Erprobung von Baugruppen und Systemen. Aufgrund der wachsenden Variantenvielfalt und dem steigenden Druck zur Reduzierung von Entwicklungszeiten übernehmen sie in vielen Fällen sogar die Teil- oder Gesamtverantwortung für Fahrzeugentwicklungen (vgl. VDA, o. J.-b).

Die enge Zusammenarbeit zwischen den deutschen OEMs, Zulieferern und den Entwicklungsdienstleistern stellte in der Vergangenheit einen wesentlichen Wettbewerbsvorteil des deutschen Automobilstandortes dar, da durch diese Arbeitsteilung eine effiziente und innovationsstarke Wertschöpfungskette entstand (vgl. VDA, o. J.-e). Gleichzeitig erlaubt diese Zusammenarbeit Herstellern und Zulieferern, flexibel auf Marktveränderungen zu reagieren und interne Ressourcenengpässe auszugleichen.

Der globale Marktanteil der automobilen Entwicklungsdienstleister lag 2023 geschätzt bei rund 165 Mrd. USD. Weltweit zählen sechzehn deutsche Entwicklungsdienstleister zu den 25 umsatzstärksten Unternehmen der Branche, die ihren Umsatz von 2022 auf 2023 im Durchschnitt um 9,9 % steigern konnten. Zu diesen zählen unter anderem Bertrandt AG, IAV GmbH, EDAG Engineering GmbH und Ferchau GmbH. Die Bertrandt AG belegt im internationalen Vergleich Platz drei und beschäftigt rund 13.500 Mitarbeitende bei einem Automotive-Umsatz von rund 1,1 Mrd. € (vgl. Automobilwoche, 2024; vgl. Global Market Insights Inc., 2024).

Der Markt von Entwicklungsdienstleistungen aus Deutschland umfasste im Jahr 2023 ein Volumen von ungefähr 19,25 Mrd. € mit steigender Tendenz. Dies unterstreicht die bereits erwähnte zentrale Rolle der Entwicklungsdienstleister in der automobilen Wertschöpfung (vgl. Global Market Insights Inc., 2024).

Das Dienstleistungsangebot erstreckt sich über alle Phasen des Produktentstehungsprozesses und umfasst die Konzeption und Konstruktion, die Simulation und Erprobung, aber auch Softwareentwicklung, Fertigungsplanung und Anlaufmanagement. Auch Zukunftsthemen wie Elektromobilität, Digitalisierung und autonomes Fahren werden abgedeckt (vgl. Bertrandt AG, o. J.; vgl. EDAG Engineering GmbH, o. J.-a, o. J.-b; vgl. Ferchau GmbH, o. J.).

Obwohl die bereits beschriebenen Herausforderungen primär die Automobilhersteller und die Tier-1-Lieferanten betreffen, müssen sich auch die Entwicklungsdienstleister den Veränderungen stellen. Aufgrund des allgemeinen Innovationsdrucks, der schnelle Entwicklungen fordert, wird davon ausgegangen, dass die Ausgaben für Forschung und Entwicklung in der Automobilindustrie weltweit steigen werden. Es wird bis 2023 ein Marktvolumen der deutschen Entwicklungsdienstleister von 29 Mrd. € erwartet. Hieraus besteht für die Entwicklungsdienstleister ein Wachstumspotenzial aber auch ein Zwang zu Veränderung (vgl. Leffers et al., 2020, S. 9, 18).

Die deutschen OEM und Tier-1-Lieferanten sind bisher noch die traditionellen EDL-Kunden und stellen den größten Umsatzanteil dar. Jedoch weisen diese Kunden aktuell ein sehr langsames Wachstum auf, daher wird sich das Wachstumspotential aus neuen Kunden und zusätzlichen Aufgaben und Leistungsumfängen zusammensetzen (vgl. Leffers et al., 2020, S. 9; vgl. VDA, o. J.-e).

Neben den Veränderungen im Markt steigen auch die Anforderungen an Entwicklungsdienstleister. Gefragt sind heute nicht mehr nur klassische Ingenieursleistungen, sondern auch IT-Knowhow, Softwareentwicklung und IT-Beratung (vgl. Reichert, 2021).

Für Entwicklungsdienstleister ergeben sich derzeit drei Strategien, wie sie sich für die Zukunft ausrichten können.

Zum einen werden OEM zukünftig mehr Entwicklungsumfänge, die nicht zur Differenzierung ihrer Marke beitragen untervergeben, wobei hier ein massiver Kostendruck herrschen wird. Für Entwicklungsdienstleister bedeutet dies, dass sie ihre Kostenstrukturen optimieren müssen und es dadurch zu Arbeitsplatzverlagerungen in Best-Cost-Countries kommen wird (vgl. Leffers et al., 2020, S. 25–26).

Zum anderen besteht die Möglichkeit zur Spezialisierung in Zukunftstechnologien, wie zum Beispiel autonomes Fahren und Elektromobilität, um den OEM als kompetenter Berater und Unterstützer zur Seite zu stehen. Dies erfordert, eine gute Vernetzung zu den Kunden um sich an die sich stetig ändernden Prozesse und Abläufe dieser anzupassen und mithalten zu können (vgl. Leffers et al., 2020, S. 26–27).

Eine dritte Strategie besteht darin, Gesamtfahrzeugentwicklung für neue OEM anzubieten, da diese häufig wenig Know-How in der Gesamtfahrzeugentwicklung vorweisen können und auf die Erfahrung etablierter Entwicklungsdienstleister angewiesen sind. Mit steigender Autonomie der Fahrzeuge ist zusätzlich davon auszugehen, dass weitere Kunden entstehen werden, die sogenannte Shared-Mobility-Dienstleistungen anbieten werden (vgl. Leffers et al., 2020, S. 27–28).

Trotz guter Zukunftsaussichten für die EDL-Branche insgesamt, steht der Standort Deutschland vor Herausforderungen durch hohe Kosten, Fachkräftemangel in neuen Technologien und steigender Nachfrage nach lokaler Betreuung im Ausland (vgl. Leffers et al., 2020, S. 9).

## 2.3 Ein Beispiel-Zulieferunternehmen – SMP Deutschland GmbH

Im Folgenden wird ein Unternehmen vorgestellt, das der Zielgruppe dieser Ausarbeitung entspricht und als Tier-1-Zulieferer in der globalen Automobilindustrie tätig ist.

Die *SMP Deutschland GmbH* ist ein international tätiger Systemlieferant in der Automobilindustrie. Das Unternehmen wurde 1959 in Deutschland in Bötzingen unter dem Namen *Badische Plastikwerke* gegründet. Anfänglich produzierte es Folien und Haushaltswaren aus Kunststoff. 1978 gelang der Einstieg in die Automobilbranche und das Unternehmen wurde in *Peguform* umbenannt. Nach etlichen Übernahmen durch diverse Investoren und einer überstandenen Insolvenz (2002–2005) wurde das Unternehmen 2011 von der Motherson Group übernommen und in *Samvardhana Motherson Peguform* (SMP) umbenannt. Heute beschäftigt die SMP Gruppe ungefähr 13.500 Mitarbeiter*innen in 9 Ländern an 36 Standorten und erzielt im Geschäftsjahr 2023/2024 einen Gewinn von 3,69 Mrd. €. Zusammen mit den Schwesterunternehmen MATE, SMRC, SMIA und MDRSC gehört SMP zur Division *Modules & Polymer Products* (vgl. Automobilwoche, 2002; vgl. Motherson, o. J.; vgl. SMP, o. J.-c; vgl. SMRPBV, o. J.; vgl. Webarchiv, 2013).

Das kunststoffverarbeitende Unternehmen produziert weltweit und beliefert ausschließlich Geschäftskunden, daher handelt es sich um ein reines Industriegütermarketing im B2B-Business. Das Kundenportfolio von SMP umfasst alle großen deutschen Automobilhersteller im Premiumsegment, dazu gehören Audi, BMW, Mercedes, VW und Porsche. Auch Marken aus dem Mittelklassesegment, wie zum Beispiel Seat und Renault, sind Kunden des Unternehmens. Ein weiteres Segment, für das SMP Komponenten entwickelt und produziert, ist die Nutzfahrzeugsparte. Diese umfasst Transporter, Lieferwagen und Lastkraftwagen. Hier lassen sich MAN und Scania als Kunden aufzählen. SMP spielt als Zulieferer sowohl im Bereich der Verbrennungsmotoren als auch der Elektrofahrzeuge eine entscheidende Rolle (vgl. SMP, o. J.-c).

### 2.3.1 Produkte

Bei den durch den Kunden nachgefragten Produkten handelt es sich um hochindividualisierte Kunststofferzeugnisse, die in hohen Stückzahlen gefertigt und zur richtigen Zeit, am richtigen Ort und in der richtigen Menge verfügbar sein müssen. Aufgrund des hohen Grad an Individualisierung entstehen keine Standardprodukte für den Massenmarkt, sondern maßgeschneiderte Lösungen. Diese Anforderungen erfordern den Einsatz und die Beschaffung von individuellen Spritzgusswerkzeugen, spezieller Transportlogistik sowie Montage- und Fertigungsanlagen.

SMP bedient eben diese Nachfrage. Das Unternehmen ist ein international anerkannter System- und Modullieferant in der Automobilindustrie und ein Spezialist in der Kunststoffverarbeitung, im Besonderen in der Form- und Gießtechnik. Das Kunststoffspritzgießen, sowie Slush-Moulding, so nennt sich der Herstellungsprozess von thermoplastischen Formhäuten, die Verarbeitung von Naturfasern, aber auch das Kunststoff-Tiefziehen und Kunststoff-Hinterspritzen zählen zu den Kernkompetenzen von SMP.

Zusätzlich zu der Rohteilfertigung hat SMP mannigfaltige Expertise in verschiedensten Prozessen zur Herstellung von dekorativen und qualitativ hochwertigen Oberflächen. Das Lackieren von Kunststoffbauteilen mit modernsten und effizientesten Lackieranlagen zählt zu einer weiteren Kernkompetenz in Rahmen der Kunststoffveredelung. Darüber hinaus ist das Unternehmen auf das Thermo- und Presskaschieren mit Folien, Schäumen, Textilien und anderen Materialien spezialisiert. Das Polyurethan Schäumen und das Verarbeiten von Schäumen bildet einen weiteren Bestandteil der Prozessexpertise von SMP.

Im Bereich der Weiterverarbeitung von Kunststofferzeugnissen hat SMP eine umfangreiche Expertise. Dazu zählen unter anderem das Kunststoffschweißen: Ultraschal-, Infrarot- und Vibrationsschweißen und das Kunststoffschneiden: Stanzen, Prägen, Laserschneiden und Hochgeschwindigkeitsfräsen. Dieses breite Spektrum an Technologien ermöglicht SMP, Produkte und Lösungen für jegliche Kundenanforderungen zu entwickeln (vgl. SMP, o. J.-a).

Das Produktportfolio ist in die Bereiche Exterieur- und Interieur-Systeme unterteilt. Zu den Produkten der Interieur-Systeme gehören zum Beispiel Mittelkonsolen, Tür- und Innenraumverkleidungen, Instrumententafeln und Cockpits. Stoßfänger, Kühlergrills, Spoiler, Schweller und diverse weitere dekorative Bauteile zählen zu den Produkten der Exterieur-Systeme (vgl. SMP, o. J.-b).

## 2.3.2 Dienstleistungen

Aufgrund der hohen Komplexität der Produkte und Prozesse bietet SMP intensive Beratungs- und Unterstützungsleistungen entlang des gesamten Produktentstehungsprozesses des Kunden an. Dabei steht die persönliche Betreuung im Vordergrund (vgl. SMP, o. J.-a).

**Konzeptentwicklung**
Um frühestmöglich in den kundenspezifischen Produktentstehungsprozess einzusteigen und Einfluss auf das Produkt und sowie die späteren Kosten nehmen zu können, bietet SMP seinen Kunden die Dienstleistung der frühen Konzeptentwicklung an. Gemeinsam mit den Entwicklungsabteilungen der Kunden werden früh bauteil- und baugruppenspezifische Konzepte erarbeitet, wobei der Fokus insbesondere darauf liegt, den Kunden im Designfindungsprozess gezielt zu Fertigungs- und Umsetzungsmöglichkeiten zu beraten.

**Entwicklung- und Konstruktion**
Außerdem umfasst das Dienstleistungsangebot von SMP die Entwicklungs- und Konstruktionsdienstleistung. Fahrzeugmodule und -komponenten werden dabei von den ersten Designentwürfen bis hin zu fertigen 3D-Daten und technischen Zeichnungen entwickelt. Im Laufe des Entwicklungsprozesses bringt SMP sein fertigungsspezifisches Know-how ein, um die Produkte später kostengünstig und wirtschaftlich fertigen zu können. Es wird angestrebt, sämtliche Anforderungen an das Produkt in der Konstruktion zu berücksichtigen und einen bestmöglichen

Kompromiss zwischen häufig gegensätzlichen Anforderungen zu finden. Hierbei werden kundenspezifische, fertigungsspezifische, wirtschaftliche, gesetzliche und weitere Vorgaben berücksichtigt.

**Simulation**

Da die Anforderungen an die einzelnen Fahrzeugkomponenten stetig steigen, ist es im Zuge einer Entwicklung notwendig verschiedene Anforderungen und Anwendungen bereits in der digitalen Phase zu simulieren um Überraschungen in der Fertigung und bei der Verwendung im Feld frühzeitig erkennen und ihnen entgegen wirken zu können. Die entsprechende konstruktionsbegleitendende Absicherung mittels FEM-Methoden stellt einen weiteren Baustein des Dienstleistungsangebots von SMP dar.

**Versuch und Validierung**

Als Experte für Erprobung und Validierung bietet SMP seinen Kunden die Möglichkeit, Erprobungen von Einzelkomponenten bis hin zu kompletten Modulen durch SMP planen, durchführen und betreuen zu lassen. Dabei sind unterschiedlichste Szenarien möglich, von der reinen Unterstützung bis hin zur eigenverantwortlichen Planung und Durchführung. Verschiedene Abstufungen sind denkbar und können individuell vereinbart werden. Das Versuchsportfolio umfasst eine Vielzahl gesetzesrelevanter Versuche sowie unterschiedlichste Lastfallprüfungen zur Sicherstellung der Langzeitfunktion von Bauteilen, ebenso wie Versuche unter Umwelteinflüssen wie UV-Licht und Witterungsbedingungen.

**Logistik**

SMP versteht sich auch als Logistikdienstleister. Eine der Kernkompetenzen des Unternehmens ist es, den hohen logistischen Anforderungen der Automobilzuliefererbranche gerecht zu werden. Aufgrund der hohen Individualisierbarkeit der Fahrzeuge hinsichtlich Ausstattung, Funktion, Dekor und Farben ist eine präzise Taktung der Lieferkette erforderlich. So besteht unter anderem die Anforderung, dass Fahrzeugkomponenten „Just in Sequence" an die kundeneigene Montagelinie in der gewünschten Qualität und Ausstattung geliefert werden. Um dies zu ermöglichen, hat SMP diverse Logistikkonzepte erarbeitet und perfektioniert. So erfolgt die Produktion und Lieferung häufig über modulare Produktionszentren (Modulcenter) und Logistikdienstleistungen, die auf Just-in-Sequence basieren. SMP gewährleistet dadurch eine nahtlose Integration in die Lieferketten der Automobilhersteller.

# Theoretischer Teil 3

Der theoretische Teil dieser Arbeit umfasst drei inhaltliche Schwerpunkte. Zunächst werden die Grundlagen des Innovationsmanagements dargestellt, um den Rahmen für die Einordnung der Produktentwicklung zu schaffen. Daran anschließend folgt die Beschreibung typischer Aktivitäten und Prozessschritte der Produktentwicklung, die systematisch analysiert und näher erläutert werden. Unabhängig davon werden in einem weiteren Kapitel die grundlegenden Konzepte der Künstlichen Intelligenz erarbeitet. Neben den Funktionsweisen werden insbesondere zentrale KI-Fähigkeiten herausgearbeitet, um ein Verständnis für mögliche Anwendungsfelder zu schaffen. Abschließend werden beide Perspektiven zusammengeführt, indem die zuvor beschriebenen Produktentwicklungsaktivitäten mit den identifizierten KI-Fähigkeiten verknüpft werden. Dadurch lassen sich theoretisch fundierte Einsatzmöglichkeiten von KI im Produktentwicklungsprozess ableiten.

## 3.1 Innovationsmanagement

Innovationen sind ein wichtiger Treiber für unternehmerisches Wachstum, technologischen Fortschritt und zur Sicherung der Wettbewerbsfähigkeit. Das Innovationsmanagement beinhaltet die Planung, Steuerung und Umsetzung von Innovationen in Unternehmen. Dieses Kapitel greift die Bedeutung von Innovationen auf, erklärt grundsätzliche Begrifflichkeiten und stellt den Innovationsprozess vor.



M. Kotterer, *Einsatzmöglichkeiten und Nutzenpotenziale von KI in der Produktentwicklung*, BestMasters, https://doi.org/10.1007/978-3-658-51914-8_3

### 3.1.1 Bedeutung der Innovation für die Wettbewerbsfähigkeit

Innovation ist das zentrale Instrument zur langfristigen Sicherung der Wettbewerbsfähigkeit von Unternehmen. Im Gegensatz zur Kostenführerschaftsstrategie, die nur begrenzte Wettbewerbsvorteile bietet, und zur Nischenstrategie, die mit erheblichen Risiken verbunden ist, ermöglicht Innovation ein nachhaltiges Wachstum. Über innovative Produkte und Dienstleistungen können neue Kunden gewonnen und vorhandene Kundenbeziehungen gefestigt werden, was zu nachhaltigen Wettbewerbsvorteilen führt (vgl. Gerberich, 2024, S. 344).

Darüber hinaus eröffnen Innovationen die Möglichkeit neue Märkte zu erschließen, insbesondere dann, wenn sie neue Kundenbedürfnisse wecken oder bestehende besser bedienen als bereits verfügbare Lösungen (vgl. Herstatt et al., 2014, S. 4).

Durch den zunehmenden globalen Wettbewerbsdruck, technologischen Umbrüchen und kürzer werdenden Innovations- und Produktlebenszyklen, wird die Innovationsfähigkeit zunehmend zur zentralen Schlüsselkompetenz von Unternehmen (vgl. Vahs et al., 2023, S. 26).

Auch auf volkswirtschaftlicher Ebene zählen Innovationsfähigkeit und Innovationstätigkeit zu den zentralen Erfolgsfaktoren für langfristiges Wachstum und Wettbewerbsfähigkeit. Vor diesem Hintergrund nehmen die staatlichen Förderungen von Unternehmen und deren Forschungs- und Entwicklungsprojekten kontinuierlich zu (vgl. Hauschildt et al., 2023, S. 17).

Innovationen entstehen jedoch nicht von selbst, sondern erfordern ein systematisches Vorgehen. Daher nimmt das Innovationsmanagement in vielen Unternehmen eine strategisch wichtige Rolle ein. Es koordiniert den gesamten Innovationsprozess von der ersten Idee bis zur Markteinführung neuer Produkte und Lösungen. Darüber hinaus unterstützt es auch die Entwicklung einer innovationsorientierten Unternehmenskultur (vgl. Vahs et al., 2023, S. 18).

Besonders in der Automobilbranche nimmt die Bedeutung des Innovationsmanagement zu, da derzeit, wie bereits im *Kapitel 2* beschrieben, neue Wettbewerber, sich verändernde Kundenbedürfnisse und technologische Umbrüche Innovationen erforderlich machen (vgl. Lüke et al., 2019, S. 125–126). Dabei liegt der Schwerpunkt nicht immer nur auf Produktinnovationen, sondern auch auf Prozess- und Geschäftsfeldinnovationen um Schnittstellen sowohl zu Kunden und Lieferanten als auch innerhalb des Unternehmens zu fördern. Ein Beispiel einer solchen Innovation ist das Programm „Volkswagen Group's FAST (Future Automotive Supply Tracks)“ (Lüke et al., 2019, S. 127) das systematisch Innovationen aus der Lieferkette integrieren soll.

Jedoch ist die Implementierung eines systematischen Innovationsmanagement nicht für alle Unternehmen von höchster Priorität. Insbesondere kleine und mittelständische Unternehmen messen der systematischen Entwicklung von Ideen und eventuell daraus resultierenden Innovationen nur eine geringe Bedeutung zu. Dies hängt vor allem damit zusammen, dass häufig das Alltagsgeschäft dominiert und Entwicklungen von neuen Produkten meist nur auf Kundenwunsch passieren, anstatt konkrete Innovationsziele zu verfolgen (vgl. Glück, 2025, S. 11).

### 3.1.2 Innovationsbegriff

Der ursprüngliche Innovationsbegriff geht auf die Definition von Joseph Schumpeter zurück. Er verstand Innovation als Durchsetzung neuer Kombinationen und beschreibt in seiner Theorie „Die schöpferische Zerstörung" Innovation als Treiber für wirtschaftlichen Wandel, der alte Strukturen aufbricht und dadurch Produktivitätsschübe hervorbringt (Vgl. Glück, 2025, S. 1).

In der Literatur wird der Begriff der Innovation häufig unterschiedlich definiert, was vielfach zu Verwirrungen und Missverständnissen führt. Innovationen beziehen sich grundsätzlich immer auf etwas Neues, wobei der Fokus auf Neuartigkeit, in Form einer grundlegenden Veränderung der Art und Weise, und nicht auf Neuheit liegt, bei welcher lediglich der Ist-Zustand verbessert wird (vgl. Hauschildt et al., 2023, S. 3).

Darüber hinaus wird der Begriff des Neuen anhand der Intensivität, also wie neu eine Innovation ist und von wem sie als neu empfunden wird, unterschieden. Somit sind Innovationen immer im Kontext des Umfeldes und der Akteure zu betrachten (vgl. Hauschildt et al., 2023, S. 9, 12).

Hauschildt et al. (2022) machen darüber hinaus deutlich, dass viele Definitionen zu kurz greifen, da sie sich lediglich auf technische Neuerungen beschränken und nicht die tatsächliche Nutzung und die Markeinführung miteinschließen (vgl. Hauschildt et al., 2023, S. 3). Sie heben hervor, dass wirkliche Innovationen erst dann entstehen, wenn neue technische Ansätze („Technology Push") auf spezifische Kundenbedürfnisse („Demand Pull") treffen. Innovation bedeutet damit, neue Lösungen für vorhandene Bedürfnisse zu entwickeln, neue Bedürfnisse bei den Kunden zu wecken oder beides miteinander zu verbinden (vgl. Hauschildt et al., 2023, S. 4). Anders ausgedrückt ergeben sich zwei Ansätze, eine Innovation mit dem Markt zu verknüpfen: „Problem sucht Lösung" oder „Lösung sucht Problem" (Schäperkötter, 2022, S. 13).

Innovation entsteht aus dem Zusammenspiel gesellschaftlicher Bedürfnisse sowie neuer technischer Möglichkeiten. Sie entsteht somit nur, wenn Erwartungen aufgegriffen und technologische Entwicklungen genutzt werden. Ziel jeder Innovation ist es, wirtschaftlichen Nutzen zu generieren. Schäperkötter (2022) weist zudem darauf hin, dass jede Innovation Veränderung und strukturellen Wandel mit sich bringt (vgl. Schäperkötter, 2022, S. 9).

Vahs et al. (2023) definieren Innovation als die konsequente Umsetzung neuer technischer, organisatorischer, wirtschaftlicher und sozialer Problemlösungen, die darauf abzielt, Unternehmensziele auf neuartige Weise zu erreichen (vgl. Vahs et al., 2023, S. 18).

Hauschildt et al. (2022) betonen, dass der Erfolg von Innovationen häufig erst rückblickend erkennbar ist. Das bedeutet, dass zum Zeitpunkt der Entwicklung von Produkten, Verfahren oder Leistungen nicht absehbar ist, ob diese später tatsächlich als Innovation anerkannt werden (vgl. Hauschildt et al., 2023, S. 18). Innovationsvorhaben bieten daher hohe Chancen, bergen aber auch erhebliche Risiken, da viele Vorhaben scheitern, vorzeitig abgebrochen werden oder trotz Neuartigkeit keinen Anklang am Markt finden (vgl. Gerberich, 2024, S. 344).

**Unterschied Innovation und Invention**

Unter Inventionen oder Erfindungen werden Ideen und technologische Neuerungen verstanden, die neue Produkte, Verfahren oder Geschäftsmodelle hervorbringen. Oft resultieren sie aus Wissenschaft und Forschung, technischen Entwicklungen oder neuartigen Denkansätzen (vgl. Liebermann, 2025, S. 11–12).

Inventionen sind die Grundlage für Innovationen, denn erst wenn eine Erfindung erfolgreich am Markt umgesetzt wird und daraus konkreter Kundennutzen entsteht, wird aus der Invention eine Innovation (vgl. Kahn, 2014, S. 6–7; vgl. Liebermann, 2025, S. 11).

Hauschildt et al. (2023) erklären, dass Inventionen lediglich ein Teil des mehrstufigen Innovationsprozess sind (vgl. Hauschildt et al., 2023, S. 15). Auf die einzelnen Phasen dieses Prozesses wird im *Abschnitt 3.1.5* eingegangen.

### 3.1.3 Innovationsarten

Innovationen lassen sich in verschiedene Arten unterteilen. Für das weitere Verständnis dieser Ausarbeitung wird im Folgenden auf die Produktinnovation, Prozessinnovation und Dienstleistungs- bzw. Serviceinnovation eingegangen. Weitere Innovationsarten bestehen zwar, werden an dieser Stelle jedoch nicht näher erläutert.

Produktinnovationen bilden den Kern des Innovationsgeschehens, da sie maßgeblich zum Wachstum und zur Steigerung des Wettbewerbserfolgs beitragen.

Ziel von Produktinnovationen ist es, Kundenbedürfnisse zu erfüllen. Zudem können Produktinnovationen weitere Innovation in anderen Bereichen anstoßen, zum Beispiel dann, wenn für ein neues Produkt ein neues Fertigungsverfahren erforderlich wird (vgl. Gerberich, 2024, S. 248; vgl. Vahs et al., 2023, S. 56–57, 61–62).

Ein solcher Fall stellt eine Prozessinnovation dar. Gemeint sind sämtliche Prozesse die hinter einem Produkt stehen, beispielsweise Entwicklungs-, Herstell- und Qualitätsprozesse (vgl. Gerberich, 2024, S. 348). Prozesse unterliegen ebenso wie Produkte einem kontinuierlichen Innovationsdruck. Ziel von Prozessinnovationen ist es daher, Produkte schneller, kostengünstiger und qualitativ hochwertiger herstellen zu können (vgl. Hauschildt et al., 2023, S. 5).

Der Begriff der Dienstleistungs- und Serviceinnovation wird in der Literatur uneinheitlich eingeordnet. Während Vahs et al. (2023, S. 57 ff) Dienstleistungen als immaterielle Leistung im Bereich der Produktinnovation verstehen, betrachten Hauschildt et al. (2023, S. 5 ff) und Gerberich (2024, S. 348 ff) diese als eigenständige Innovationsart. Diese unterschiedlichen Einordnungen verdeutlichen die zunehmende Bedeutung von Dienstleistungen und Serviceangeboten entlang des Produktlebenszyklus hinsichtlich der Erfüllung von Kundenbedürfnissen.

### 3.1.4 Radikale und inkrementelle Innovation

Im *Abschnitt 3.1.2* wurde darauf hingewiesen, dass sich Innovationen nach ihrer Intensität bzw. dem Neuheitsgrad im Vergleich zum Bestehenden unterscheiden lassen. Im Folgenden wird auf die Unterscheidung von inkrementellen, radikalen und disruptiven Innovationen eingegangen.

Inkrementelle Innovationen, auch als evolutionäre oder Anpassungsinnovationen bezeichnet, zielen auf die Verbesserung von bestehenden Produkten für bereits etablierte Märkte ab. Der Neuheitsgrad ist dabei gering, meist wird eine Effizienzsteigerung und Qualitätsverbesserung verfolgt. Aufgrund ihres überschaubaren Neuheitsgrad stellen inkrementelle Innovationen in der Regel nur ein geringes wirtschaftliches Risiko dar (vgl. Herstatt et al., 2014, S. 5; vgl. Vahs et al., 2023, S. 73).

Radikale Innovationen hingegen haben einen revolutionären Charakter. Sie basieren nicht auf bestehenden Technologien, brechen mit dem Bekannten und verändern gleichzeitig den Markt oder das Nutzerverhalten grundlegend. Ziel ist es, mit völlig neuen Ansätzen Kundenbedürfnisse auf neue Weise zu erfüllen oder neue Bedürfnisse zu wecken. Aufgrund des hohen Neuheitsgrad geht mit radikalen Innovationen ein entsprechend hohes wirtschaftliches Risiko einher. Dennoch ist es für Unternehmen wichtig, neben inkrementellen Innovationen auch radikale Innovationen zu verfolgen um langfristig wettbewerbsfähig zu bleiben (vgl. Herstatt et al., 2014, S. 5; vgl. Vahs et al., 2023, S. 73).

Ein Beispiel für eine radikale Innovation ist die Elektrifizierung der Automobilbranche. Der Elektroantrieb unterscheidet sich grundlegend vom Verbrennungsmotor, neue Marktteilnehmer entstehen und die Erwartungen sowie Bedürfnisse von Kund*innen ändern sich, z. B. hinsichtlich der Ladeinfrastruktur.

Disruptive Innovationen hinterfragen bestehende Problemlösungen grundlegend. Dabei handelt es sich um neue Geschäftsmodelle oder neue Technologien, die vorhandene Strukturen vom Markt verdrängen, in dem sie neue Nutzungsformen schaffen, die bestehende Produkte oder Modelle bisher nicht bieten konnten. Zu Beginn bedienen solche Innovationen meist nur Nischenmärkte, da sie technisch noch unausgereift sind. Sobald jedoch ein ausreichender Reifegrad erreicht ist, ersetzen sie bestehende Lösungen häufig schlagartig (vgl. Liebermann, 2025, S. 1; vgl. Vahs et al., 2023, S. 74).

Im Gegensatz zur klassischen Innovation, die bestehende Lösungen lediglich optimiert, führt Disruption zu grundlegenden Marktveränderungen, da sie neue Märkte entstehen lässt. Aufgrund ihrer anfänglichen Unauffälligkeit im Nischenmarkt und der damit scheinbaren Irrelevanz für den Massenmarkt, ignorieren etablierte Unternehmen disruptive Lösungen meist und verpassen den Anschluss (vgl. Liebermann, 2025, S. 2, 5, 8).

Ein Beispiel für eine nicht-disruptive Innovation ist die Markteinführung von Elektrofahrzeugen durch Tesla. Zwar wurde die Elektrotechnologie durch Tesla vorangetrieben und die Automobilbranche dadurch verändert, jedoch wurde weder ein neuer Markt geschaffen noch ein neues Geschäftsmodell entwickelt (vgl. Liebermann, 2025, S. 5). Als eindeutig disruptive Technologie mit tiefgreifendem Veränderungspotenzial gilt hingegen die Entwicklung von Künstlicher Intelligenz (vgl. Liebermann, 2025, S. 5, 8, 42).

### 3.1.5 Der Innovationsprozess und seine Phasen

Der Innovationsprozess ist ein zentraler Bestandteil des Innovationsmanagements. Er hat die Aufgabe, Ideen innerhalb eines bestimmten Zeitrahmens in marktfähige Produkte oder Dienstleistungen zu überführen. Dabei muss er flexibel genug sein, um auf Markt- und Wettbewerbsveränderungen reagieren zu können und zugleich klar strukturierte Aufgaben und Verantwortlichkeiten definieren (vgl. Vahs et al., 2023, S. 97).

Um dies systematisch zu ermöglichen, wird der gesamte Innovationsprozess in einzelne Phasen unterteilt. Obwohl es in der Praxis zahlreiche Varianten gibt, ähneln sich diese im Kern (vgl. Freudenthaler-Mayrhofer, 2024, S. 174).

Am Anfang steht ein Problem bzw. ein Innovationsziel. Daran schließen sich die Ideengenerierung und -bewertung an, gefolgt von der Ideenauswahl im Rahmen der Grobkonzeptfestlegung und der anschließenden Entwicklung. Den Abschluss bildet die Phase der Ideenrealisierung mit Produkttests und Markteinführung (vgl. Freudenthaler-Mayrhofer, 2024, S. 174; vgl. Vahs et al., 2023, S. 98–101).

Häufig wird in diesem Zusammenhang zwischen Front End und Back End unterschieden, eine Differenzierung, die in vielen Innovationsprozessmodellen Anwendung findet (vgl. Herstatt et al., 2014, S. 6).

Das Front End umfasst die frühe Phase des Innovationsprozesses. Aufgrund der hohen Unsicherheit über den weiteren Verlauf wird dieser Abschnitt auch als „Fuzzy Front End" bezeichnet. In dieser eher offenen, wenig strukturierten Phase bestehen die größten Einflussmöglichkeiten auf den weiteren Projektverlauf (vgl. Hauschildt et al., 2023, S. 236; vgl. Herstatt et al., 2014, S. 6).

Der Übergang von Front End zu Back End, also nach der Festlegung des Grobkonzeptes, stellt in vielen Fällen das Ende des Innovationsprojekts und den Beginn des Entwicklungsprojektes und seinen konkreten Entwicklungsaktivitäten dar (vgl. Vahs et al., 2023, S. 99), auf die im *Abschnitt 3.2* näher eingegangen wird.

Eine strukturierte Ausgestaltung dieser Phasenlogik findet sich unter anderem im Stage-Gate-Modell von Cooper (2008). Es gliedert den Innovationsprozess in aufeinanderfolgende Phasen (Stages) sowie dazwischenliegende Entscheidungsmeilensteine (Gates) mit dem Ziel, Effektivität und Effizienz des Innovationsvorhabens zu steigern. An den Gates wird jeweils anhand definierter Kriterien über den weiteren Projektverlauf entschieden. Um den Anforderungen eines zunehmend dynamischen Marktumfelds gerecht zu werden, wurde das Modell vielfach um agile Elemente wie iterative Schleifen und kurze Entwicklungszyklen ergänzt (vgl. Cooper, 2017; vgl. Gommel, 2016, S. 149).

Für die vorliegende Arbeit ist insbesondere die Entwicklungsphase (Stage 3) von Bedeutung, da hier der Übergang vom Innovations- zum Entwicklungsprozess erfolgt und konkrete Produktentwicklungsaktivitäten einsetzen. Auf diese Phase wird im anschließenden Kapitel näher eingegangen.

## 3.2 Produktentwicklung

Im vorangegangenen Kapitel wurde deutlich, dass die Entwicklung im Innovationsprozess eine zentrale Rolle einnimmt. Sie folgt auf die frühe Phase, in der Ideengenerierung, -auswahl und Grobkonzeptentwicklung erfolgen und markiert den Beginn der sogenannten Back-End-Phase. In dieser Phase geht es um die technische Ausgestaltung und Umsetzung von Innovationsideen.

Das folgende Kapitel widmet sich der Produktentwicklung einschließlich der Bereiche Konstruktion und Simulation. Es werden zentrale Begriffe definiert, begriffliche Abgrenzungen vorgenommen und typische Aktivitäten dargestellt. Ziel ist es, die in diesem Kapitel identifizierten Aktivitäten im weiteren Verlauf der Arbeit mit Einsatzmöglichkeiten künstlicher Intelligenz zu verknüpfen.

### 3.2.1 Begriffsdefinitionen und Abgrenzungen

Die Auseinandersetzung mit der Produktentwicklung setzt zunächst ein klares Verständnis zentraler Begriffe voraus. In der wissenschaftlichen Literatur werden unterschiedliche Bezeichnungen wie Innovationsprozess, Neuproduktentwicklung oder Produktentstehungsprozess verwendet, deren Abgrenzung nicht immer eindeutig ist. Da ein präzises Begriffsverständnis für die nachfolgende Analyse notwendig ist, werden in diesem Kapitel die wesentlichen Definitionen dargestellt, Unterschiede herausgearbeitet und für diese Arbeit eine einheitliche Verwendung festgelegt.

**Innovationsprozess und Neuproduktentwicklung**

In der wissenschaftlichen Literatur werden sowohl der Begriff *Innovationsprozess* als auch die Begriffe *Neuproduktentwicklung (NPE)* bzw. *New product development (NPD)* in der englischsprachigen Literatur verwendet (Dekkers, 2018; Ernst, 2005; Hauschildt et al., 2023). Gemeinsam ist ihnen, dass die Prozessbeschreibungen typischerweise die Ideengenerierung, die Marktanalyse und die Konzeptentwicklung beinhalten. Eine klare begriffliche Abgrenzung erfolgt jedoch nicht. Daher wird im weiteren Verlauf dieser Arbeit davon ausgegangen, dass der *Innovationsprozess* den übergeordneten Ablauf zur systematischen Umsetzung von Innovationen darstellt, unabhängig davon, ob es sich um Produkte, Prozesse, Dienstleistungen oder Geschäftsmodelle handelt. Die *Neuproduktentwicklung* wird als Teilprozess verstanden, der sich ausschließlich auf die Entwicklung und Markteinführung neuer Produkte bezieht.

**Produktentstehungsprozess**

Der Produktentstehungsprozess beschreibt eine strukturierte Weiterführung eines Produktkonzeptes, das aus dem Front End des Innovationsprozess hervorgeht, mit dem Ziel, dieses Konzept zur Marktreife zu entwickeln. Er ist als Teilprozess des Innovationsprozess zu verstehen und stellt dessen operative Umsetzungsphase dar (vgl. Kahn & Mohan, 2021, S. 39–44). Der Produktentstehungsprozess umfasst typischerweise die technische Entwicklung, die Erprobung, den Serienanlauf sowie die Markteinführung.

**Entwicklung und Engineering**

Die Begriffe *Entwicklung* und *Engineering* werden häufig synonym verwendet. Gemeint ist damit ein multidisziplinärer, zielgerichteter Prozess, bei dem Wissen aus unterschiedlichen wissenschaftlichen und technischen Disziplinen kombiniert wird, um neue Produkte, Dienstleistungen oder Prozesse zu gestalten (vgl. Dekkers, 2018, S. 32–36). Dieser Prozess verfolgt stets das Ziel, entweder ein Problem zu lösen oder einen Nutzen für Anwender, Unternehmen oder Gesellschaft zu schaffen.

**Neuentwicklung und Weiterentwicklung von Produkten**

Innovationen entstehen nicht nur durch die Neuentwicklung von Produkten, sondern können ebenso durch die Weiterentwicklung bestehender Produkte hervorgebracht werden. Im Fall solcher Weiterentwicklungen werden dabei nicht alle Phasen des Innovations- bzw. Neuproduktentwicklungsprozesses durchlaufen (vgl. Dekkers, 2018, S. 31).

**Simultaneous Engineering und Concurrent Engineering**

Die Begriffe *Simultaneous Engineering* und *Concurrent Engineering* beziehen sich auf das parallele Bearbeiten von Abläufen und Tätigkeiten in der Produktentwicklung. Sie werden häufig synonym verwendet, unterscheiden sich jedoch laut dem Verein Deutscher Ingenieure (vgl. 2019, S. 26). *Simultaneous Engineering* bezeichnet das parallele bzw. zeitlich überlappende Bearbeiten unterschiedlicher aber miteinander verknüpfter Tätigkeiten, wie beispielsweise die gleichzeitige Entwicklung eines Produkts und des dafür erforderlichen Fertigungswerkzeugs. *Concurrent Engineering* hingegen bezeichnet die Aufteilung einer komplexen Aufgabe auf mehrere Beteiligte zur gleichzeitigen und arbeitsteiligen Bearbeitung.

**Begriffsverständnis der Produktentwicklung in dieser Arbeit**

Auf Basis der vorgenannten Abgrenzungen wird in dieser Arbeit unter Produktentwicklung die technische Entwicklung physischer Produkte verstanden, wie sie im Rahmen des Produktentstehungsprozesses erfolgt. Eine Unterscheidung zwischen der Neuentwicklung und der Weiterentwicklung bestehender Produkte wird nicht vorgenommen, da beide Formen potenziell innovationswirksam sein können.

Die Betrachtung fokussiert sich auf die operativen Tätigkeiten innerhalb der Entwicklungsphase eingeschlossen der Aufgaben aus Konstruktion und Simulation. Aspekte der physischen Validierung und Erprobung werden in dieser Arbeit nicht behandelt, da der Einsatz Künstlicher Intelligenz in diesem Bereich ein eigenständiges, in sich geschlossenes Themenfeld darstellt. Analog der Auffassung von Schuh et al. (zitiert nach Braun & Mißler-Behr, 2021, S. 644) wird der Serienanlauf von der Produktentwicklung abgrenzt und bleibt ebenso wie die Markteinführung unberücksichtigt, da der Fokus auf den vorgelagerten Tätigkeiten der technischen Produktentwicklung liegt.

**Informationsquellen in der Produktentwicklung**

Zur Charakterisierung der produktentwicklungsbezogenen Tätigkeiten werden diese im weiteren Verlauf dieser Arbeit nach Informationsquellen unterschieden. Als *datenbasierte* Tätigkeiten sollen in dieser Arbeit solche Tätigkeiten zählen, die auf Messwerten, Versuchs- oder sonstigen technischen Parametern beruhen. Tätigkeiten, welche auf der Nutzung von CAD- oder Simulationsmodellen basieren, werden als *modellbasierte* Tätigkeiten klassifiziert. Diese sind nicht mit dem modellbasierten Systems Engineering (MBSE) gleichzusetzen, welches nicht Gegenstand dieser Arbeit ist. Zusätzlich werden wissensbasierte Tätigkeiten differenziert, wobei zwischen dokumentiertem Wissen (explizites Wissen) und Erfahrungswissen (implizites Wissen) unterschieden wird (vgl. Thommen et al., 2023, S. 661; vgl. Wilkesmann et al., 2022, S. 62 ff). Entsprechend erfolgt eine Unterscheidung von *dokumentbasierten* und *erfahrungsbasierten* Tätigkeiten.

Tabelle 3.1 fasst die unterschiedlichen Informationsquellen übersichtlich zusammen.

**Konstruktion und Design**

In Anlehnung an Kahn & Mohan (vgl. 2021, S. 143 ff) sowie Desai & Mital (vgl. 2021, S. 5–7) wird in dieser Arbeit zwischen den Begriffen *Konstruktion* und *Design* differenziert. Diese Unterscheidung ist erforderlich, da insbesondere in der englischsprachigen Literatur der Begriff *Design* mehrdeutig verwendet wird und es dadurch zu Missverständnissen kommen kann.

**Tabelle 3.1** Übersicht Informationsquellen. (Eigene Darstellung)

| Informationsquelle | Kurzbeschreibung | Beispiele |
|---|---|---|
| datenbasiert | Verwendung numerischer Informationen | Messwerte, Versuchsdaten, Parameter |
| modellbasiert | Verwendung digitaler Darstellungen | CAD-Modelle, Simulationsmodelle |
| dokumentbasiert | Anwendung von dokumentiertem Wissen (explizit) | Anleitungen, Normen, Datenblätter |
| erfahrungsbasiert | Anwendung von Erfahrungswissen (implizit) | Bauchgefühl, Intuition, Erfahrung |

Im Rahmen dieser Arbeit bezeichnet *Design* die gestalterischen Tätigkeiten, die sich auf das Aussehen und die ästhetische Ausprägung eines Produkts bzw. einzelner Bauteile beziehen. *Konstruktion* hingegen umfasst die funktionale und technische Gestaltung von Bauteilen.

### 3.2.2 Bedeutung, Ziele und Herausforderungen der Produktentwicklung

Für ein vertieftes Verständnis der Produktentwicklung ist es notwendig, ihre Bedeutung, Ziele und Herausforderungen zu betrachten. Dieses Kapitel gibt daher einen Überblick über die strategische Relevanz, die zentralen Zielsetzungen sowie die typischen Herausforderungen der Produktentwicklung.

**Bedeutung**

Erfolgreiche Produktentwicklung trägt maßgeblich zur Generierung von Innovationen bei, somit kommt ihr eine besondere strategische Bedeutung für die langfristige Wettbewerbsfähigkeit von Unternehmen zu, wie auch Bender und Steven (vgl. 2015, S. 354) betonen. Sie bildet die Grundlage für den späteren Markterfolg und nimmt innerhalb der industriellen Wertschöpfungskette eine zentrale Rolle ein.

Besonders forschungs- und entwicklungsintensive Branchen wie die Automobilindustrie legen deshalb großen Fokus auf diese Phase (vgl. Braun & Mißler-Behr, 2021, S. 265). Dabei ist zu berücksichtigen, dass bis zu 80 % der Produktkosten bereits in dieser Phase festgelegt werden (zitiert nach Sörensen,

2006, S. 15; vgl. Verein Deutscher Ingenieure e. V., 2019, S. 47). Entscheidungen im Entwicklungsprozess haben daher weitreichende wirtschaftliche Auswirkungen.

Im automobilen Kontext liegt die Verantwortung für das Gesamtprodukt bei den OEM, die somit auch das wirtschaftliche Risiko bei einem Misserfolg tragen. Zulieferer und Entwicklungsdienstleister wirken meist nur an der Entwicklung einzelner Komponenten mit und können daher wenig Einfluss auf die Vermarktung des Gesamtfahrzeuges nehmen. Zulieferer sind aufgrund ihrer produzierenden Tätigkeit und der Lieferverpflichtung gegenüber dem OEM dennoch in hohem Maße von dessen Markterfolg abhängig.

**Ziele der Produktentwicklung**

Produktentwicklung verfolgt das Ziel marktfähige Produkte zu entwickeln, die zuvor festgelegte Ziele und Anforderungen erfüllen (vgl. Verein Deutscher Ingenieure e. V., 2019, S. 8). Zu den zentralen Anforderungen an ein Produkt zählen unter anderem Funktionssicherheit, Kosteneffizienz, Leistungsfähigkeit und Maßhaltigkeit. Darüber hinaus sind weitere Anforderungen zu berücksichtigen, etwa in Bezug auf Fertigung und Montage, Verpackung, Transport sowie Recycling und Entsorgung (vgl. Verein Deutscher Ingenieure e. V., 2019, S. 24). Viele der an ein Produkt gestellten Anforderungen stehen potenziell im Widerspruch (vgl. Mital, 2008, S. 12), daher besteht eine wesentliche Aufgabe der Produktentwicklung darin den bestmöglichen Kompromiss zwischen konkurrierenden Zielen zu finden.

Neben der Erfüllung funktionaler, wirtschaftlicher und fertigungstechnischer Anforderungen verfolgt die Produktentwicklung auch das Ziel, komplexe technische Problemstellungen schrittweise lösbar zu machen. Dies erfordert geeignete Methoden, systematisches Vorgehen und interdisziplinäre Zusammenarbeit. Erst wenn bestehende Herausforderungen beherrscht werden, kann der Weg für neue Technologien und innovative Produkte geebnet werden (vgl. Jantzer et al., 2019b, S. 119, 120).

Um aufwendige, kosten- und zeitintensive Produktänderungen zu vermeiden, besteht ein weiteres Ziel der Produktentwicklung darin, bereits in frühen Phasen die richtigen Entscheidungen zu treffen und das Produkt von Beginn an korrekt auszulegen (vgl. D. M. Anderson, 2020, S. 29–31).

**Herausforderungen**

An der Entwicklung neuer Produkte sind nicht nur Kunden und Produktentwickler beteiligt. Vielmehr wirken Akteure aus verschiedenen Phasen des Produktlebenszyklus mit, wie zum Beispiel der Vertrieb, um das Produkt optimal auf den Kundennutzen auszurichten (vgl. Spath & Dangelmaier, 2016, S. 4). Die steigende Komplexität von technischen Produkten erfordert außerdem eine zunehmend interdisziplinäre Zusammenarbeit, wodurch die Anzahl der Schnittstellen zusätzlich deutlich steigt. Der damit verbundene Abstimmungs- und Kommunikationsaufwand verdeutlicht, dass erfolgreiche Produktentwicklung über technische Kompetenzen hinaus geht und eine strukturierte interdisziplinäre Zusammenarbeit erfordert.

Aufgrund der Globalisierung und des zunehmenden Kostendrucks, ist es erforderlich auch Entwicklungsprojekte mit weltweit verteilten Entwicklungsteams durchzuführen. Damit einhergehende Sprachbarrieren, Zeitzonenunterschiede, kulturelle und gesetzliche Unterschiede (vgl. Kirchner, 2020, S. 405–416) erschweren die Zusammenarbeit zusätzlich.

Vor dem Hintergrund der Erwartung von immer kürzeren Entwicklungszeiten, früh getroffenen Entscheidungen, deren Auswirkungen auf die Herstellbarkeit, Kosten und Markterfolg sowie der allgemein gestiegenen Komplexität (vgl. Mital, 2008, S. 242) liegt eine weitere Herausforderung in der Parallelisierung von Abläufen und Tätigkeiten und der koordinierten Umsetzung im Sinne des *Simultaneous Engineering* und *Concurrent Engineering*.

In Anbetracht der geschilderten Herausforderungen für die Automobilbranche und speziell in der Produktentwicklung werden in den folgenden Kapiteln zentrale Tätigkeiten des Produktentwicklungsprozesses dargestellt. Die Auswahl orientiert sich am allgemeinen Vorgehensmodell nach VDI 2221–1 (vgl. Verein Deutscher Ingenieure e. V., 2019, S. 35 ff), das zwischen Kernprozess, unterstützenden und begleitenden Tätigkeiten sowie Querschnittsfunktionen unterscheidet. Berücksichtigt wurden dabei jene Tätigkeiten, die als besonders grundlegend für die Produktentwicklung erachtet werden und damit eine Verbesserung durch einen Einsatz von künstlicher Intelligenz besonders wirkungsvoll erscheint. Projektmanagement- und Planungstätigkeiten werden in dieser Arbeit nicht behandelt, da der Fokus auf den technischen und wissensbasierten Tätigkeiten der Produktentwicklung liegt. Tabelle 3.2 bietet einen Überblick über die ausgewählten Tätigkeiten, bevor im Anschluss näher auf sie eingegangen wird.

**Tabelle 3.2** Übersicht ausgewählter Tätigkeiten. (Eigene Darstellung)

| VDI Kategorie | ausgewählte Tätigkeit |
|---|---|
| Kernprozess | Anforderungsmanagement |
| | Problemlösungsfindung |
| | Entscheidungsfindung |
| | Konstruktion |
| | Simulation |
| unterstützende Tätigkeiten | Design for Manufacturing |
| Begleittätigkeiten | Zusammenarbeit und Kommunikation |
| Querschnittstätigkeiten | Wissensmanagement |

### 3.2.3 Anforderungsmanagement

In der Literatur werden häufig die Begriffe *Requirements Engineering* und *Requirements Management* verwendet. Beide sind eng mit einander verknüpft, unterscheiden sich jedoch darin, dass *Requirements Engineering* die Erhebung und Definition von Anforderungen an ein Produkt, eine Dienstleistung oder ein System umfasst (vgl. Pohl & Rupp, 2021, S. 1–3), während *Requirements Management* auf die Verwaltung und Pflege von Anforderungen abzielt (vgl. Pohl & Rupp, 2021, S. 183). Im weiteren Verlauf dieser Arbeit wird der Begriff *Anforderungsmanagement* verwendet, der beide Aspekte einschließt.

Das Anforderungsmanagement verfolgt das Ziel, die zu lösende Problemstellung bzw. die Aufgabenstellung zu verstehen (vgl. Pohl & Rupp, 2021, S. 7), die unterschiedlichen, häufig konkurrierenden, Anforderungen aller beteiligten Stakeholder systematisch zusammenzuführen und zu dokumentieren, um daraus ein für alle Beteiligten erfolgreiches Produkt zu entwickeln (vgl. Jantzer et al., 2019c, S. 50–52).

Michels (vgl. 2016, S. 182) betont die besondere Bedeutung von Anforderungen bei der Vergabe von Entwicklungsumfängen an externe Partner, da sie die konkrete Aufgabenstellung für die Entwicklung definieren. Wie im Verlauf dieser Arbeit bereits erläutert, werden in der Automobilbranche Entwicklungsumfänge häufig von OEMs an Zulieferer und Entwicklungsdienstleister untervergeben und somit spielt das Anforderungsmanagement auch in diesem Zusammenhang eine wichtige Rolle. Um sicherzustellen, dass das spätere Produkt die gestellten Anforderungen erfüllt, ist es unerlässlich, diese entlang der Wertschöpfungskette auch bei Untervergaben an weitere Lieferanten und Entwicklungsdienstleister angemessen herunterzubrechen und weiterzugeben.

Angelehnt an Pohl und Rupp (vgl. 2021, S. 13) werden im Weiteren die in Tabelle 3.3 aufgeführten Schritte im Anforderungsmanagement berücksichtigt.

**Tabelle 3.3** Schritte im Anforderungsmanagement. (Eigene Darstellung in Anlehnung an Pohl und Rupp (2021) sowie Rupp et al. (2009))

| Schritt | Beschreibung | Herausforderung | Informations quelle |
|---|---|---|---|
| Datenerhebung | Sammlung aller Anforderungen aus verschiedenen Quellen (Personen, Dokumente, Systeme) | Anzahl und Vielfalt von Anforderungsquellen | dokumentbasiert / erfahrungsbasiert / datenbasiert |
| Dokumentation | Strukturierte Erfassung und Aufbereitung der Anforderungen | Große Menge, hohe Varianz und hoher Dokumentationsaufwand | dokumentbasiert |
| Validierung | Prüfung auf Vollständigkeit, Eindeutigkeit, Widersprüche und Umsetzbarkeit | Schwierigkeit durch erfahrungs- und kontextabhängige Bewertung | dokumentbasiert / erfahrungsbasiert |
| Verwalten | Versionierung, Nachverfolgung, Priorisierung und Umgang mit Änderungen | Verlust der Übersicht bei wachsender Anzahl, Komplexität und vielen Änderungen | dokumentbasiert / datenbasiert |

### 3.2.4 Problemlösungs- und Entscheidungsfindung

Eine zentrale Aufgabe in der Produktentwicklung besteht darin Probleme systematisch zu identifizieren, zu strukturieren und zu lösen (vgl. Kirchner, 2020, S. 6–7). Die zentrale Bedeutung des Problemlösens für die Produktentwicklung wird in der Literatur vielfach hervorgehoben.

Nach VDI 2221 liegt ein technisches Problem dann vor, wenn zwischen einem unerwünschten Anfangszustand und einem angestrebten Endzustand eine Barriere besteht, die einen direkten Übergang vom Ausgangs- zum Zielzustand verhindert (vgl. Verein Deutscher Ingenieure e. V., 2019, S. 15).

In der Produktentwicklung sind Probleme häufig sehr komplex. Laut VDI 2221 ist dies darauf zurückzuführen, dass oftmals nicht alle Informationen über den Ausgangszustand vorliegen, dass Ziele und Anforderungen sich sowohl ergänzen als auch widersprechen können, dass Lösungen Wechselwirkungen auslösen und dass sich Problemstellungen im Zeitverlauf verändern können (vgl. Verein Deutscher Ingenieure e. V., 2019, S. 16).

**Problemlösungsprozess**

Probleme lassen sich meist nicht in festen, aufeinander folgenden Schritten lösen. Die Problemlösung erfolgt vielmehr in mehreren Iterationsschleifen, in denen immer wieder überprüft wird, ob das Ziel bzw. der gewünschte Endzustand erreicht wurde. Insbesondere bei komplexen Problemen sind solche Iterationen wichtig, um neue Erkenntnisse zu gewinnen und fundiertere Entscheidungen treffen zu können (vgl. Verein Deutscher Ingenieure e. V., 2019, S. 16, 19).

In der Literatur existieren verschiedene Darstellungen der Schritte im ingenieurwissenschaftlichen Problemlösungsprozess. Modelle wie jene des VDI 2221 (vgl. 2019, S. 18), von Herstatt (vgl. 2014, S. 17), Krick (1969, zitiert nach Mital, 2008, S. 15) oder Freitag (vgl. 2020, S. 18) folgen im Kern jedoch einem ähnlichen Aufbau, der sich in drei Phasen gliedern lässt, welche im Folgenden aufgeführt werden:

- **Problemanalyse**
  Verstehen der Ausgangssituation, Strukturieren des Problems und Festlegen der Ziele,
- **Lösungssuche**
  Erarbeiten möglicher Lösungsansätze durch intuitive oder systematische Methoden,
- **Lösungsauswahl**
  Bewertung und Vergleich mehrerer Lösungsansätze sowie Auswahl der geeignetsten Lösung.

Da die Problemanalyse bereits im Rahmen des Anforderungsmanagements behandelt wurde, konzentriert sich der folgende Abschnitt auf die Lösungssuche und -auswahl.

**Lösungssuche**

Ziel der Lösungssuche ist es, aus einer Vielzahl möglicher Varianten innerhalb eines hypothetischen Lösungsraums jene Ansätze zu identifizieren, die unter Berücksichtigung bestehender Zielkonflikte einen tragfähigen Kompromiss zwischen Anforderungen wie Zeit, Kosten und Qualität darstellen (vgl. Bender & Steven, 2015, S. 358; vgl. Sörensen, 2006, S. 22).

Kreativität spielt dabei eine wichtige Rolle, da unser Verstand uns bei der Lösungsfindung häufig gedankliche Grenzen setzt (vgl. Verein Deutscher Ingenieure e. V., 2019, S. 22). Zur Unterstützung der kreativen Lösungsfindung existieren seit den 1930er Jahren zahlreiche Kreativitätstechniken (vgl. Freitag, 2020, S. 11–13) von denen sich jedoch nur wenige in der Praxis etabliert haben.

Nach Hentschel et al. (2024) lassen sich diese Techniken grundsätzlich in intuitive und systematische Methoden unterscheiden. Intuitive Methoden wie Brainstorming oder das Brainwriting zielen darauf ab, durch spontane Einfälle und Ideen möglichst viele Lösungsansätze für ein Problem zu generieren (vgl. Hentschel et al., 2024, S. 99 ff).

Systematische Methoden basieren hingegen auf einem schrittweisen, logischen Vorgehen. Dabei wird das Problem genau untersucht, in Einzelteile zerlegt und die Lösung Schritt für Schritt entwickelt. Zu diesen Methoden zählen beispielsweise der morphologische Kasten (vgl. Gerstbach, 2017, S. 229) sowie die Prinzipien *des* erfinderischen Problemlösens (TRIZ) (vgl. Hentschel et al., 2024, S. 12 ff).

**Lösungsauswahl**

Auch wenn im Laufe einer Produktentwicklung bereits viele Lösungsansätze verworfen werden, bleiben oft mehrere grundsätzlich geeignete Ansätze übrig (vgl. Verein Deutscher Ingenieure e. V., 2019, S. 38). Besonders bei intuitiven Methoden der Lösungsfindung ist es in der Regel nicht möglich, alle Optionen im Detail auszuarbeiten, um eine fundierte Entscheidung treffen zu können.

Daher ist es erforderlich, die verbleibenden Alternativen und Ideen zu bewerten und zu vergleichen. Hierfür stehen verschiedene Methoden zur Verfügung, die im Kern einem ähnlichen Ablauf folgen: Kriterien festlegen, gegebenenfalls gewichten, bewerten und entscheiden. Je nach Methode kann dieser Prozess iterativ erfolgen, um aus einer Vielzahl von Ansätzen schrittweise die bestmögliche Lösung auszuwählen (vgl. Schawel & Billing, 2018, S. 27, 157).

Bei der Entscheidung über Lösungsvarianten muss berücksichtigt werden, dass diese oft mit weiteren Entscheidungen verknüpft sind. Zudem können viele Entscheidungen nicht unter vollständiger Gewissheit getroffen werden, da sie mit Wahrscheinlichkeiten für verschiedene Szenarien verbunden sind. Deshalb ist es sinnvoll, diese Unsicherheiten in die Entscheidungsfindung einzubeziehen. Eine hilfreiche Methode, um in solchen Fällen Übersicht und Struktur zu schaffen, ist der Entscheidungsbaum (vgl. Schawel & Billing, 2018, S. 121).

Tabelle 3.4 fasst die dargestellten Schritte des Problemlösungs- und Entscheidungsprozesses zusammen.

**Tabelle 3.4** Schritte der Problemlösung- und Entscheidungsfindung. (Eigene Darstellung)

| Schritt | Beschreibung | Herausforderung | Informationsquelle |
|---|---|---|---|
| Lösungssuche | Entwicklung von Lösungsansätzen mithilfe intuitiver und systematischer Methoden | Eingefahrene Denkmuster, unklare Problemstruktur, fehlende Methodenkenntnis | erfahrungsbasiert |
| Lösungsbewertung und -vergleich | Bewertung und Vergleich der identifizierten Lösungen anhand technischer, wirtschaftlicher und strategischer Kriterien | Subjektivität bei Bewertung, fehlende Vergleichsmaßstäbe, unvollständige Informationen | erfahrungsbasiert / dokumentbasiert / datenbasiert |
| Entscheidungsfindung | Auswahl der am besten geeigneten Lösung unter Berücksichtigung bestehender Zielkonflikte und Unsicherheiten | Nicht abschätzbare Wahrscheinlichkeiten, Vielzahl an Entscheidungsoptionen, Zeitdruck | erfahrungsbasiert / dokumentbasiert / datenbasiert |

### 3.2.5 Konstruktion

Die Konstruktion ist eine zentrale Tätigkeit der Produktentwicklung. Ihr Ziel ist es, eine funktionsfähige, fertigungsgerechte und normkonforme Produktdarstellung zu erzeugen. Dazu werden technische Lösungen systematisch aus den gestellten Anforderungen abgeleitet. Konstruktion verbindet analytisch-wissenschaftliches Denken mit kreativer Gestaltung und bildet die Grundlage für nachfolgende Prozessschritte (vgl. Khan et al., 2025, S. 17–18).

Unter *Computer-aided Design* (CAD) versteht man die rechnerunterstützte Konstruktion. Seit den 1960er Jahren haben sich CAD-Systeme erheblich weiterentwickelt: Von anfänglichen 2D-Drahtmodellen hin zu modernen 3D-Volumenmodellen (vgl. Junk, 2025, S. 1). Sie ermöglichten den Übergang von Papierzeichnungen zur digitalen Modellierung und bilden heute die zentrale Basis für eine effiziente und revisionssichere Konstruktion technischer Produkte (vgl. Khan et al., 2025, S. 361).

Ausgangspunkte der Konstruktion sind das Grobkonzept aus dem Front End des Innovationsprozesses sowie erste Problemlösungsansätze. Nach einer Entwurfsphase, in der ausgewählte Konzeptvarianten konkretisiert werden, folgt die Ausarbeitungsphase. In dieser erfolgt die detaillierte Festlegung des Produkts als herstellbarer und gebrauchsfähiger Gegenstand. Dabei wird auch die spätere Fertigung berücksichtigt, wie im *Abschnitt 3.2.6* zu *Design for Manufacturing* näher erläutert wird (vgl. Kaiser, 2020, S. 7–8, 37).

Die Konstruktion ist zugleich Teil der technischen Produktdokumentation im Produktlebenszyklus. Ihre zentralen Ergebnisse sind 3D-Modelle, 2D-Zeichnungen sowie die zugehörigen Stücklisten (vgl. Kaiser, 2020, S. 10).

**3D-Modelle**

Die 3D-Modellierung bildet die Grundlage für eine durchgängige digitale Produktbeschreibung im gesamten Produktentstehungsprozess. 3D-Modelle enthalten neben der dreidimensionalen Geometrie auch technologische Merkmale wie Toleranzen, Materialangaben und weitere produktspezifische Attribute (vgl. Khan et al., 2025, S. 40; vgl. Vajna et al., 2009, S. 159). Sie dienen nicht nur der Visualisierung, sondern sind Ausgangspunkt für nachgelagerte Arbeitsschritte wie Zeichnungsableitung, Simulation oder Fertigung.

Der Aufwand der 3D-Modellierung hängt stark von der Konstruktionsart ab. Während Neukonstruktionen einen vollständigen Modellaufbau erfordern, werden bei Anpassungs- und Variantenkonstruktionen bestehende Geometrien gezielt verändert oder über veränderbare Parameter angepasst. Konstruktionen mit festem Prinzip basieren auf bekannten Lösungen mit minimalem Änderungsbedarf (Anderl, 2018, zitiert nach Kirchner, 2020, S. 8).

Auf Basis von 3D-Modellen erfolgt die Ableitung technischer Zeichnungen, die als normgerechtes Kommunikationsmittel dienen.

**2D-Zeichnungen**

Trotz der zunehmenden Digitalisierung bleiben Zeichnungen ein unverzichtbares Mittel zur Dokumentation und Kommunikation von Konstruktionen. Meist werden sie automatisch von den 3D-CAD-Modellen abgeleitet, wobei Zeichenblatt, Maßstab, Ansichten, Schnitte, Detailausschnitte, Maße, Toleranzen und Werkstoffangaben ergänzt werden (vgl. Labisch, 2021, S. 2). Auch wenn viele Schritte zwischenzeitlich rechnerunterstützt erfolgen, sind noch immer manuelle und erfahrungsbasierte Eingaben notwendig, wie zum Beispiel die Schnittdarstellung an geeigneten Stellen der Konstruktion, Eintragungen in Schriftfeldern oder die Angabe von Toleranzen (vgl. Junk, 2025, S. 158).

Neben 3D-Modellen und 2D-Zeichnungen stellt auch die Stückliste ein zentrales Ergebnis der Konstruktion dar.

**Stücklisten**

Die Stückliste ist eine strukturierte Darstellung eines Gesamtprodukts. Sie umfasst alle Einzelteile und Baugruppen, die im Zusammenbau das Endprodukt ergeben. Zusätzlich enthält sie Mengen- und Materialangaben, Identifizierungsnummern sowie Fertigungshinweise. Als verbindliches Dokument bildet sie eine zentrale Grundlage für die Freigabe der Konstruktion und dient anschließend der Beschaffung, Fertigung und Montage (vgl. Kaiser, 2020, S. 88).

**Konstruktionskataloge**

Zur Unterstützung wiederkehrender Aufgaben und zur Förderung der Standardisierung greifen Konstrukteure häufig auf Konstruktionskataloge zurück. Diese enthalten technische Standardlösungen wie standardisierte Bauteile, Baugruppen, Befestigungselemente, Materialien oder Prinziplösungen. Durch deren gezielte Verwendung lassen sich Entwicklungszeiten verkürzen, Material- und Herstellungskosten senken und Risiken durch spätere Änderungen reduzieren. Konstruktionskataloge leisten damit einen wesentlichen Beitrag zur Wirtschaftlichkeit und Robustheit des Produktentstehungsprozesses (vgl. D. M. Anderson, 2020, S. 239–241; vgl. Möhrle, 2005, S. 310).

Aufbauend auf den vorangegangenen Erläuterungen werden in Tabelle 3.5 die zentralen Schritte der Konstruktion zusammengefasst.

**Tabelle 3.5** Schritte der Konstruktion. (Eigene Darstellung)

| Schritt | Beschreibung | Herausforderung | Informationsquelle |
|---|---|---|---|
| 3D-Modellierung | Aufbau von 3D-Modellen mit CAD | Strukturierter Modellaufbau, Parametrik, Änderbarkeit | erfahrungsbasiert / dokumentbasiert / modellbasiert |
| 2D-Zeichnungserstellung | Erstellung technischer Zeichnungen aus 3D-CAD-Modellen inkl. normgerechter Darstellung, Bemaßung, Toleranzen und Fertigungshinweisen. | Auswahl relevanter Ansichten, manuelle Ergänzungen | erfahrungsbasiert / dokumentbasiert / modellbasiert |
| Stücklistenerstellung | Strukturierte Auflistung aller Bauteile und Baugruppen mit Mengen- und Sachinformationen | Vollständigkeit und Aktualität | erfahrungsbasiert / dokumentbasiert / modellbasiert |
| Nutzung von Konstruktionskatalogen (Standardlösungen) | Auswahl standardisierter Lösungen aus Katalogen | Auffinden und Auswahl geeigneter Standards | erfahrungsbasiert / dokumentbasiert / modellbasiert |

### 3.2.6 Design for Manufacturing (DFM)

Jantzer et al. und Mital beschreiben, dass sich die Anforderungen an moderne Produkte längst nicht mehr auf technische Eigenschaften und Funktionen beschränken. Produktentwickler müssen sich auch damit auseinandersetzen, wie Produkte über ihren gesamten Lebenszyklus hinweg funktionieren und wirken. Neben expliziten Anforderungen wie etwa einer langen Akkulaufzeit, bestehen häufig auch eine Reihe an impliziten Erwartungen wie zum Beispiel an Sicherheit, Ergonomie oder Langlebigkeit (vgl. Jantzer et al., 2019a, S. 77). Ergänzend müssen gesetzliche Vorgaben, Herstellkosten und künftige Entwicklungstrends frühzeitig berücksichtigt werden (vgl. Jantzer et al., 2019a, S. 78).

Mital (vgl. 2008, S. 12) hebt hervor, dass die Ausgestaltung von Produkten in einem Spannungsfeld zwischen Kundenbedürfnissen, Marktanforderungen und

**Tabelle 3.6** Schritte im DFM. (Eigene Darstellung in Anlehnung an Boothroyd et al., 2011)

| Schritt | Beschreibung | Herausforderung | Informationsquelle |
|---|---|---|---|
| Vereinfachung der Produktstruktur | Festlegung der optimalen Bauteilanzahl und -aufteilung unter Berücksichtigung von Funktion, Fertigung und Kosten. | Prozessspezifische Gestaltungsrichtlinien allein reichen häufig nicht aus, um die Produktstruktur systematisch zu vereinfachen | erfahrungsbasiert / dokumentbasiert / modellbasiert |
| Fertigungsgerechte Auslegung | Fertigungsrelevante Geometrieanforderungen (z. B. Wandstärken, Entformschrägen, Trennlinien) in der Konstruktion berücksichtigen | Erfordert spezifisches Wissen über prozessabhängige Gestaltungsgrenzen | erfahrungsbasiert / dokumentbasiert / modellbasiert |

Fertigungsbedürfnissen erfolgt. Es sei daher erforderlich, Produkte nicht nur technisch funktionsfähig, sondern auch wirtschaftlich herstellbar und marktfähig zu gestalten.

Ingenieure sind primär darin ausgebildet, Produkte funktional auszulegen und auch CAD-Systeme sind überwiegend auf funktionale Aspekte ausgerichtet (vgl. D. M. Anderson, 2020, S. 146). Moderne Produkte erfordern jedoch, wie bereits beschrieben, einen ganzheitlicheren Gestaltungsansatz, um relevante Zielgrößen und Randbedingungen bereits in frühen Entwicklungsphasen zu berücksichtigen.

Hier setzt das methodische Konzept *Design for X* (DFX) an. Nach Bralla handelt es sich dabei um eine wissensbasierte, übergreifende Philosophie, die darauf abzielt, Produkte so zu gestalten, dass relevante Produktmerkmale erreicht werden, wobei sämtliche am Produktentstehungsprozess beteiligten Abteilungen einbezogen werden (zitiert nach Kahn & Mohan, 2021, S. 123).

Im ganzheitlichen DFX-Ansatz kommt *Design for Manufacturing* (DFM) eine besonders praxisrelevante Bedeutung zu. Während DFX zahlreiche Zielgrößen wie Qualität, Sicherheit oder Benutzerfreundlichkeit anspricht, fokussiert DFM auf Fertigungsfunktionen von Produkten wie insbesondere Herstellung und Montage. Dadurch lassen sich Fertigungskosten bereits in der Konstruktionsphase signifikant beeinflussen (vgl. D. M. Anderson, 2020, S. 3; vgl. Boothroyd et al., 2011, S. 19).

Aufgrund dieser Praxisrelevanz und des belegten Einflusses der Produktgestaltung auf spätere Fertigungskosten liegt der Fokus dieser Arbeit im Weiteren auf DFM.

Tabelle 3.6 zeigt eine Auswahl zentraler Schritte des Design for Manufacturing, die im weiteren Verlauf dieser Arbeit berücksichtigt werden. Die Darstellung orientiert sich an Boothroyd et al. (vgl. 2011, S. 1–6).

### 3.2.7 FEM-Simulation

*Computer Aided Engineering* (CAE) umfasst digitale Werkzeuge, die zur Absicherung von Produkten durch Simulationen und Berechnungen eingesetzt werden. Diese sind häufig in CAD-Systemen integriert (vgl. Verein Deutscher Ingenieure e. V., 2019, S. 51) bestehen jedoch auch in eigenständigen Anwendung.

Virtuelle Simulationen sind ein wesentlicher Bestandteil der Produktentwicklung und dienen der frühzeitigen Absicherung technischer Konstruktionen. Sie unterstützen dabei, Systeme und deren Einflussfaktoren besser zu verstehen, das Verhalten unter definierten Bedingungen vorherzusagen und dadurch eine möglichst geeignete Konstruktion zu erarbeiten (vgl. Schluse, 2024, S. 305, 306). Auf diese Weise lassen sich physische Tests reduzieren und Entwicklungszeiten verkürzen. Simulationen bilden damit eine zentrale Schnittstelle zwischen Konstruktion und Validierung.

In *Experimentierbare Digitale Zwillinge: Konvergenz von Simulation und Realität* beschreibt Schluse (vgl. 2024, S. 22, 28) wie sich der Einsatz von Simulationen zukünftig über die Entwicklung und Konstruktion hinaus ausweiten könnte, indem Betriebsdaten von Produkten erfasst und in betriebsparallelen Simulationen genutzt werden, um das aktuelle Systemverhalten zu analysieren, Zustände zu bewerten und künftige Entwicklungen vorherzusagen. Ein Beispiel hierfür ist der Digitale Zwilling, also ein virtuelles Abbild eines realen Produkts, das dessen aktuellen Zustand digital widerspiegelt und Simulationen in Echtzeit ermöglicht.

In dieser Arbeit liegt der Fokus auf der klassischen, konstruktionsbegleitenden Tragfähigkeitssimulation mithilfe der Finite-Elemente-Methode (FEM). Ziel dieser Simulation ist es, zu berechnen, wie sich ein Körper unter verschiedenen Belastungen verhält, ob und wie stark er sich verformt und wo Spannungen auftreten (vgl. Hahn & Reck, 2021, S. 25). Die Simulation erfolgt auf Basis eines Finite-Elemente-Netzes, das die Geometrie durch eine Elementstruktur annähert. Auf eine detaillierte Darstellung der Grundlagen und Funktionsweise von FEM-Berechnungen wird in dieser Arbeit verzichtet.

**Tabelle 3.7** Schritte der FEM-Simulation. (Eigene Darstellung in Anlehnung an Schabacker (2023) und Deger (2017))

| Schritt | Beschreibung | Herausforderung | Informationsquelle |
|---|---|---|---|
| Modellaufbau | Geometrievereinfachung, Vernetzung der CAD-Modelle, Zuweisung von Materialien | Hohe Modelltreue erhöht Rechenaufwand; manuelle Nacharbeit zur Netzoptimierung nötig | modelbasiert / erfahrungsbasiert |
| Lastfalldefinitiondefinition | Zuweisung von Randbedingungen und Lastfällen | Aufwendig, da manuell und abhängig vom Erfahrungswissen | erfahrungsbasiert |
| Numerische Berechnung | Numerische Durchführung der Simulation | Hoher Rechenaufwand, abhängig von Netzqualität und Problemkomplexität | modelbasiert |
| Analyse | Interpretation der Ergebnisse, Ableitung technischer Maßnahmen | Erfordert Fachwissen und Erfahrung zur Bewertung der Ergebnisse | erfahrungsbasiert / kognitive Tätigkeit |

FEM-Simulationen bieten insbesondere in der frühen Konstruktionsphase ein hohes Einsparpotenzial, da Konstruktionen gezielt an ihre Funktions- bzw. Belastungsanforderungen angepasst und der Materialeinsatz entsprechend optimiert werden kann (Frisch et al., 2016), Für eine zuverlässige Weiterverarbeitung sind gut strukturierte und simulationsgerechte CAD-Daten erforderlich (vgl. Schluse, 2024, S. 364) die zur Durchführung der Simulation zu Simulationsmodellen aufbereitet werden.

Angelehnt an Schabacker (vgl. 2023, S. 103 ff) und Deger (vgl. 2017, S. 100–109) werden in Tabelle 3.7 die Schritte der FEM-Simulationen zusammengefasst.

### 3.2.8 Teamarbeit, Kommunikation und Wissensmanagement

Teamarbeit, Kommunikation und Wissensmanagement bilden zentrale Voraussetzungen für eine erfolgreiche Produktentwicklung. In diesem Kapitel werden ihre Bedeutung, typische Herausforderungen sowie ausgewählte Schritte dargestellt.

**Teamarbeit und Kommunikation**
Schon 1996 betonte Cooper die Bedeutung funktionsübergreifender Teams für eine erfolgreiche Produktentwicklung (vgl. Cooper, 1996). Wie bereits dargestellt, ist diese Bedeutung heute noch deutlich größer, da steigende Produktkomplexität, Kosten- und Innovationsdruck eine parallele und global verteilte Entwicklung erforderlich machen.

Kirchner (2020) nennt als Vorteile von Teamarbeit den Wissenszuwachs durch den Austausch unterschiedlicher Perspektiven, die Qualitätssicherung durch gemeinsame Reflexion sowie die gesteigerte Motivation durch Mitgestaltung und Kooperation (vgl. Kirchner, 2020, S. 21). Herausforderungen der Teamarbeit sieht er hingegen in zwischenmenschlichen Konflikten und Kommunikationsmängeln. Auf den Aspekt zwischenmenschlicher Konflikte wird in der vorliegenden Arbeit nicht weiter eingegangen, da hierin kein relevantes Potenzial für den Einsatz künstlicher Intelligenz gesehen wird.

**Dokumentation und Protokollierung**
Nach Birkhofer (2012) entfallen 10 % der Teamarbeit auf die Dokumentation und Protokollierung von Ergebnissen (zitiert nach Kirchner, 2020, S. 21) und Mehrle et al. (2012) bezeichnen Dokumentation als „integralen Bestandteil einer verteilten Entwicklungswelt“. Vor diesem Hintergrund wird in der vorliegenden Arbeit

der Aspekt der Dokumentation und Protokollierung mit Blick auf Kommunikationsmängel weiterverfolgt, da davon auszugehen ist, dass dessen Anteil seit 2012 tendenziell weiter gestiegen ist.

**Wissensmanagement**
Eine breite und vielfältige Wissensbasis im Unternehmen ist entscheidend, um Wissen aus anderen Bereichen auf neue Problemstellungen übertragen zu können. Effektiver Wissensaustausch, insbesondere durch persönliche Kommunikation und Rollen wie Wissensmanager, unterstützt die kontextübergreifende Nutzung und Weiterentwicklung vorhandener Kenntnisse. Für die systematische Wissensnutzung sind sowohl personenbasierte (z. B. Kreativitätstechniken, Expertennetzwerke) als auch mediengestützte Strategien (z. B. Datenbanken) geeignet (vgl. Herstatt et al., 2014, S. 17–22).

Wissensmanagement bedeutet laut VDI 5610, alle Prozesse zu organisieren, in denen Wissen entsteht, gespeichert, verteilt und genutzt wird. Im Bereich der Produktentwicklung umfasst dies sowohl auftragsbezogene als auch übergreifende Informationen. Es wird zwischen informellem Wissen, das an einzelne Personen gebunden ist, und formellem Wissen, das dokumentiert und allgemein zugänglich ist, unterschieden. Ziel des Wissensmanagements ist es, Wissen aktuell zu halten und jederzeit bereitzustellen (vgl. Grasshoff & Kellner, 2023, S. 19–22; vgl. Verein Deutscher Ingenieure e. V., 2019, S. 48).

Da es insbesondere in technischen Entwicklungsprojekten wichtig ist, Fehler aus der Vergangenheit nicht zu wiederholen und zielführende Erkenntnisse zu dokumentieren und weiterzugegeben (vgl. D. M. Anderson, 2020, S. 131), konzentriert sich diese Arbeit auf die mediengestützte Verwaltung von dokumentiertem Wissen. Hierbei werden die Schritte Dokumentenmanagement und Informationssuche unterschieden.

Tabelle 3.8 fasst die einzelnen erörterten Schritte aus Teamarbeit, Kommunikation und Wissensmanagement übersichtlich zusammen.

Insgesamt lässt sich festhalten, dass sich der Produktentwicklungsprozess in abgrenzbare Teilschritte unterteilen lässt. Diese umfassen die Erhebung und Abstimmung von Anforderungen, den Problemlösungs- und Entscheidungsfindungsprozess, die Aktivitäten der Konstruktion und Simulation, die Bewertung der Herstellbarkeit sowie weitere Aktivitäten wie Zusammenarbeit, Kommunikation und Wissensmanagement. Obwohl jeder Schritt eigene Ziele verfolgt und mit spezifischen Herausforderungen verbunden ist, ergibt sich dennoch erst durch ihr Zusammenspiel der Gesamtprozess der Produktentwicklung.

In den jeweiligen Kapiteln wurden die einzelnen Schritte systematisch beschrieben und in Tabellen zusammengefasst. Diese Darstellungen bilden die

**Tabelle 3.8** Schritte zur Teamarbeit, Kommunikation und Wissensmanagement. (Eigene Darstellung)

| Schritt | Beschreibung | Herausforderung | Informationsquelle |
|---|---|---|---|
| Dokumentation und Protokollierung | Dokumentation von Ergebnissen, Aufgaben, Besprechungen und Projekterkenntnissen zur späteren Verwendung | Zeitmangel, Schwierigkeiten bei der Zusammenfassung relevanter Inhalte, fehlende Standards | erfahrungsbasiert / dokumentbasiert |
| Dokumentenmanagement | Strukturierte Ablage, Pflege und Verwaltung von Wissen | Menge an Dokumente, redundante Dokumente, veraltete Dokumente | dokumentbasiert |
| Informationssuche | Auffinden relevanter Informationen und Inhalte | mangelnde Suchlogik, isolierte Darstellung von Informationen | dokumentbasiert / erfahrungsbasiert |

Grundlage für die weitere Betrachtung möglicher Einsatzmöglichkeiten von Künstlicher Intelligenz in der Produktentwicklung. Um das Potenzial bzw. die Anwendbarkeit beurteilen zu können, werden im nachfolgenden Kapitel die wesentlichen Grundlagen Künstlicher Intelligenz erläutert.

## 3.3 Künstliche Intelligenz

Das folgende Kapitel verfolgt nicht das Ziel, Künstliche Intelligenz (KI) in ihrer gesamten Tiefe und Komplexität zu erklären. Vielmehr soll es Leser*innen ohne vertiefte Vorkenntnisse einen verständlichen Überblick über grundlegende Begriffe, Funktionsweisen und Einsatzmöglichkeiten bieten. Ziel ist es, ein erstes Verständnis für die Fähigkeiten von KI zu schaffen mit dem praktischen Nutzen, Potenziale für den eigenen Arbeitskontext zu erkennen und realistische Anwendungsfälle ableiten zu können.

### 3.3.1 Allgemeines

Künstliche Intelligenz (KI) bezeichnet ein Teilgebiet der Informatik, das eine Vielzahl an Technologien und Anwendungsfeldern umfasst. Da es keine einheitliche Definition von Künstlicher Intelligenz gibt und der Begriff häufig mit Digitalisierung gleichgesetzt wird, fällt es Anwendern laut Legg und Hutter (2007) oft schwer zu erkennen, welche Anwendungen tatsächlich auf KI basieren und welche nicht (zitiert nach Burchardt & Aschenbrenner, 2021, S. 14).

Das Verständnis und die Auffassung von KI werden zusätzlich dadurch erschwert, dass sich sowohl die menschliche Intelligenz als auch die damit verknüpften Erwartungen an KI fortlaufend verändern. Während früher bereits ein Taschenrechner als intelligent galt, werden heutige Sprachassistenten von vielen Menschen nicht mehr als Ausdruck künstlicher Intelligenz wahrgenommen (vgl. Heine et al., 2023, S. 2, 3).

Gemäß Kreutzer und Sirrenberg (vgl. 2019, S. 3) zielt KI darauf ab, Ergebnisse und Lösungen zu finden, die nicht im Lösungsraum der Menschen liegen und somit den Horizont der Menschen übersteigen.

Eine besonders anschauliche Definition liefern Müller et al. (vgl. 2021, S. 77): Demnach wird unter Künstlicher Intelligenz ein System aus Software und Hardware verstanden, das Aufgaben bearbeiten kann, für die bisher die menschliche Intelligenz erforderlich war. Merkmale einer solchen KI sind eigene Lösungs- und Entscheidungsfindung sowie ein eigenständiges Handeln im vorgegebenen Rahmen.

**Schwache und starke Künstliche Intelligenz**

Nach Searle (1980) werden grundsätzlich zwei Arten von Künstlicher Intelligenz hinsichtlich ihrer Leistungsfähigkeit unterschieden.

Unter schwacher Künstlicher Intelligenz wird verstanden, wenn KI-Anwendungen mindestens auf dem Niveau eines Menschen jeweils eine spezifische Aufgabe ausführen können. Das bedeutet, dass jede Anwendung einem festen Zweck dient, wie zum Beispiel Schach zu spielen oder Daten zu analysieren. Im Vordergrund steht dabei, Probleme effizienter zu lösen als der Mensch, nicht jedoch die Imitation menschlicher Fähigkeiten (vgl. Kreutzer & Sirrenberg, 2019, S. 20). In der Literatur wird in diesem Zusammenhang auch der Begriff *Narrow Artificial Intelligence* (NAI) verwendet, der im Wesentlichen dasselbe bezeichnet. Aktuelle KI-Anwendungen zählen zu dieser Kategorie, da sie nur innerhalb eines klar definierten Aufgabengebiets eigenständig und selbstlernend arbeiten (vgl. Schmid et al., 2023, S. 14).

Starke Intelligenz hat zum Ziel, menschliche Fähigkeiten und Eigenschaften wie Empathie und Bewusstsein zu imitieren (zitiert nach Buxmann & Schmidt, 2019a, S. 6). Im Gegensatz zur schwachen Intelligenz sollen starke KI-Anwendungen nicht nur für einen spezifischen Zweck einsetzbar sein, sondern in möglichst vielen Lebensbereichen allgemein genutzt werden können (vgl. Kreutzer & Sirrenberg, 2019, S. 20). KI-Anwendungen dieser Art werden in der Literatur auch als *General Artificial Intelligence* (GAI) bezeichnet (vgl. Schmid et al., 2023, S. 14), existieren jedoch bislang nicht.

Zu erwähnen ist in diesem Zusammenhang auch die *Super Artificial Intelligence* (SAI). Dabei handelt es sich um einen hypothetischen Ansatz, bei dem KI über übermenschliche Fähigkeiten und sehr hohe Eigenständigkeit verfügt (vgl. Schmid et al., 2023, S. 14). Obwohl diese Form rein theoretischer Natur ist, betonen Hildesheim und Michelsen (vgl. 2019, S. 121), dass die Unterscheidung zwischen NAI, GAI und SAI wichtig ist, um den aktuellen Stand der Forschung einordnen zu können.

**Symbolische und subsymbolische Künstliche Intelligenz**

Unter symbolischer Künstlicher Intelligenz werden Modelle verstanden, die auf vordefinierten Symbolen und Regeln basieren. In der einfachsten Form erfolgt dies über tabellenähnliche Strukturen, aus denen das System Informationen ableiten kann. Komplexere Varianten nutzen regelbasierte Zusammenhänge, die explizit vorgegeben sind (vgl. Strümke, 2024, S. 49, 50). Regelbasierte Ansätze zählen zu den frühesten Formen der KI und bieten den Vorteil, dass sich Zusammenhänge aus bestehenden Wissenskontexten nachvollziehbar darstellen lassen. Ein wesentlicher Nachteil besteht jedoch darin, dass diese Systeme nicht selbstständig lernen, sondern mit erheblichen Aufwand manuell gepflegt werden müssen (vgl. Schmid et al., 2023, S. 23, 24). Auf Expertensysteme als ein Vertreter von symbolischer KI wird im weiteren Verlauf noch eingegangen.

Subsymbolische Künstliche Intelligenz umfasst KI-Modelle für maschinelles Lernen (vgl. Strümke, 2024, S. 70) und verfolgt einen datenbasierten Modellierungsansatz (vgl. Schmid et al., 2023, S. 25). Im Gegensatz zu regelbasierten Systemen müssen hier nicht alle Details im Vorhinein explizit festgelegt werden, da datenbasierte Modelle eigenständig aus großen Datenmengen lernen können. Auf die Funktionsweise neuronaler Netze als eine Lernmethode des maschinellen Lernens wird im weiteren Verlauf ebenfalls eingegangen.

**Ziele des Einsatzes von Künstlicher Intelligenz**

Im Gegensatz zur industriellen Revolution, in deren Zuge physische Aufgaben und Tätigkeiten von Maschinen übernommen wurden, zielt die Digitalisierung und der Einsatz von künstlicher Intelligenz darauf ab, kognitive und anspruchsvollere Aufgaben des Menschen zu automatisieren (vgl. Gethmann et al., 2022, S. 7).

Nach Buxmann und Schmidt (vgl. 2019b, S. 25–26) stellt Künstliche Intelligenz einen weiteren Schritt zur Produktivitätssteigerung durch Automatisierung dar, der weit über den Produktionssektor hinausreicht. Ziel ist es, dass Beschäftigte ihre Leistungen schneller und effizienter erbringen können, indem KI zum Beispiel weniger produktive und wiederkehrende Aufgaben übernimmt und die Mitarbeitenden sich stärker auf wertschöpfende Tätigkeiten konzentrieren können.

Hildesheim und Michelsen (vgl. 2019, S. 125) sehen die große Chance von Künstlicher Intelligenz darin, dass sie die Elemente des magischen Dreiecks, nämlich Kosten, Zeit und Qualität, gleichzeitig optimieren kann. Klassisch betrachtet führte die Verbesserung eines dieser Elemente häufig zur Verschlechterung mindestens eines anderen.

### 3.3.2 Historischer Überblick

An den Grundlagen der künstlichen Intelligenz wurde bereits im antiken Griechenland geforscht. Einen entscheidenden Fortschritt lieferte jedoch erst Alan Turing in den 1930er Jahren mit dem Konzept einer Rechenmaschine und dem Beweis, dass jede mathematische Aufgabe gelöst werden kann, sofern sie sich durch einen Algorithmus eindeutig beschreiben lässt, also algorithmisch lösbar ist (vgl. Herbrich, 2019, S. 1; vgl. Strümke, 2024, S. 30).

Als Ursprung der künstlichen Intelligenz gilt eine Konferenz, die 1956 von John McCarthy am Dartmouth College in Hanover (New Hampshire) organisiert wurde. Ziel der Teilnehmer war es, zu untersuchen, welche Möglichkeiten sich mit intelligenten Computersystemen ergeben könnten. Im Rahmen dieser Veranstaltung prägte McCarthy auch den Begriff *Artificial Intelligence* (AI), auf Deutsch *Künstliche Intelligenz* (KI) (vgl. Buxmann & Schmidt, 2019a, S. 3, 4).

Nach diesen frühen Computerentwicklungen und theoretischen Überlegungen zu künstlicher Intelligenz folgten mehrere Jahrzehnte wechselhafter Entwicklungen mit großen Erwartungen, technischen Rückschlägen und punktuellen Durchbrüchen. In den 1960er- und 1970er-Jahren standen insbesondere regelbasierte Systeme und frühe Expertensysteme im Mittelpunkt der Forschung (vgl. Buxmann & Schmidt, 2019a, S. 4–6).

Diese Programme und Anwendungen konnten sich jedoch nicht durchsetzen, da sie aufgrund fest definierter Regeln zu starr waren, nicht aus Erfahrungen und

Daten lernen konnten und die damalige Rechenleistung von Computern komplexere KI-Methoden nicht ermöglichten. Da die hochgesteckten Erwartungen dadurch nicht erfüllt wurden, wird diese Phase auch als „KI-Winter“ verstanden (vgl. Buxmann & Schmidt, 2019a, S. 4, 5).

Ein bedeutender Meilenstein waren die 1997 ausgetragenen Schachpartien zwischen dem damaligen Weltmeister Garri Kasparow und dem Schachcomputer Deep Blue von IBM. Kasparow hatte bis dahin alle Duelle gegen Schachprogramme gewonnen, musste sich in diesem Match jedoch geschlagen geben. In der medialen Berichterstattung galt dieses Ereignis als Durchbruch der Künstlichen Intelligenz. Kritiker betonten jedoch, dass es sich bei Deep Blue weniger um ein intelligentes System handelte, sondern vielmehr um einen regelbasierten Hochleistungsrechner, der mit enormer Rechenleistung alle möglichen Spielzüge analysieren konnte, jedoch weder lern- noch erinnerungsfähig war (vgl. Strümke, 2024, S. 39–41).

Im Laufe der Zeit hat sich gezeigt, dass Lernfähigkeit zu den zentralen Anforderungen an Künstliche Intelligenz gehört. Daher ist es nicht verwunderlich, dass sich der Fokus in den letzten Jahren, ungefähr seit 2010, stärker auf das *Maschinelle Lernen* (ML) verlagert hat. Laut Erik Brynjolfsson und Andrew McAfee (2017) handelt es sich dabei um die derzeit bedeutendste KI-Technologie (zitiert nach Buxmann & Schmidt, 2019a, S. 7).

In den folgenden Jahren kam es zu zwei eindrucksvollen Durchbrüchen im Bereich des Maschinellen Lernens. 2016 besiegte *AlphaGo* von Google-DeepMind den Weltmeister im asiatischen Brettspiel *Go*. Da Go deutlich komplexer als Schach ist, war ein Sieg durch das bloße Durchprobieren möglicher Züge nicht möglich. Stattdessen wurde der Sieg mittels intelligenten Strategien erzielt (vgl. Buxmann & Schmidt, 2019a, S. 11–12; zitiert nach Hildesheim & Michelsen, 2019, S. 119). Nur ein Jahr später, 2017, stellte Google-DeepMind die Software *AlphaZero* vor, die in wenigen Stunden durch selbstständiges Spielen unter anderem Schach und Go auf einem übermenschlichen Niveau erlernte.

Die dargestellten Entwicklungen, insbesondere die der letzten Jahre, wären ohne grundlegende Fortschritte in verschiedensten Bereichen kaum möglich gewesen. Das folgende Kapitel verdeutlicht, welche Treiber maßgeblich zur Weiterentwicklung der Künstlichen Intelligenz beigetragen haben.

### 3.3.3 Technologische Treiber der jüngsten KI-Entwicklung

Aufbauend auf den zuvor dargestellten historischen Entwicklungen stellt sich die Frage, wodurch die dynamischen Fortschritte der letzten Jahre überhaupt ermöglicht wurden. Die rasante Weiterentwicklung der Künstlichen Intelligenz seit etwa 2010 lässt sich auf eine Kombination technischer und struktureller Treiber zurückführen, die sich gegenseitig verstärken (vgl. Britz, 2017, S. 363; vgl. Gethmann et al., 2022, S. 7; zitiert nach Kreutzer & Sirrenberg, 2019, S. 73), diese werden nachfolgend aufgeführt:

- **Steigende Rechenleistung**
  Moderne Prozessoren ermöglichen die parallele Verarbeitung großer Datenmengen,
- **Wachsende Verfügbarkeit von Daten**
  Sensorik, Internet und digitale Geschäftsprozesse liefern die nötige Datenbasis,
- **Weiterentwicklung von Algorithmen und Entwicklungsumgebungen**
  Neue Verfahren und Tools erleichtern die Umsetzung,
- **Höheres Qualifikationsniveau**
  Fachkräfte mit KI-Know-How sind zunehmend verfügbar,
- **Zunehmende Durchdringung von Wirtschaft und Gesellschaft**
  KI wird in immer mehr Bereichen praktisch anwendbar und angewendet,
- **Zunehmende digitale Vernetzung**
  Die Vernetzung technischer Systeme und Nutzer*innen fördert die Datengenerierung.

Das folgende Kapitel erklärt vereinfacht die grundlegende Funktionsweise von KI-Systemen und schafft damit ein besseres Verständnis für deren Aufbau und zentrale Komponenten.

### 3.3.4 Grundlegende Funktionsweise

Stark vereinfacht lassen sich KI-Modelle auf ein grundlegendes Schema zurückführen, das sich durch die Abfolge von Eingabe, Verarbeitung und Ausgabe charakterisieren lässt. Anhand dieses Prinzips wird im Folgenden die grundlegende Funktionsweise von KI erläutert.

**Eingabe**

Die Grundlage jedes KI-Systems sind Daten. Burchard und Aschenbrenner (2021, S. 12) beschreiben KI-Systeme ohne Daten als „leere Hüllen“, so lange sie nicht mit Daten oder Regeln gespeist wurden. Daten können in unterschiedlichsten Formen vorliegen, zum Beispiel als Tabellen, Messwerte, Bilder oder Audioaufnahmen. Dabei kann es sich um strukturierte oder unstrukturierte Daten handeln, die zudem unterschiedliche Qualitäten aufweisen können. Die Qualität von Daten wird bestimmt durch Merkmale wie Vollständigkeit, Genauigkeit, Konsistenz und Aktualität. Außerdem können Daten in Beziehung zueinander stehen und sich gegenseitig beeinflussen (vgl. Heine et al., 2023, S. 7–19). Knapp und Wagner (vgl. 2019, S. 164) betonen die zentrale Bedeutung von Daten für Unternehmen, um Prozesse zu optimieren und neue Geschäftsmodelle zu entwickeln. Dies verdeutlicht die Relevanz datenbasierter Systeme wie der Künstlichen Intelligenz für betriebliche Prozesse und strategische Entscheidungen.

**Verarbeitung**

Daten allein bieten noch keinen Mehrwert. Erst durch die Auswertung und Interpretation entstehen Informationen, aus denen Wissen generiert wird, das unser Handeln unterstützt (vgl. Heine et al., 2023, S. 7, 10).

Die Verarbeitung der eingegebenen Daten erfolgt durch sogenannte Modelle, die auf Algorithmen basieren. Unter Algorithmen werden programmierte Anweisungen verstanden, die in einer festgelegten Reihenfolge beschreiben, wie Eingangsdaten verarbeitet und in eine Ausgabe überführt werden sollen (vgl. Strümke, 2024, S. 27, 28, 63). Algorithmen bilden die Grundlage aller Computerprogramme, unabhängig davon, ob diese auf Künstlicher Intelligenz basieren oder nicht.

**Ausgabe**

Die Ausgabe stellt das eigentliche Ergebnis von KI-Systemen dar und bildet die Grundlage für die Weiterverarbeitung oder für Entscheidungen durch den Menschen. Abhängig von der jeweiligen Problemstellung können die Ergebnisse unterschiedliche Formen aufweisen. Beispiele hierfür sind die Ausgabe von Kategorien, das Erkennen von Mustern (Pattern Matching), die Erzeugung neuer Inhalte, die Berechnung von Zahlenwerten oder die Prognose zukünftiger Entwicklungen (Forecasting) (vgl. Heine et al., 2023, S. 37–58). Diese unterschiedlichen Formen der Ausgabe bestimmen maßgeblich, wie und wo KI-Systeme in der Praxis eingesetzt werden können.

Im Zusammenhang mit der Ausgabe von KI-Systemen ist auch die *generative KI* zu erwähnen. Sie ist in der Lage, eigenständig neue Inhalte wie Texte, Bilder, Musik oder Videos zu erzeugen und findet bereits in zahlreichen Branchen Anwendung (vgl. Chan & Colloton, 2024, S. 9, 10).

In den nächsten Kapiteln werden zwei grundlegende Modellarten Künstlicher Intelligenz vorgestellt: regel- und wissensbasierte Expertensysteme als Vertreter der symbolischen KI und künstliche neuronale Netze als Modellform des Maschinellen Lernens. Auf die Darstellung weiterer KI-Modelle wird verzichtet, da dies den Umfang und die Zielsetzung dieser Arbeit übersteigen würde.

### 3.3.5 Symbolische KI - Expertensysteme

Ein Vertreter der symbolischen Künstlichen Intelligenz sind die sogenannten Expertensysteme. Ihre Entwicklung geht auf die 1970er und 1980er Jahre zurück, wobei Edward Feigenbaum als ihr Schöpfer gilt. Ein Expertensystem basiert im Kontext einer konkreten Problem- bzw. Aufgabenstellung auf vordefinierten Regeln und einer hinterlegten Wissensbasis. Ein frühes bekanntes Beispiel ist das MYCIN-System, das im medizinischen Bereich Ärzte bei der Diagnose und Therapieauswahl unterstützen sollte (vgl. Buxmann & Schmidt, 2019a, S. 4, 5).

Expertensysteme dienen dazu, komplexe Problemstellungen zu bearbeiten und Menschen mit Handlungsempfehlungen zu unterstützen. Häufig werden sie in Bereichen eingesetzt, in denen es an menschlichen Experten mangelt oder große Datenmengen effizient verarbeitet werden müssen. Die zugrunde liegende Wissensbasis wird durch Experten formalisiert und häufig in Form von Wissensnetzen dargestellt, welche zentrale Inhalte und Zusammenhänge eines Fachgebiets strukturieren (vgl. Gethmann et al., 2022, S. 24, 25).

Auch wenn sich regelbasierte Systeme, darunter auch Expertensysteme, in der Anfangszeit nicht umfassend durchsetzen konnten, haben sie sich inzwischen in vielen Anwendungsfeldern etabliert. Der Vorteil liegt in ihrer hohen Anwendungssicherheit, da alle Regeln vom Menschen vorgegeben werden und keine neuen Regeln vom System selbst erzeugt werden. Ein weiterer Vorteil besteht darin, dass Expertensysteme bei umfangreicher Regel- und Wissensbasis in der Lage sind, deutlich komplexere Schlussfolgerungen zu ziehen als ein Mensch (vgl. Strümke, 2024, S. 54).

### 3.3.6 Maschinelles Lernen – Künstliche neuronale Netze

Im historischen Rückblick zur Entwicklung künstlicher Intelligenz wurde deutlich, dass sich der Schwerpunkt zunehmend auf das KI-Feld des maschinellen Lernens verlagert hat. Maschinelles Lernen bildet heute eine zentrale Grundlage moderner KI-Systeme und stellt ein Teilgebiet der künstlichen Intelligenz dar. Daher widmet sich dieses Kapitel dem maschinellen Lernen als einem zentralen Ansatz innerhalb der KI.

Symbolische KI basiert, wie bereits beschrieben, auf festgelegten Regeln, Logik und Anweisungen. Viele alltägliche Aufgaben erfordern Formen des Lernens, wie sie Menschen intuitiv beherrschen, etwa das Deuten von Gesichtsausdrücken, das Verstehen von Sprache oder die Einordnung von Situationen. Dass symbolische KI diese Fähigkeiten nicht beherrscht, war mit eine der Hauptursachen für den bereits erwähnten KI-Winter (vgl. Strümke, 2024, S. 61, 62).

An dieser Schwachstelle setzt das KI-Feld Maschinelles Lernen an. Darunter wird die Fähigkeit von Computern verstanden, eigenständig Wissen aus Erfahrung zu generieren, um Lösungen für Aufgaben oder Probleme zu finden, ohne zuvor detaillierte Anweisungen erhalten zu haben. Damit Computer dazu in der Lage sind, braucht es neben einer klaren Aufgabenstellung auch ausreichend Daten, geeignete Lernprozesse sowie passende Modellierungsansätze, wie zum Beispiel künstliche neuronale Netze oder andere Lernverfahren des maschinellen Lernens (vgl. Jastram, 2022, S. 3; vgl. Strümke, 2024, S. 62).

**Lernprozesse**

Beim Maschinellen Lernen kommen spezielle, selbstadaptive Algorithmen zum Einsatz, die in der Lage sind selbständig zu lernen und sich weiterzuentwickeln, ohne das von außen in den Lernprozess eingegriffen werden muss. Zur Unterstützung dieses Prozesses und der selbstständigen Entwicklung neuer Algorithmen sind große Mengen qualitativ hochwertiger Trainingsdaten erforderlich, um Muster und Zusammenhänge erkennen zu können und die Modelle zu trainieren (vgl. Herbrich, 2019, S. 2; vgl. Kreutzer & Sirrenberg, 2019, S. 6).

Nach McKinsey (2018) und Gentsch (2018) werden abhängig von der Aufgabenstellung und den zu Grunde liegenden digitalen Datentypen die nachfolgend aufgeführten Lernprozesse unterschieden (zitiert nach Kreutzer & Sirrenberg, 2019, S. 7, 8):

- **Beaufsichtigtes Lernen – Supervised Learning**
  Das KI-System bekommt sowohl Eingangsdaten als auch die dazugehörigen richtigen Zielwerte vorgegeben und lernt daraus, wie es diese miteinander verknüpfen kann. Sobald der Algorithmus zuverlässige Ergebnisse liefert, kann er auf neue, unbekannte Daten angewendet werden,
- **Nicht-überwachtes Lernen – Unsupervised Learning**
  Bei diesem Lernprozess bekommt das KI-System keine Zielwerte vorgegeben und muss Muster, Strukturen und Zusammenhänge in den Eingangsdaten selbstständig erkennen,
- **Verstärkendes Lernen – Reinforcement-Learning**
  Das KI-System probiert selbständig iterativ verschiedene Handlungen aus und erhält über Bestrafung oder Belohnung eine Rückmeldung darüber, welche Entscheidungen zielführend waren und welche nicht. Auf Basis dieses Feedbacks optimiert sich der Algorithmus fortlaufend selbst.

Es existieren zahlreiche lernfähige Modelle, einen Überblick hierzu geben Schmidt et al. (2023, S. 102) In den letzten beiden Jahrzehnten haben sich jedoch vor allem Ansätze auf Basis neuronaler Netze durchgesetzt (vgl. Strümke, 2024, S. 70). Daher konzentriert sich die folgende Darstellung auf künstliche neuronale Netze.

**Künstliche neuronale Netze und Deep Learning**

Auch wenn es 1943 nicht das Ziel von McCulloch und Pitts war, künstliche neuronale Netzwerke zu entwickeln, gehen dennoch erste theoretische Ansätze auf Sie zurück (vgl. Zaun, 1999, S. 57). Das bereits 1999 erschienene Werk von Zaun verdeutlicht, wie tiefgehend die wissenschaftliche Auseinandersetzung mit diesem Thema schon damals war und wie lange sich diese Modellart bereits in der Entwicklung befindet.

Zusammengefasst handelt es sich bei künstlichen neuronalen Netzen um Computermodelle, die dem menschlichen Gehirn nachempfunden sind, indem sie die Funktionsweise von Neuronen sowie deren Verbindungen über Synapsen und die Signalverarbeitung imitieren (vgl. Hildesheim & Michelsen, 2019, S. 120). Abbildung 3.1 zeigt ein Beispiel für ein einfaches neuronales Netz.

Nach Strümke (2024) besteht ein neuronales Netz aus vielen kleinen Recheneinheiten, den Neuronen, die in Abbildung 3.1 durch die Knotenpunkte dargestellt

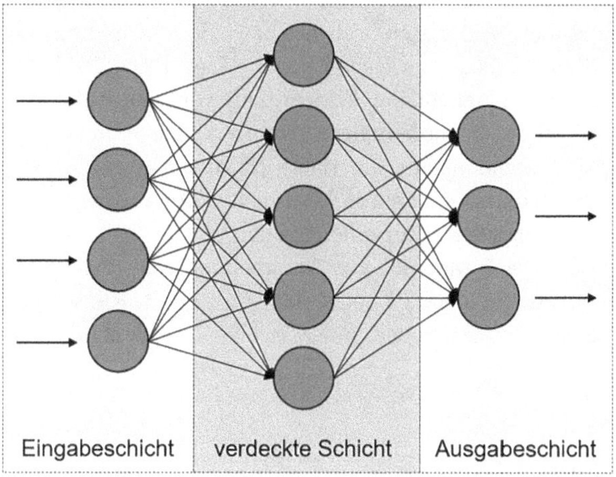


**Abbildung 3.1** schematische Darstellung eines einfachen neuronalen Netzes. (Eigene Darstellung in Anlehnung an Noack & Sanner, 2023, S. 202)

werden. Jedes Neuron nimmt einen Eingabewert auf, verarbeitet diesen mathematisch und gibt einen Wert weiter.

Die Neuronen eines künstlichen neuronalen Netzes sind in Schichten organisiert. Die erste Schicht bildet die Eingabeschicht und nimmt die Merkmale der Eingangsdaten auf. Diese werden an die Neuronen der mittleren bzw. verdeckten Schicht weitergegeben, wobei jede Verbindung mit einem Gewicht versehen ist (vgl. Noack & Sanner, 2023, S. 202). In der mittleren Schicht findet die eigentliche Verarbeitung der Informationen statt. Die Ausgabeschicht liefert schließlich das Ergebnis der Berechnung.

Beim Training passt das neuronale Netz seine internen Parameter schrittweise an, um die Ergebnisse zu verbessern. Ziel ist es, durch viele Wiederholungen die optimalen Parameter zu finden, mit denen das Netz möglichst zuverlässige Ergebnisse liefert (vgl. Strümke, 2024, S. 70–71).

Abbildung 3.1 zeigt ein vereinfachtes neuronales Netz. In der Praxis bestehen die Schichten meist aus deutlich mehr Neuronen, und auch die Anzahl der verdeckten Schichten kann variieren. Solche Netze lassen sich in beliebiger Größe und Komplexität gestalten. Man spricht in diesem Zusammenhang von der Netzarchitektur (vgl. Strümke, 2024, S. 71). Auf die unterschiedlichen Ausprägungen neuronaler Netzarchitekturen wird in dieser Arbeit nicht näher eingegangen.

Sobald die verdeckte Schicht eines künstlichen neuronalen Netzes aus mehr als einer Schicht besteht, wird das Netz als tief bzw. vielschichtig bezeichnet. Solche Netze bilden die Grundlage des *Deep Learning* (vgl. Britz, 2017, S. 363). Diese Form des Lernens ermöglicht die Verarbeitung von Informationen auf mehreren Ebenen und erlaubt damit komplexe Mustererkennung und die selbstständige Herstellung von Verbindungen (Hildesheim & Michelsen, 2019, S. 123). Deep-Learning-Systeme können dadurch in bestimmten Anwendungsfällen Ergebnisse erzeugen, die menschlichen Fähigkeiten ähneln.

Nachdem nun zwei Modelle zur Verarbeitung von Daten erläutert wurden, widmet sich das folgende Kapitel den Fähigkeiten Künstlicher Intelligenz zur Aufnahme von Informationen sowie zur Weiterverarbeitung der erzeugten Ausgaben.

### 3.3.7 KI-Fähigkeiten

Nach Schmidt et al. (2023, S. 84) und in Übereinstimmung mit dem Ziel starker KI, menschliche Fähigkeiten zu imitieren, lassen sich KI-Fähigkeiten in vier Kategorien einteilen, auf diese im Folgenden eingegangen wird.

**Wahrnehmen**

Die Kategorie *Wahrnehmen* lässt sich in externe und interne Wahrnehmungsfähigkeiten unterteilen. Zu den Externen zählen Sehen, Hören, Riechen, Schmecken und Berühren. Der aktuelle Stand der Technik ermöglicht heute die Erfassung von Bild-, Ton- und Tastreizen. An der technischen Umsetzung von Geruchs- und Geschmackswahrnehmung wird seit längerer Zeit geforscht, praxistaugliche Systeme sind jedoch bislang kaum verfügbar (vgl. Schmid et al., 2023, S. 111–113).

Ein zentrales Teilgebiet in diesem Zusammenhang ist *Computer Vision*, das sich mit der Analyse und Auswertung von Bildern beschäftigt, wie zum Beispiel das automatische Erkennen von Krankheitsmerkmalen auf Röntgenaufnahmen oder Ähnlichem (vgl. Gethmann et al., 2022, S. 16).

Zu den internen Wahrnehmungsfähigkeiten zählen nach Schmidt et al. (vgl. 2023, S. 111–113) die Fähigkeit zur Eigenwahrnehmung im Sinne der Erkennung von Störungen und Unregelmäßigkeiten im eigenen Körper sowie die Fähigkeit zur Selbstregulierung, beispielsweise zur Wiederherstellung des inneren Gleichgewichts.

Tabelle 3.9 fasst zentrale KI-Fähigkeiten und zugehörige Anwendungsbeispiele zusammen. Berücksichtigt werden dabei insbesondere jene Fähigkeiten, die im Kontext der Produktentwicklung potenziell relevant sein könnten.

**Tabelle 3.9** KI-Wahrnehmungsfähigkeiten. (Eigene Darstellung in Anlehnung an Schmid et al., 2023, S. 113)

| Wahrnehmungsform | KI-Fähigkeit | Beispiele |
|---|---|---|
| Extern | Sehen | Optische Texterkennung (OCR), Gesichtserkennung, Objekterkennung, Gestenerkennung |
| | Hören | Spracherkennung, Geräuscherkennung |
| | Berühren | Temperaturerkennung, Druckerkennung |

**Verarbeiten**

Die Kategorie *Verarbeiten* entspricht der menschlichen Fähigkeit Dinge zu verstehen und umfasst vergleichbare kognitive Leistungen. Verarbeitungsfähigkeiten von KI gehen über das reine Wahrnehmen hinaus und bilden häufig die Grundlage für anschließende Handlungen oder Kommunikationsprozesse. Insbesondere die KI-Fähigkeiten Auswerten und Erinnern, sowie Entscheiden und Vorhersagen sind für heutige KI-Systeme von großer Bedeutung (vgl. Schmid et al., 2023, S. 114, 116).

Schmidt et al. (vgl. 2023, S. 115–116) unterscheiden auf Basis der überarbeiteten Bloomschen Taxonomie für kognitive Lernziele vier Formen der Wissensverarbeitung, welche nachfolgend angeführt werden:

- **Verarbeitung von Faktenwissen**
  umfasst die Kenntnis und Verarbeitung von Begriffen, Definitionen und spezifischen Einzelinformationen. Fähigkeiten in diesem Bereich sind: Auflisten, Wiedergeben, Zusammenfassen, Beantwortung von Fragen mit Fakten, Auswählen, Überprüfen sowie die Generierung neuer Fakten,
- **Verarbeitung von konzeptuellem Wissen**
  umfasst die Kenntnis und Verarbeitung von Strukturen, Zusammenhängen, Kategorien und Prinzipien. Fähigkeiten in diesem Bereich sind: Wiedererkennen, Klassifizieren, Erstellen, Differenzieren, Bewerten sowie der Aufbau neuer Konzepte,

- **Verarbeitung von prozeduralem Wissen**
  umfasst die Kenntnis und Verarbeitung von Abläufen, Prozessen und Vorgehensweisen. Fähigkeiten in diesem Bereich sind: Erinnern, Präzisieren, Ausführen, Integrieren, Bewerten sowie der Entwurf neuer Abläufe,
- **Verarbeitung von metakognitivem Wissen**
  umfasst die Kenntnis und Verarbeitung von strategischem Wissen, Selbstkenntnis und Denkprozessen. Fähigkeiten in diesem Bereich sind: Identifizieren, Vorhersagen, Anwenden, Dekonstruieren, Reflektieren sowie die Entwicklung neuer Strategien oder Selbstverständnisse.

Tabelle 3.10 basiert auf der Struktur und den Beispielen von Schmidt et al. (2023, S. 117), wobei eine Auswahl der Beispiele getroffen wurde, die im Kontext der Produktentwicklung zutreffend sein könnten.

**Handeln**

Nach Schmidt et al. (vgl. 2023, S. 118–119) wird innerhalb der Kategorie *Handeln* zwischen *physischem* und *nicht-physischem Handeln* unterschieden.

*Physisches Handeln* umfasst die Fähigkeit zur Bewegung, vergleichbar mit menschlichen Bewegungsabläufen. Diese Fähigkeit ist eng mit dem Bereich der Robotik verbunden. Außerdem zählt die Fähigkeit, externe physische Systeme und Produkte zu steuern, zu physischem Handeln.

Unter *nicht-physischem Handeln* werden Tätigkeiten verstanden, die auf eine digitale oder virtuelle Umwelt einwirken. Im Rahmen der Künstlichen Intelligenz kommen hierfür häufig sogenannte Agentensysteme zum Einsatz. Diese können sowohl einseitige Handlungen ohne direkte Rückkopplung als auch zweiseitige Interaktionen zwischen Agent und Umwelt ausführen (vgl. Schmid et al., 2023, S. 118–119).

Ein KI-Agent ist ein System, das in einer definierten Umwelt durch Aktionen handelt, um ein Ziel zu erreichen. Der Agent wählt seine Handlungen auf Basis von Rückmeldungen (Belohnungen), um im Laufe der Zeit sein Verhalten zu verbessern (vgl. Noack & Sanner, 2023, S. 139–141).

Tabelle 3.11 fasst die beschriebenen Handlungsfähigkeiten in Anlehnung an Schmidt et al. (2023) zusammen.

**Tabelle 3.10** KI-Verarbeitungsfähigkeiten. (Eigene Darstellung in Anlehnung an Schmid et al., 2023, S. 117)

| Verarbeitungsform | KI-Fähigkeit | Beispiele |
|---|---|---|
| Faktisch | Auflisten | Datenbank-Abfrage |
| | Zusammenfassen | Statistische Reporting |
| | Antworten | Deduktive Wissensextraktion |
| | Auswählen | Semantische Suche |
| | Überprüfen | Vollständigkeitsprüfung |
| | Generieren | Protokoll-Erstellung |
| Konzeptuell | Wiedererkennen | Mustererkennung |
| | Klassifizieren | Medizinische Diagnostik |
| | Erstellen | Argumentationsketten |
| | Differenzieren | Anomalie-Detektion |
| | Bewerten | Semantische Interpretation |
| | Aufbauen | Erstellung von Businessplänen |
| Prozedural | Erinnern | Ablaufbeschreibung |
| | Präzisieren | Prozess-Operationalisierung |
| | Ausführen | Malen nach Zahlen |
| | Integrieren | Ergänzung von Prozessmodellen |
| | Bewerten | Vergleich unterschiedlicher Prozesse, Prozesskorrektur |
| | Entwerfen | Automatisierte Prozessmodellierung |
| Metakognitiv | Identifizieren | Auswahl geeigneter Fähigkeiten |
| | Vorhersagen | Zustandsbestimmung |
| | Anwenden | Nutzung individualisierter Strategien |
| | Dekonstruieren | Erkennung von Vorurteilen |
| | Reflektieren | Selbstoptimierungsmethoden |
| | Schaffen | Individuelle Lebensplanung |

**Kommunizieren**

Die Kategorie *Kommunizieren* stellt neben dem Handeln eine der zentralen KI-Fähigkeiten dar. Ähnlich wie beim Menschen geht Kommunikation im KI-Kontext über einfache Alltagsanwendungen hinaus und leistet einen wichtigen Beitrag zur Weiterentwicklung intelligenter Systeme.

**Tabelle 3.11** KI-Handlungsfähigkeiten. (Eigene Darstellung in Anlehnung an Schmid et al., 2023, S. 119)

| Handlungsform | KI-Fähigkeit | Beispiele |
|---|---|---|
| Physisch | Bewegen | Manipulieren |
| | Steuern | Autonomes Fahren |
| Nicht-physisch | Aktion auslösen | Bank-Überweisung |
| | Transaktion auslösen | Verkaufen |

Nach Schmidt et al. (vgl. 2023, S. 120–121), angelehnt an die moderne Kommunikationsforschung, lassen sich Kommunikationsfähigkeiten in solche mit und ohne Feedback unterscheiden. Kommunikation ohne Feedback bedeutet, dass Informationen nur in eine Richtung von der KI zum Nutzer übermittelt werden. Kommunikation mit Feedback hingegen ist mindestens bidirektional angelegt und ermöglicht eine wechselseitige Interaktion, in der ein tatsächliches Gespräch entstehen kann.

Für die Kommunikation ist die mündliche und schriftliche Sprache ein zentrales Medium. Daher liegt ein Fokus auf der Schlüsseltechnologie *Natural Language Processing* (NLP), also der Verarbeitung natürlicher Sprache durch Maschinen. NLP umfasst unter anderem die automatische Texterkennung, maschinelle Übersetzung sowie das Verständnis und die Generierung von Sprache (vgl. Hilbert et al., 2019, S. 177–178). Jastram (2022) betont, dass NLP im Kontext der Produktentwicklung eine zentrale Rolle spielt, da viele Aktivitäten in diesem Bereich auf textbasierten Informationen beruhen.

Die beschriebenen Kommunikationsfähigkeiten werden in Tabelle 3.12 zusammengefasst.

**Tabelle 3.12** KI-Kommunikationsfähigkeiten. (Eigene Darstellung in Anlehnung an Schmid et al., 2023, S. 121)

| Kommunikationsform | KI-Fähigkeit | Beispiele |
|---|---|---|
| Ohne Feedback | Unidirektional | Texterzeugung, Spracherzeugung, Bilderzeugung |
| Mit Feedback | Bidirektional | Chatbots, Sprachassistenten |
| | Omnidirektional | Gesprächsmoderation |

Nachdem nun ein Überblick über die KI-Grundlagen und die Möglichkeiten von Künstlicher Intelligenz geschaffen wurde, soll im nächsten Kapitel untersucht werden, inwieweit sich den Aktivitäten und Schritten der Produktentwicklung konkrete KI-Fähigkeiten zuordnen lassen. Ziel ist es, Einsatzmöglichkeiten von KI in der Produktentwicklung theoretisch abzuleiten.

## 3.4 Einsatzmöglichkeiten von KI in der Produktentwicklung

In diesem Kapitel werden die zuvor beschriebenen Schritte der Produktentwicklung systematisch mit geeigneten KI-Fähigkeiten verknüpft. Grundlage hierfür sind die tabellarischen Zusammenfassungen der Aktivitäten und Herausforderungen aus den *Abschnitten 3.2.3* bis *3.2.8*. Die Zuordnung erfolgt mithilfe einer tabellarischen Matrix, in der jene KI-Fähigkeiten hervorgehoben werden, die zur Unterstützung der jeweiligen Aufgaben als sinnvoll erachtet werden. Die Einschätzungen basieren auf einer theoretischen Herleitung durch den Verfasser und stellen keine technische Validierung dar. Die Einteilung der KI-Fähigkeiten basiert auf der im *Abschnitt 3.3.7* dargestellten Systematik nach Schmidt et al. (2023). Eine detaillierte Betrachtung einzelner KI-Technologien erfolgt bewusst nicht, da deren Komplexität den Rahmen dieser Arbeit übersteigen würde.

### 3.4.1 KI im Anforderungsmanagement

Das Anforderungsmanagement stellt einen wichtigen Schritt der Produktentwicklung dar, in dem die Erhebung, Dokumentation, Validierung und Verwaltung von Anforderungen erfolgt. Im Folgenden wird aufgezeigt, welche KI-Fähigkeiten in diesen Teilbereichen unterstützend eingesetzt werden können.

**Datenerhebung**
Zur Gewinnung von Anforderungen an ein Produkt werden die Wahrnehmungsfähigkeiten Sehen und Hören als relevant erachtet. Diese ermöglichen es einem KI-System, Dokumente und Bilder auszuwerten sowie Interviews mit Stakeholdern zu analysieren.

Faktische Verarbeitungsfähigkeiten können bei der Auswertung von Befragungen und Dokumenten unterstützen, indem Anforderungen daraus systematisch extrahiert werden.

Die Anwendung verschiedener Methoden zur Anforderungserhebung kann durch prozedurale Verarbeitungsfähigkeiten wie Erinnern, Präzisieren und Ausführen unterstützt werden. Dadurch lassen sich bekannte Vorgehensweisen abrufen, anpassen und umsetzen.

Die nicht-physische Handlungsfähigkeit Transaktion auslösen kann genutzt werden, um eine Anbindung an andere Systeme herzustellen, in denen Anforderungen bereits dokumentiert sind.

Außerdem ist es denkbar, dass ein KI-System durch Kommunikationsfähigkeiten mit Feedback die Erhebung von Anforderungen unterstützt. Dies könnte zum Beispiel durch automatisierte Stakeholder-Interviews oder moderierte Gruppendiskussionen mithilfe eines Chatbots erfolgen.

Der Einsatz von KI in diesem Schritt des Anforderungsmanagements kann dazu beitragen, die Anzahl und Vielfalt von Anforderungsquellen besser beherrschen zu können.

**Dokumentation**

In diesem Schritt des Anforderungsmanagements werden die Arbeitsergebnisse aus der Datenerhebung, zum Beispiel in Form von Dokumenten oder Spracheingaben, durch die KI-Fähigkeiten Sehen und Hören analysiert.

Anforderungen können durch faktische Verarbeitungsfähigkeiten extrahiert, aufgelistet und bei Bedarf zusammengefasst werden. Ergänzend dazu werden sie durch konzeptuelle Fähigkeiten strukturiert und klassifiziert. Darüber hinaus könnten Anforderungen mit Metadaten wie Quelle, Zeitpunkt der Erhebung, Typ und weiteren Attributen angereichert werden. Prozedurale Fähigkeiten ermöglichen die Anwendung vorgegebener Abläufe zur standardisierten Strukturierung der Anforderungen.

Die gewonnenen und aufbereiteten Anforderungen können durch ein KI-System in ein zentrales Anforderungssystem überführt werden. Hierfür erscheint die Handlungsfähigkeit Aktion auslösen als geeignet.

Durch diese KI-Fähigkeiten lassen sich große Mengen an Anforderungen effizient verarbeiten. Der manuelle Dokumentationsaufwand für den Menschen wird dadurch reduziert. Gleichzeitig kann die Qualität der Dokumentation verbessert werden, da diese auf Basis fester Vorgaben und Strukturen erfolgt.

In Fällen, in denen keine klaren Vorgaben bestehen, ist es sinnvoll, eine bidirektionale Kommunikationsmöglichkeit zwischen KI-System und menschlichem Anwender vorzusehen.

**Validierung**

Ein wesentlicher Schritt im Anforderungsmanagement ist die Validierung von Anforderungen. Dazu zählt unter anderem die Prüfung auf Vollständigkeit und Eindeutigkeit. Diese Aufgaben kann ein KI-System durch faktische Verarbeitungsfähigkeiten wie Überprüfen übernehmen. Weitere faktische Fähigkeiten ermöglichen in diesem Schritt auch die Abfrage von Datenbanken, die gezielte Informationssuche oder das Beantworten von Nutzerfragen auf Basis von Fakten. Zusätzlich könnten bei Bedarf Exporte erstellt und bereitgestellt werden.

Im Rahmen der Validierung erfolgt außerdem die Prüfung auf Widersprüche und Umsetzbarkeit. Diese Aufgaben lassen sich konzeptuellen Verarbeitungsfähigkeiten zuordnen. So kann mithilfe der Fähigkeit Wiedererkennen auf bestehende Wissensdatenbanken zugegriffen werden, um Erfahrungen, Kommentierungen und Erkenntnisse aus der Vergangenheit in die Prüfung einzubeziehen. Die Fähigkeit zum Differenzieren ermöglicht die Identifikation von Widersprüchen und sonstigen Auffälligkeiten. Klassifizieren und Bewerten dienen dazu, Anforderungen in Bezug auf Umsetzbarkeit, Relevanz oder Auswirkungen zu priorisieren.

Um Anwenderinnen und Anwender aktiv in den Validierungsprozess einbinden zu können, sollte das KI-System über Kommunikationsfähigkeiten mit Feedback verfügen.

Die Schwierigkeit der Validierung liegt vor allem in der erfahrungs- und kontextabhängigen Bewertung von Anforderungen. Auf Basis der beschriebenen Zuordnungen erscheint es jedoch möglich, diesen Schritt des Anforderungsmanagements durch KI effizienter und strukturierter gestalten zu können.

**Verwalten**

Das Verwalten von Anforderungen im Anforderungsmanagement umfasst unter anderem das Versionieren, die Nachverfolgung und den Umgang mit Änderungen. Aus Sicht des Verfassers sind in diesem Schritt alle zuvor beschriebenen KI-Fähigkeiten weiterhin relevant. Da sich Anforderungen im Laufe der Zeit verändern oder neue hinzukommen können, müssen die Verarbeitungsschritte wie Erhebung, Dokumentation und Validierung gegebenenfalls erneut durchlaufen werden.

Darüber hinaus ist es wichtig, zu dokumentieren, wie sich Anforderungen im Zeitverlauf verändert haben, und zu erkennen, welche Anforderungen aktuell gültig und relevant sind.

Ergänzend zu den bereits eingesetzten KI-Fähigkeiten erscheint die metakognitive Verarbeitungsfähigkeit Vorhersagen als hilfreich. Sie kann dazu beitragen,

| KI-Fähigkeiten im Anforderungsmanagement | | | Datenerhebung | Dokumentation | Validierung | Verwalten |
|---|---|---|---|---|---|---|
| Wahrnehmen | Extern | Sehen | x | x | | x |
| | | Hören | x | | | x |
| | | Berühren | | | | |
| Verarbeiten | Faktisch | Auflisten | x | x | x | x |
| | | Zusammenfassen | x | x | x | x |
| | | Antworten | | | x | x |
| | | Auswählen | | | x | x |
| | | Überprüfen | x | | x | x |
| | | Generieren | | | x | x |
| | Konzeptuell | Wiedererkennen | | x | x | x |
| | | Klassifizieren | | x | x | x |
| | | Erstellen | | | | |
| | | Differenzieren | | x | x | x |
| | | Bewerten | | | x | x |
| | | Aufbauen | | | | |
| | Prozedural | Erinnern | x | x | | x |
| | | Präzisieren | x | x | | x |
| | | Ausführen | x | x | | x |
| | | Integrieren | | | | |
| | | Bewerten | | | | |
| | | Entwerfen | | | | |
| | Metakognitiv | Identifizieren | | | | |
| | | Vorhersagen | | | | x |
| | | Anwenden | | | | |
| | | Dekonstruieren | | | | |
| | | Reflektieren | | | | |
| | | Schaffen | | | | |
| Handeln | Physisch | Bewegen | | | | |
| | | Steuern | | | | |
| | Nicht-physisch | Aktion auslösen | | x | | x |
| | | Transaktion auslösen | x | | x | x |
| Kommunizieren | ohne Feedback | Unidirektional | | | | |
| | mit Feedback | Bidirektional | x | x | x | x |
| | | Omnidirektional | x | | x | x |

**Abbildung 3.2** KI-Fähigkeiten Anforderungsmanagement. (Eigene Darstellung)

die Auswirkungen geänderter Anforderungen auf das Gesamtsystem oder andere Entwicklungsbereiche abzuschätzen.

Insgesamt wird auch in diesem Schritt des Anforderungsmanagements der Einsatz von KI als vorteilhaft eingeschätzt, um der hohen Anzahl, der inhaltlichen Komplexität und der Dynamik von Änderungen wirksam begegnen zu können.

Abbildung 3.2 zeigt, welche KI-Fähigkeiten auf Basis der theoretischen Herleitung den Schritten im Anforderungsmanagement zugeordnet wurden.

### 3.4.2 KI zur Problemlösungs- und Entscheidungsfindung

Problemlösungs- und Entscheidungsprozesse gehören zu den regelmäßigen Aufgaben der Produktentwicklung. Im Folgenden wird dargestellt, welche KI-Fähigkeiten die Suche nach Lösungen, die Bewertung von Alternativen und die Entscheidungsfindung unterstützen können.

**Lösungssuche**

Im Rahmen der Lösungssuche werden aus einer Vielzahl möglicher Ansätze diejenigen identifiziert, die den besten Kompromiss im Hinblick auf Zeit, Kosten und Qualität darstellen.

Damit ein KI-System bei diesem Schritt unterstützen kann, benötigt es zunächst faktische Verarbeitungsfähigkeiten, um auf problembezogene Daten und Informationen zugreifen und diese verarbeiten zu können. Die Fähigkeit zum Überprüfen erlaubt es, zu erkennen, ob alle erforderlichen Fakten und Einflussgrößen berücksichtigt wurden.

Darüber hinaus sind konzeptuelle Verarbeitungsfähigkeiten von zentraler Bedeutung, da sie es dem System ermöglichen, Zusammenhänge, Wechselwirkungen und Auswirkungen von Lösungsansätzen auf Zielvorgaben und Anforderungen zu erkennen und zu bewerten. Die Fähigkeit zum Differenzieren kann dabei helfen, Unstimmigkeiten oder widersprüchliche Annahmen zu identifizieren.

Zur strukturierten Durchführung kreativer Methoden wie Brainstorming oder systematischer Verfahren wie TRIZ sind prozedurale Verarbeitungsfähigkeiten erforderlich. Diese ermöglichen es, bekannte Abläufe abzurufen, situationsspezifisch anzupassen und auszuführen.

Ergänzend dazu kann ein KI-System mit Kommunikationsfähigkeiten, zum Beispiel über einen Chatbot oder Sprachassistenten, sowohl Einzelpersonen als auch Gruppen durch kreative oder strukturierte Lösungsfindungsprozesse begleiten. Es kann diese moderieren, methodisch anleiten oder Vorschläge zur Weiterentwicklung generieren.

Darüber hinaus ist auch denkbar, dass ein KI-System selbstständig, ohne direkten Input durch Anwender*innen, Lösungsvorschläge auf Basis von dokumentiertem Erfahrungswissen und problembezogenen Fakten ermittelt.

Ebenso sind hybride Formen vorstellbar, in denen die KI aktiv an moderierten Workshops teilnimmt und eigene Vorschläge einbringt.

Insgesamt erscheint es möglich, dass KI bei der Lösungssuche unterstützend eingesetzt werden kann. Sie kann dabei helfen, eingefahrene Denkmuster zu durchbrechen, komplexe Problemstrukturen verständlicher zu machen und durch methodische Anleitung die oft fehlende Methodenkompetenz im Team auszugleichen.

**Lösungsbewertung und -vergleich**

Obwohl im Rahmen der Lösungssuche häufig bereits viele Ansätze ausgeschlossen werden, verbleiben in der Regel mehrere tragfähige Alternativen. Um sich für eine dieser Lösungen entscheiden zu können, müssen Bewertungskriterien festgelegt, Gewichtungen vorgenommen und die verbleibenden Optionen systematisch bewertet und miteinander verglichen werden.

Zur Unterstützung dieser Aufgaben benötigt ein KI-System insbesondere faktische Verarbeitungsfähigkeiten, um auf bewertungsrelevante Daten zugreifen und diese verarbeiten zu können. Darüber hinaus sind konzeptuelle Verarbeitungsfähigkeiten von zentraler Bedeutung, da Muster erkannt, Klassifizierungen vorgenommen und Bewertungen abgeleitet werden können.

Die Ausgabe der Bewertungsergebnisse kann unidirektional erfolgen, das heißt ohne aktives Feedback durch die Nutzerinnen und Nutzer. Ebenso ist ein dialogbasierter Prozess denkbar, in dem Kriterien gemeinsam mit Anwenderinnen und Anwendern festgelegt, gewichtet und interpretiert werden. Dafür ist die Fähigkeit zur Kommunikation mit Feedback erforderlich.

Auf Grundlage dieser Betrachtung erscheint es grundsätzlich möglich, auch diesen Schritt durch KI zu unterstützen. Da Bewertungen durch KI in diesem auf explizitem Faktenwissen basieren, kann sie zur Objektivierung beitragen, subjektive Einflüsse reduzieren und Vergleichsmaßstäbe konsequent und einheitlich anwenden.

**Entscheidungsfindung**

Entscheidungen zwischen mehreren Lösungsvarianten müssen in der Produktentwicklung häufig unter hohem Zeitdruck getroffen werden. Dabei werden potenzielle Auswirkungen auf andere Entscheidungen oder Systeme oft nicht

| KI-Fähigkeiten zur Problemlösungs- und Entscheidungsfindung | | | Lösungssuche | Lösungsbewertung und -vergleich | Entscheidungs-findung |
|---|---|---|---|---|---|
| Wahrnehmen | Extern | Sehen | | | |
| | | Hören | | | |
| | | Berühren | | | |
| Verarbeiten | Faktisch | Auflisten | x | x | x |
| | | Zusammenfassen | x | x | x |
| | | Antworten | x | x | x |
| | | Auswählen | x | x | x |
| | | Überprüfen | x | x | x |
| | | Generieren | x | x | x |
| | Konzeptuell | Wiedererkennen | x | x | |
| | | Klassifizieren | x | x | |
| | | Erstellen | x | x | |
| | | Differenzieren | x | x | |
| | | Bewerten | x | x | |
| | | Aufbauen | x | x | |
| | Prozedural | Erinnern | x | | x |
| | | Präzisieren | x | | x |
| | | Ausführen | x | | x |
| | | Integrieren | x | | |
| | | Bewerten | x | | |
| | | Entwerfen | x | | |
| | Metakognitiv | Identifizieren | | | |
| | | Vorhersagen | | | |
| | | Anwenden | | | |
| | | Dekonstruieren | | | |
| | | Reflektieren | | | |
| | | Schaffen | | | |
| Handeln | Physisch | Bewegen | | | |
| | | Steuern | | | |
| | Nicht-physisch | Aktion auslösen | | | |
| | | Transaktion auslösen | | | |
| Kommunizieren | ohne Feedback | Unidirektional | | x | x |
| | mit Feedback | Bidirektional | x | x | x |
| | | Omnidirektional | x | x | x |

**Abbildung 3.3** KI-Fähigkeiten Problemlösungs- und Entscheidungsfindung. (Eigene Darstellung)

vollständig berücksichtigt. Zusätzlich fehlt bei Entscheidungen unter Unsicherheit häufig die Fähigkeit, Eintrittswahrscheinlichkeiten möglicher Szenarien systematisch abzuschätzen.

Faktische und konzeptuelle Verarbeitungsfähigkeiten eines KI-Systems können dabei helfen, im Lösungsfindungsprozess erarbeitete Fakten sowie zusätzlich verfügbares Wissen über Systemzustände zu strukturieren, zu verknüpfen und umfassend zu analysieren. Auf Basis dieser Daten lassen sich mit Hilfe geeigneter Verfahren Wahrscheinlichkeiten ermitteln und Entscheidungsalternativen bewerten.

Zur Darstellung komplexer Entscheidungszusammenhänge kann ein KI-System prozedurale Verarbeitungsfähigkeiten einsetzen, etwa zur Erstellung und Nutzung von Entscheidungsbäumen.

Die metakognitive Verarbeitungsfähigkeit Vorhersagen erscheint besonders relevant, um auf Grundlage historischer Daten oder simulierter Zustände Prognosen über zukünftige Entwicklungen oder Eintrittswahrscheinlichkeiten zu ermöglichen.

Für die Kommunikation von Ergebnissen sind sowohl unidirektionale als auch bidirektionale Kommunikationsfähigkeiten erforderlich, um Informationen bereitzustellen oder Rückfragen und Anpassungen durch Anwenderinnen und Anwender zu ermöglichen.

Insgesamt kann ein entsprechend ausgestattetes KI-System die Entscheidungsfindung in komplexen und dynamischen Situationen wirkungsvoll unterstützen. Es ermöglicht den Umgang mit einer Vielzahl an Entscheidungsoptionen, berücksichtigt Wahrscheinlichkeiten und trägt so zu fundierteren und nachhaltigeren Entscheidungen unter Zeitdruck bei.

Abbildung 3.3 zeigt, welche KI-Fähigkeiten auf Basis der theoretischen Herleitung den Schritten zur Problemlösungs- und Entscheidungsfindung zugeordnet wurden.

### 3.4.3 KI in der Konstruktion

Die Konstruktion bildet einen zentralen Bestandteil der Produktentwicklung und bietet vielfältige Anknüpfungspunkte für den Einsatz von KI. Im Folgenden wird dargestellt, wie KI-Fähigkeiten unterschiedliche Schritte wie 3D-Modellierung, 2D-Zeichnungserstellung, Stücklistenerstellung und die Nutzung von Konstruktionskatalogen unterstützen können.

### 3D-Modellierung

Für die 3D-Modellierung von CAD-Modellen wird die Wahrnehmungsfähigkeit Sehen als elementar angesehen. Sie ermöglicht es einem KI-System, das im CAD-System geöffnete Modell sowie die CAD-Systemumgebung zu erfassen.

Ein KI-System könnte die 3D-Modellierung auf zwei Arten unterstützen. Zum einen könnten menschliche Konstrukteur*innen während des Modellierens durch aktive Vorschläge eines KI-Agenten unterstützt werden. Zum anderen wäre es denkbar, dass Konstrukteur*innen die KI explizit auffordern, einzelne Modellierungsschritte im CAD-System selbstständig auszuführen.

Im ersten Fall sind faktische Verarbeitungsfähigkeiten relevant, um auf eine Wissensdatenbank zuzugreifen und daraus geeignete Vorschläge abzuleiten. Im zweiten Fall werden zusätzlich prozedurale Verarbeitungsfähigkeiten benötigt, um Routinen und Abläufe abzurufen und umzusetzen. Darüber hinaus können Fähigkeiten wie Bewerten, Entwerfen und Integrieren eingesetzt werden, um Optimierungen im Modellierungsprozess vorzunehmen.

Die metakognitive Verarbeitungsfähigkeit Vorhersagen kann dazu beitragen, Konstrukteurinnen und Konstrukteuren die potenziellen Auswirkungen ihrer Modellierungsentscheidungen auf unterschiedliche Aspekte frühzeitig aufzuzeigen.

Um die Interaktion zwischen Mensch, KI-System und CAD-Software zu ermöglichen, sind die Fähigkeiten Transaktion auslösen sowie die Kommunikationsfähigkeit mit Feedback von Bedeutung.

Diese Einschätzung stellt eine theoretische Annäherung dar und bedarf einer tiefergehenden technischen Prüfung, die im Rahmen dieser Arbeit nicht erfolgen kann. Auf Grundlage des bisher dargestellten Verständnisses erscheint es jedoch grundsätzlich möglich, die 3D-Modellierung durch geeignete KI-Lösungen zu unterstützen, um Konstruktionszeiten zu verkürzen, die Qualität des Modellaufbaus zu erhöhen und die Änderungs- und Anpassungsfähigkeit zu verbessern.

### 2D-Zeichnungserstellung

Für die automatische Erstellung von 2D-Zeichnungen wird die Wahrnehmungsfähigkeit Sehen als notwendig erachtet. Sie ermöglicht es dem KI-System, das zugrunde liegende 3D-CAD-Modell zu erfassen sowie die Anordnung von Ansichten, Schnitt- und Detaildarstellungen und Textangaben auf der Zeichnung korrekt zu interpretieren und umzusetzen.

Faktische Verarbeitungsfähigkeiten würden es dem KI-System erlauben, auf Basis einer hinterlegten Wissensbasis Informationen wie Normen, Fertigungshinweise, Toleranzen oder ähnliche Inhalte auszuwählen und in die Zeichnung einzutragen. Dies kann entweder eigeninitiativ durch Vorschläge der KI oder auf Anforderung durch Anwender*innen erfolgen.

Alle prozeduralen Verarbeitungsfähigkeiten werden als relevant eingeschätzt, um die für die 2D-Zeichnungserstellung notwendigen Arbeitsschritte durchzuführen.

Zur Interaktion zwischen Mensch, KI-System und CAD-Software sind auch in diesem Schritt die Handlungsfähigkeit Transaktion auslösen sowie die Kommunikationsfähigkeit mit Feedback von Bedeutung.

Die Unterstützung bei der 2D-Zeichnungserstellung erscheint auf Grundlage dieser theoretischen Betrachtung grundsätzlich möglich, bedarf jedoch einer tiefergehenden technischen Prüfung, die nicht Bestandteil dieser Arbeit ist.

**Stücklistenerstellung**

Die Erstellung von Stücklisten kann durch verschiedene KI-Fähigkeiten automatisiert unterstützt werden. Die Wahrnehmungsfähigkeit Sehen ermöglicht es einem KI-System, Bauteile sowie deren Anzahl direkt im 3D-CAD-Modell zu identifizieren. Ergänzend dazu können faktische Verarbeitungsfähigkeiten wie Auflisten, Zusammenfassen, Auswählen und Generieren genutzt werden, um strukturierte Informationen aus den im CAD-Modell hinterlegten Parametern und Metadaten zu extrahieren.

Darüber hinaus ermöglichen diese Fähigkeiten den Zugriff auf zusätzliche Wissensquellen, um weitere produktbezogene oder sachliche Informationen in die Stückliste einzubinden.

Für die eigentliche Erstellung der Stückliste wird insbesondere die Fähigkeit Generieren als zentral angesehen, da sie die automatisierte Zusammenstellung der Informationen in standardisierter Form ermöglicht.

Bei der manuellen Erstellung von Stücklisten besteht die Herausforderung darin, diese vollständig und aktuell zu halten, insbesondere aufgrund der Dynamik des Konstruktions- und Entwicklungsprozesses. Vor dem Hintergrund der bekannten KI-Fähigkeiten erscheint es grundsätzlich möglich, diesen Schritt durch geeignete Systeme zu automatisieren und somit den Aufwand zu reduzieren sowie die Qualität und Aktualität der Stückliste zu verbessern.

**Nutzung von Konstruktionskatalogen**

Um Konstrukteur*innen während des Konstruktionsprozesses aktiv Vorschläge für standardisierte Lösungsansätze unterbreiten zu können, benötigt ein entsprechendes KI-System die Fähigkeit, das 3D-Modell sowie den aktuellen Konstruktionsfortschritt visuell zu erfassen.

| KI-Fähigkeiten zur Konstruktion | | | 3D-Modellierung | 2D-Zeichnungserstellun | Stücklisten-erstellung | Nutzung von Konstruktionskatalog |
|---|---|---|---|---|---|---|
| Wahrnehmen | Extern | Sehen | x | x | x | x |
| | | Hören | | | | |
| | | Berühren | | | | |
| Verarbeiten | Faktisch | Auflisten | x | x | x | x |
| | | Zusammenfassen | | | x | x |
| | | Antworten | | | | x |
| | | Auswählen | x | x | x | x |
| | | Überprüfen | | | | |
| | | Generieren | | | x | |
| | Konzeptuell | Wiedererkennen | | | | |
| | | Klassifizieren | | | | |
| | | Erstellen | | | | |
| | | Differenzieren | | | | |
| | | Bewerten | | | | |
| | | Aufbauen | | | | |
| | Prozedural | Erinnern | x | x | | x |
| | | Präzisieren | x | x | | x |
| | | Ausführen | x | x | | x |
| | | Integrieren | x | x | | |
| | | Bewerten | x | x | | |
| | | Entwerfen | x | x | | |
| | Metakognitiv | Identifizieren | | | | |
| | | Vorhersagen | x | | | |
| | | Anwenden | | | | |
| | | Dekonstruieren | | | | |
| | | Reflektieren | | | | |
| | | Schaffen | | | | |
| Handeln | Physisch | Bewegen | | | | |
| | | Steuern | | | | |
| | Nicht-physisch | Aktion auslösen | | | | |
| | | Transaktion auslösen | x | x | | x |
| Kommunizieren | ohne Feedback | Unidirektional | | | | |
| | mit Feedback | Bidirektional | x | x | | |
| | | Omnidirektional | | | | |

**Abbildung 3.4** KI-Fähigkeiten Konstruktion. (Eigene Darstellung)

Für die Auswahl und Auflistung passender Vorschläge aus einem Konstruktionskatalog sind faktische Verarbeitungsfähigkeiten erforderlich.

Sobald ein Vorschlag durch die Konstrukteurinnen und Konstrukteure angenommen wird, sind prozedurale Verarbeitungsfähigkeiten notwendig, sofern das KI-System die Modellierung der gewählten Standards eigenständig übernehmen soll.

Eine weitere Möglichkeit zur Unterstützung besteht darin, dass Fragen an einen KI-Agenten gestellt werden, der auf dieser Grundlage gezielt Vorschläge aus dem Katalog ausgibt. Dafür ist die Fähigkeit zum Kommunizieren mit Feedback erforderlich.

Auf Grundlage dieser Überlegungen erscheint es grundsätzlich möglich, Konstrukteurinnen und Konstrukteure bei der Suche und Auswahl von Konstruktionsstandards zu unterstützen. Dies kann dazu beitragen, Konstruktionszeiten zu reduzieren und eine übergreifende Standardisierung von Produkten zu fördern.

Abbildung 3.4 zeigt, welche KI-Fähigkeiten auf Basis der theoretischen Herleitung den Schritten zur Konstruktion zugeordnet wurden.

### 3.4.4 KI im Design for Manufacturing

Das Konzept Design for Manufacturing zielt darauf ab, Produkte bereits in der Entwicklung so zu gestalten, dass sie effizient und wirtschaftlich gefertigt werden können. Im Folgenden wird dargestellt, welche KI-Fähigkeiten die Vereinfachung der Produktstruktur sowie die fertigungsgerechte Auslegung unterstützen können.

**Vereinfachung der Produktstruktur**

In der Konstruktion stellt sich häufig die Frage, ob ein Produkt aus einem oder mehreren Bauteilen bestehen soll. Dabei spielen verschiedene Faktoren eine Rolle, unter anderem die funktionale Aufteilung, fertigungstechnische Zwänge sowie wirtschaftliche Überlegungen. Ziel ist es, die ideale Anzahl und Aufteilung von Bauteilen festzulegen.

Um diesen Schritt durch KI unterstützen zu können, benötigt ein entsprechendes System die Wahrnehmungsfähigkeit Sehen, um den aktuellen Konstruktionsstand bzw. das 3D-CAD-Modell erfassen zu können.

Darüber hinaus sind faktische Verarbeitungsfähigkeiten wie Auflisten und Auswählen erforderlich, um Informationen aus verschiedenen Datenquellen zu verarbeiten wie beispielsweise Funktionsanforderungen, Fertigungsparameter, maschinen- oder werkzeugspezifische Einschränkungen. Auch für die Verknüpfung dieser Informationen mit den im CAD-Modell erkannten Daten werden faktische Verarbeitungsfähigkeiten benötigt.

Zusätzlich sind konzeptuelle Verarbeitungsfähigkeiten notwendig, um Zusammenhänge, Abhängigkeiten und strukturelle Prinzipien zu erkennen und nachvollziehbare Empfehlungen abzuleiten.

Über die nicht-physische Handlungsfähigkeit Aktion auslösen wäre es denkbar, dass ein KI-System direkt in der CAD-Umgebung visuelle Hinweise gibt, an welchen Stellen potenzielle Vereinfachungen der Produktstruktur möglich wären.

Die Interaktion mit der KI erfolgt dabei über eine Kommunikation mit Feedback, beispielsweise über einen Chatbot.

Auch wenn diese theoretische Betrachtung den Eindruck vermittelt, dass KI den stark erfahrungsbasierten Prozess der Produktstrukturvereinfachung unterstützen kann, erscheint eine technische Umsetzung zum aktuellen Stand der Entwicklung nur eingeschränkt realistisch.

**Fertigungsgerechte Auslegung**

Zur Unterstützung der fertigungsgerechten Auslegung durch KI ist zunächst die Wahrnehmungsfähigkeit Sehen erforderlich, um den aktuellen Konstruktionsstand erfassen und beurteilen zu können.

Darüber hinaus werden faktische Verarbeitungsfähigkeiten benötigt, um Wissen über fertigungsgerechte Gestaltungsprinzipien und prozessbedingte Grenzen abzurufen und auszuwählen.

Konzeptuelle Verarbeitungsfähigkeiten ermöglichen es, dieses Wissen mit dem konkreten Konstruktionsstand in Beziehung zu setzen und daraus Rückschlüsse auf potenzielle Herstellbarkeitsprobleme zu ziehen. Die Fähigkeit Generieren kann zudem dazu genutzt werden, automatisch einen Analysebericht bereitzustellen.

Im CAD-System vorhandene Analysemethoden, wie etwa die Untersuchung von Wandstärken, könnten durch prozedurale KI-Fähigkeiten automatisiert angestoßen und ausgeführt werden.

Für konkrete Eingriffe innerhalb der CAD-Software wird die nicht-physische Handlungsfähigkeit Transaktion auslösen benötigt.

Die Kommunikation zwischen KI-System und Anwender*innen erfolgt mit Feedback. Vorstellbar ist außerdem, dass ein KI-Agent den Konstruktionsfortschritt fortlaufend überwacht und auf Basis definierter Randbedingungen Hinweise gibt, sobald Auslegungsfehler auftreten, die die Herstellbarkeit beeinträchtigen könnten.

Abbildung 3.5 zeigt, welche KI-Fähigkeiten auf Basis der theoretischen Herleitung den Schritten für Design for Manufacturing zugeordnet wurden.

| KI-Fähigkeiten für Design for Manufacturing (DFM) | | | Vereinfachung der Produktstruktur | Fertigungsgerechte Auslegung |
|---|---|---|---|---|
| Wahrnehmen | Extern | Sehen | x | x |
| | | Hören | | |
| | | Berühren | | |
| Verarbeiten | Faktisch | Auflisten | x | x |
| | | Zusammenfassen | | x |
| | | Antworten | | x |
| | | Auswählen | x | x |
| | | Überprüfen | | |
| | | Generieren | | |
| | Konzeptuell | Wiedererkennen | x | x |
| | | Klassifizieren | x | x |
| | | Erstellen | x | x |
| | | Differenzieren | | |
| | | Bewerten | | |
| | | Aufbauen | | |
| | Prozedural | Erinnern | | x |
| | | Präzisieren | | x |
| | | Ausführen | | x |
| | | Integrieren | | |
| | | Bewerten | | |
| | | Entwerfen | | |
| | Metakognitiv | Identifizieren | | |
| | | Vorhersagen | | |
| | | Anwenden | | |
| | | Dekonstruieren | | |
| | | Reflektieren | | |
| | | Schaffen | | |
| Handeln | Physisch | Bewegen | | |
| | | Steuern | | |
| | Nicht-physisch | Aktion auslösen | x | |
| | | Transaktion auslösen | | x |
| Kommunizieren | ohne Feedback | Unidirektional | | |
| | mit Feedback | Bidirektional | x | x |
| | | Omnidirektional | | |

**Abbildung 3.5** KI-Fähigkeiten Design for Manufacturing. (Eigene Darstellung)

### 3.4.5 KI in der FEM-Simulation

Die FEM-Simulation nimmt in der Produktentwicklung eine wichtige Rolle ein, da sie die Belastbarkeit und Leistungsfähigkeit von Bauteilen überprüft. Im Folgenden wird erläutert, wie verschiedene KI-Fähigkeiten die Schritte von Modellaufbau über Lastfalldefinition und numerische Berechnung bis hin zur Auswertung unterstützen können.

**Modellaufbau**

Zur Unterstützung der Geometrievereinfachung und Vernetzung von CAD-Modellen ist die Wahrnehmungsfähigkeit Sehen notwendig, um CAD-Modelle beziehungsweise Simulationsmodelle erkennen zu können. Alle prozeduralen Verarbeitungsfähigkeiten erscheinen für die Modellvorbereitung relevant zu sein. Die Fähigkeit zum Erinnern ermöglicht es, Abläufe abzurufen, während Präzisieren eine Anpassung dieser Abläufe an aktuelle Gegebenheiten erlaubt. Das Ausführen betrifft die Anwendung der Abläufe. Das Entwerfen neuer Prozesse, deren Bewertung und anschließende Integration in bestehende Abläufe kann als Selbstlernprozess des KI-Systems verstanden werden. Die eigentliche Modellvorbereitung wird dem nicht-physischen Handeln zugeordnet, wobei eine zweiseitige Interaktion zwischen KI-System und dem Simulations- bzw. CAD-System erwartet wird.

Durch den Einsatz von KI zur Modellvorbereitung erscheint es möglich, den Rechenaufwand der numerischen Berechnung zu optimieren, indem die Modelle genau so grob oder fein vernetzt werden, wie es zur Lösung der Aufgabenstellung erforderlich ist. Zudem könnte der erfahrungsbasierte Nacharbeitsaufwand zur Netzoptimierung durch den gezielten Einsatz von KI deutlich reduziert werden.

**Lastfalldefinition**

Bei der Definition von Belastungsfällen zur Simulation von Bauteilen und Komponenten wird die Wahrnehmungsfähigkeit Sehen als relevant erachtet um Geometrien, Randbedingungen oder bereits vorhandene Modellinhalte erkennen zu können. Zudem erscheint die faktische Verarbeitungsfähigkeit Auswählen bedeutsam, um aus bestehenden Dokumenten oder Wissensdatenbanken die für die Simulation erforderlichen Materialkennwerte zu entnehmen und gleichzeitig zu überprüfen, ob alle notwendigen Eingabewerte für den spezifischen Belastungsfall vollständig vorliegen. Auch die Belastungsfälle selbst könnten aus bestehenden Wissensquellen ausgewählt werden.

Für die konkrete Definition der Belastungsfälle im Simulationssystem sind prozedurale Verarbeitungsfähigkeiten wie Abrufen, Präzisieren und Ausführen relevant, um bekannte Abläufe anzuwenden und an die aktuelle Aufgabenstellung anzupassen. Bei sich wiederholenden oder ähnlichen Produkten können darüber hinaus Fähigkeiten wie Integrieren, Bewerten und Entwerfen im Rahmen selbstlernender Systeme eingesetzt werden.

Zur technischen Umsetzung im Simulationssystem ist die nicht-physische Handlungsfähigkeit Transaktion auslösen erforderlich. Um Interaktionen wie Eingaben und Rückfragen durch Anwender*innen zu ermöglichen, wird zudem die Kommunikationsfähigkeit mit Feedback benötigt.

Der Einsatz von KI zur Belastungsdefinition im Kontext von FEM-Simulationen bietet Potenzial zur Optimierung, da manuelle Eingaben durch Anwender*innen reduziert werden könnten. Durch selbstlernende KI-Systeme und den Zugriff auf entsprechende Wissensdatenbanken ließe sich zudem die Abhängigkeit vom individuellen Erfahrungswissen verringern.

**Numerische Berechnung**

Zur numerischen Durchführung der Simulationsberechnung wird das gesamte Spektrum der prozeduralen Verarbeitungsfähigkeiten als potenziell sinnvoll für den Einsatz von KI erachtet. Diese Fähigkeiten ermöglichen es, bekannte Berechnungsprozeduren abzurufen, anzuwenden und bei Bedarf zu optimieren.

Während der Durchführung der Simulation sind Transaktionen zwischen dem KI-System und dem Simulationssystem wünschenswert, da aufgrund der oft langen Rechenzeiten eine kontinuierliche Überwachung durch menschliche Anwender*innen nicht gewährleistet werden kann. Das KI-System sollte daher zusätzlich über die Fähigkeit zum Kommunizieren mit Feedback verfügen, um den Status und Verlauf der Berechnung aktiv mitzuteilen. Bei auftretenden Fehlern, die nicht automatisiert durch das KI-System behoben werden können oder sollen, sollte der Eingriff durch den Menschen möglich sein.

Das Verbesserungspotenzial durch KI im Hinblick auf die Durchführung der numerischen Berechnung wird durch den Verfasser als eher gering eingeschätzt, da der Berechnungsprozess selbst zur Kernfunktion moderner Simulationssysteme gehört und in diesem Bereich nur begrenzte Optimierungsmöglichkeiten durch KI gesehen werden.

**Auswertung**

Um den kognitiven und stark erfahrungsbasierten Prozess der Auswertung von Simulationsergebnissen durch KI unterstützen zu können, wird die Wahrnehmungsfähigkeit Sehen als unbedingt erforderlich angesehen. Auf diese Weise kann die KI unterschiedliche Ergebnisarten wie numerische Berechnungswerte, Textdateien, Bilder oder grafische Ausgaben inhaltlich erfassen.

| KI-Fähigkeiten zur FEM-Simulation | | | Modellaufbau | Lastfalldefinition | Numerische Berechnung | Analyse |
|---|---|---|---|---|---|---|
| Wahrnehmen | Extern | **Sehen** | x | x | | x |
| | | **Hören** | | | | |
| | | **Berühren** | | | | |
| Verarbeiten | Faktisch | **Auflisten** | | | | x |
| | | **Zusammenfassen** | | | | x |
| | | **Antworten** | | | | x |
| | | **Auswählen** | | x | | |
| | | **Überprüfen** | | x | | |
| | | **Generieren** | | | | |
| | Konzeptuell | **Wiedererkennen** | | | | x |
| | | **Klassifizieren** | | | | x |
| | | **Erstellen** | | | | x |
| | | **Differenzieren** | | | | x |
| | | **Bewerten** | | | | x |
| | | **Aufbauen** | | | | x |
| | Prozedural | **Erinnern** | x | x | x | |
| | | **Präzisieren** | x | x | x | |
| | | **Ausführen** | x | x | x | |
| | | **Integrieren** | x | x | x | |
| | | **Bewerten** | x | x | x | |
| | | **Entwerfen** | x | x | x | |
| | Metakognitiv | **Identifizieren** | | | | |
| | | **Vorhersagen** | | | | x |
| | | **Anwenden** | | | | |
| | | **Dekonstruieren** | | | | |
| | | **Reflektieren** | | | | |
| | | **Schaffen** | | | | |
| Handeln | Physisch | **Bewegen** | | | | |
| | | **Steuern** | | | | |
| | Nicht-physisch | **Aktion auslösen** | | | | |
| | | **Transaktion auslösen** | x | x | x | |
| Kommunizieren | ohne Feedback | **Unidirektional** | | | | |
| | mit Feedback | **Bidirektional** | | x | x | x |
| | | **Omnidirektional** | | | | |

**Abbildung 3.6** KI-Fähigkeiten FEM-Simulation. (Eigene Darstellung)

Zum Abgleich dieser Ergebnisse mit vorhandenem Wissen aus Datenbanken oder früheren Simulationen sind faktische Verarbeitungsfähigkeiten wie Auflisten, Zusammenfassen und Antworten notwendig.

Darüber hinaus sind konzeptuelle Verarbeitungsfähigkeiten relevant, um Muster, Auffälligkeiten oder Abweichungen in den Ergebnissen zu erkennen. Insbesondere das Differenzieren ist erforderlich, um Unregelmäßigkeiten identifizieren zu können. Unter Einbeziehung vorhandenen Wissens sowie des Simulationsziels sollte das Ergebnis bewertet werden, um daraus Vorschläge für mögliche Bauteiloptimierungen zur Zielerreichung abzuleiten.

Die potenziellen Auswirkungen dieser vorgeschlagenen Maßnahmen können im Rahmen metakognitiver Verarbeitung vorhergesagt werden. So lässt sich einschätzen, wie sich bestimmte Änderungen auf das Gesamtsystem oder das Funktionsziel auswirken könnten.

In der Unterstützung der Auswertung von Simulationsergebnissen durch KI wird ein hohes Optimierungspotenzial gesehen. Der Zeitaufwand für die Interpretation der Ergebnisse kann dadurch reduziert werden, während gleichzeitig die Qualität steigt. Dies wird ermöglicht durch den Zugriff auf einen umfassenderen Erfahrungsschatz sowie durch eine konsistentere und standardisierte Bewertung.

Abbildung 3.6 zeigt, welche KI-Fähigkeiten auf Basis der theoretischen Herleitung den Schritten zur FEM-Simulation zugeordnet wurden.

### 3.4.6 KI für Teamarbeit, Kommunikation und Wissensmanagement

Teamarbeit, Kommunikation und Wissensmanagement sind für den Erfolg von Entwicklungsprojekten entscheidend. Im Folgenden wird dargestellt, wie KI-Fähigkeiten in den Bereichen Dokumentation und Protokollierung, Dokumentenmanagement sowie Informationssuche unterstützen können.

**Dokumentation und Protokollierung**

Zur Unterstützung der Dokumentation und Protokollierung kann eine Vielzahl von KI-Fähigkeiten eingesetzt werden. Die Wahrnehmungsfähigkeiten Sehen und Hören ermöglichen die automatische Erfassung von Besprechungsinhalten über Video- und Audioquellen oder das Erfassen von Mitschriften. Faktisches Verarbeiten wie Auflisten, Zusammenfassen und Antworten unterstützt die automatisierte Protokollerstellung. Konzeptuelle Verarbeitungsfähigkeiten dienen der Kategorisierung und systematischen Zuordnung von Inhalten. Die Handlungsfähigkeit Aktion auslösen kann genutzt werden, um den automatischen Versand von

Protokollen anzustoßen. Kommunikationsfähigkeiten, etwa in Form eines Chatbots, ermöglichen die Bereitstellung der Dokumentation sowie die dialogbasierte Klärung von Rückfragen.

Durch den Einsatz eines geeigneten KI-Systems kann Zeit bei der Dokumentation und Protokollerstellung eingespart werden. Der erfahrungsbasierte Aspekt bei der inhaltlichen Zusammenfassung wird reduziert und einmal definierte Dokumentationsstandards können konsistent und einheitlich angewendet werden.

**Dokumentenmanagement**

Für das strukturierte Ablegen, Verwalten und Pflegen von Wissen können KI-Fähigkeiten einen wertvollen Beitrag leisten. Die Wahrnehmungsfähigkeit Sehen kann zur automatischen Erkennung von Dokumenteninhalten oder visuellen Strukturen genutzt werden. Zusätzlich erscheint die Verarbeitungsfähigkeit des faktischen Überprüfens sinnvoll, um redundante oder veraltete Dokumente innerhalb des Systems zu identifizieren. Für die Strukturierung der Dokumentendatenbank sind insbesondere konzeptuelle Verarbeitungsfähigkeiten relevant. Diese ermöglichen es, Muster in Dokumenten zu erkennen, sie zu kategorisieren sowie Widersprüche, Unvollständigkeiten oder Dopplungen aufzudecken. Zur tatsächlichen Kategorisierung und Beschreibung der Dokumente ist mindestens die Handlungsfähigkeit Aktion auslösen erforderlich. Auch die Fähigkeit zur Kommunikation mit Feedback ist hilfreich, um im Zweifelsfall den Dialog mit einem menschlichen Nutzer zu ermöglichen und offene Fragen zu klären.

Durch den Einsatz von KI im Dokumentenmanagement erscheint es möglich, die Vielfalt und Menge an Dokumenten besser zu beherrschen, indem veraltete und redundante Inhalte erkannt und Dokumente außerdem systematisch klassifiziert und beschrieben werden.

**Informationssuche**

Zum Auffinden von Informationen in Wissensdatenbanken wird die Wahrnehmungsfähigkeit Sehen als essenziell erachtet, um Inhalte in Dokumenten erkennen zu können. Um diese Inhalte verarbeiten zu können, stehen vor allem faktische Verarbeitungsfähigkeiten im Vordergrund. Dazu zählen das Auflisten von Informationen, das Zusammenfassen mehrerer Inhalte, das Beantworten von Fragen auf Basis des gespeicherten Faktenwissens sowie das Überprüfen auf Vollständigkeit. Im Bereich der konzeptuellen Fähigkeiten ist insbesondere das Differenzieren relevant, um Widersprüche innerhalb der Dokumente zu identifizieren. Die Kommunikation muss mit Feedback erfolgen, da Suchanfragen durch Anwender*innen initiiert werden und die Ergebnisse durch die KI ausgegeben

| KI-Fähigkeiten zur Teamarbeit, Kommunikation und Wissensmanagement | | | Dokumentation und Protokollierung | Dokumenten-management | Informationssuche |
|---|---|---|---|---|---|
| Wahrnehmen | Extern | Sehen | x | x | x |
| | | Hören | x | | |
| | | Berühren | | | |
| Verarbeiten | Faktisch | Auflisten | x | | x |
| | | Zusammenfassen | x | | x |
| | | Antworten | x | | x |
| | | Auswählen | | | x |
| | | Überprüfen | | x | x |
| | | Generieren | x | | |
| | Konzeptuell | Wiedererkennen | x | x | |
| | | Klassifizieren | x | x | |
| | | Erstellen | x | | |
| | | Differenzieren | x | x | x |
| | | Bewerten | x | x | |
| | | Aufbauen | | | |
| | Prozedural | Erinnern | | | |
| | | Präzisieren | | | |
| | | Ausführen | | | |
| | | Integrieren | | | |
| | | Bewerten | | | |
| | | Entwerfen | | | |
| | Metakognitiv | Identifizieren | | | |
| | | Vorhersagen | | | |
| | | Anwenden | | | |
| | | Dekonstruieren | | | |
| | | Reflektieren | | | |
| | | Schaffen | | | |
| Handeln | Physisch | Bewegen | | | |
| | | Steuern | | | |
| | Nicht-physisch | Aktion auslösen | x | x | |
| | | Transaktion auslösen | | | |
| Kommunizieren | ohne Feedback | Unidirektional | x | | |
| | mit Feedback | Bidirektional | x | x | x |
| | | Omnidirektional | x | | |

**Abbildung 3.7** KI-Fähigkeiten Teamarbeit, Kommunikation, Wissensmanagement. (Eigene Darstellung)

werden. Hierzu bietet sich der Einsatz eines Chatbots sowie einer intelligenten Suchmaske an.

Der Einsatz von KI bietet den Vorteil einer intelligenten Suchlogik, einer konsolidierten Darstellung der Ergebnisse über mehrere Dokumente hinweg und daraus resultierend effizientere Suchprozesse sowie qualitativ hochwertigere Ergebnisse.

Abbildung 3.7 zeigt, welche KI-Fähigkeiten den beschriebenen Schritten zur Teamarbeit, Kommunikation und Wissensmanagement zugeordnet wurden.

## 3.5 Zwischenfazit

Die theoretische Analyse hat gezeigt, dass sich in allen betrachteten Tätigkeitsfeldern der Produktentwicklung theoretisch hergeleitete Einsatzmöglichkeiten von Künstlicher Intelligenz identifizieren lassen. Damit leistet dieser Abschnitt einen ersten Beitrag zur Beantwortung der Forschungsfragen, bleibt jedoch auf einer theoretischen Ebene und kann die tatsächliche Relevanz der Einsatzmöglichkeiten noch nicht abschließend bewerten.

Im anschließenden empirischen Teil werden die theoretisch abgeleiteten Potenziale durch die Befragung von Mitarbeiter*innen der Produktentwicklung überprüft. Ziel ist es, deren Einschätzungen zu erfassen, die Potenziale quantitativ einzuordnen und so eine fundierte Grundlage für die endgültige Beantwortung der Forschungsfragen und die Ableitung konkreter Handlungsempfehlungen im Schlussteil der Arbeit zu erarbeiten.

# 4 Empirischer Teil

Im empirischen Teil dieser Arbeit wird untersucht, wie Fach- und Führungskräfte das Potenzial von KI im Produktentwicklungsprozess einschätzen. Dazu werden zunächst die Notwendigkeit der empirischen Untersuchung sowie das zugrunde liegende methodische Vorgehen erläutert. Anschließend wird die Online-Befragung als gewählte Erhebungsmethode beschrieben, gefolgt von Ausführungen zur Stichprobe, zum Fragebogen, zum Pretest sowie zu den relevanten Gütekriterien.

Darauf aufbauend werden die Durchführung der Erhebung und die erhobenen Daten dargestellt, einschließlich der Auswertung über deskriptive Kennwerte und Zusammenhänge. Abschließend folgt die Darstellung, Reflexion und Interpretation der Ergebnisse.

## 4.1 Begründung und Notwendigkeit der Empirie

Die in dieser Arbeit ermittelten Einsatzmöglichkeiten von KI im Produktentwicklungsprozess basieren auf einer theoretischen Herleitung durch den Verfasser. Dabei wurden konkrete KI-Fähigkeiten hypothetisch einzelnen Schritten der Produktentwicklung zugeordnet. Diese Zuordnungen wurden jedoch weder technisch validiert noch hinsichtlich ihres tatsächlichen Nutzens geprüft.

**Ergänzende Information** Die elektronische Version dieses Kapitels enthält Zusatzmaterial, auf das über folgenden Link zugegriffen werden kann https://doi.org/10.1007/978-3-658-51914-8_4.



M. Kotterer, *Einsatzmöglichkeiten und Nutzenpotenziale von KI in der Produktentwicklung*, BestMasters, https://doi.org/10.1007/978-3-658-51914-8_4

Da theoretische Überlegungen und technologische Machbarkeit allein nicht ausreichen, um das tatsächliche Nutzenpotenzial verlässlich einschätzen zu können, ist eine Bewertung durch Fachpersonen im Rahmen einer empirischen Untersuchung erforderlich.

Im Zentrum dieser Untersuchung steht daher die Frage, wie Fach- und Führungskräfte entlang des Produktentwicklungsprozesses das Nutzenpotenzial einschätzen, das sich ergeben würde, wenn einzelne Entwicklungsschritte durch KI-Systeme unterstützt würden. Dabei wird grundsätzlich davon ausgegangen, dass keine technischen Einschränkungen hinsichtlich des KI-Einsatzes bestehen.

Diese gewonnenen Erkenntnisse sollen außerdem dazu beitragen, Forschungsfrage 2 beantworten zu können, in der nach den Erwartungen von Mitarbeiterinnen und Mitarbeitern der Produktentwicklung an künstliche Intelligenz gefragt wird. Darüber hinaus soll die empirische Untersuchung auch Aufschluss über bisherige Erfahrungen von Beschäftigten in der Produktentwicklung innerhalb der Automobilzuliefer- und Entwicklungsdienstleisterbranche geben, um den zweiten Teil von Forschungsfrage 2 abzudecken.

Schließlich sollen alle gewonnenen Erkenntnisse zur Beantwortung von Forschungsfrage 3 beitragen und die Ableitung von Maßnahmen und Handlungsempfehlungen für Entscheider*innen entlang des Produktentwicklungsprozesses ermöglichen.

## 4.2 Forschungsstrategie und -design

Um die Forschungsfragen beantworten zu können, wird in dieser Arbeit eine quantitative Forschungsstrategie verfolgt. Diese ist besonders geeignet, um Bewertungen und Einschätzungen innerhalb einer größeren Zielgruppe systematisch zu erfassen und statistisch auszuwerten (vgl. Berger-Grabner, 2016, S. 157). Quantitative Ansätze zielen darauf ab, soziale Phänomene zu analysieren und dabei Muster sowie regelhafte Zusammenhänge zu erkennen (vgl. Möhring & Schlütz, 2013, S. 24). Die gewählte Strategie soll dazu beitragen, die theoretischen Einsatzmöglichkeiten von KI in der Produktentwicklung durch praxisnahe Einschätzungen zu ergänzen und übergreifende Tendenzen sowie Zusammenhänge sichtbar zu machen.

Das zugrunde liegende Forschungsdesign ist deskriptiv. Im Unterschied zu explanativen quantitativen Untersuchungen, die bestehende Hypothesen überprüfen und Erklärungen für Zusammenhänge oder Veränderungen liefern, zielt das deskriptive Design auf die möglichst präzise Beschreibung bestimmter Merkmalsausprägungen ab (vgl. Berger-Grabner, 2016, S. 158). Im Rahmen dieser Arbeit umfasst dies insbesondere die Einschätzungen, Erfahrungen und Erwartungen von Fachpersonen hinsichtlich künstlicher Intelligenz im Produktentwicklungsprozess.

Eine qualitative Strategie, etwa in Form von Experteninterviews, hätte tiefere Einblicke ermöglicht, war jedoch aufgrund eingeschränkter Vergleichbarkeit und begrenzter Verallgemeinerbarkeit weniger geeignet. Qualitative Ansätze zielen auf ein offenes, interpretatives Vorgehen, bei dem Hypothesen und Konzepte im Verlauf des Forschungsprozesses entstehen (vgl. Möhring & Schlütz, 2013, S. 24–25). Der hier gewählte quantitative Ansatz folgt dagegen einem deduktiven Vorgehen mit dem Ziel, theoretisch abgeleitete Annahmen durch standardisierte, quantifizierte Daten zu überprüfen. Auch ein exploratives Design (vgl. Berger-Grabner, 2016, S. 110) wurde verworfen, da in dieser Arbeit keine neuen Konzepte entwickelt, sondern bestehende Annahmen anhand von Praxiseinschätzungen eingeordnet werden.

## 4.3 Online-Umfrage als Forschungsmethode

Zur quantitativen Datenerhebung kommt in dieser Arbeit eine standardisierte Befragung zum Einsatz. Diese ermöglicht durch die Vereinheitlichung der Fragen eine hohe Vergleichbarkeit der Ergebnisse. Befragungen können mündlich, telefonisch, schriftlich oder online durchgeführt werden (vgl. Berger-Grabner, 2016, S. 162).

Auf mündliche und telefonische Befragungsformen wurde bewusst verzichtet, da beide mit einem hohen zeitlichen und organisatorischen Aufwand verbunden sind. Bei persönlichen Interviews besteht zudem die Gefahr eines Interviewer-Bias, weil es durch den direkten Kontakt zwischen Interviewer und Befragten zu unbeabsichtigten Beeinflussungen kommen kann. Auch die Anonymität der Teilnehmenden ist in solchen Situationen nicht vollständig gewährleistet, was sich negativ auf die Teilnahmebereitschaft auswirken kann (vgl. Berger-Grabner, 2016, S. 163).

Stattdessen wurde eine Online-Befragung als schriftliche Erhebungsform gewählt. Diese zeichnet sich durch einen geringen Zeit- und Kostenaufwand aus, gewährleistet eine hohe Anonymität und vermeidet jeglichen Einfluss durch eine befragende Person (vgl. Berger-Grabner, 2016, S. 164). Zudem können schwer erreichbare Personen besser angesprochen werden, da der Zeitpunkt der Teilnahme frei gewählt werden kann.

Die Online-Befragung eignet sich insbesondere für die Ansprache räumlich verteilter Zielgruppen. Sie ermöglicht eine deutschlandweite Reichweite und erleichtert die Gewinnung einer größeren Anzahl an Rückmeldungen innerhalb kurzer Zeit. Dadurch lassen sich auch umfangreichere Stichproben realisieren. Gleichzeitig ist zu berücksichtigen, dass es bei dieser Erhebungsform zu Verzerrungen kommen kann, zum Beispiel wenn vor allem internetaffine Personen teilnehmen oder das Thema nur für bestimmte Gruppen besonders relevant ist (vgl. Berger-Grabner, 2016, S. 165).

Ein weiterer Vorteil ergibt sich durch die einfache technische Umsetzung. Mit gängiger Umfragesoftware lassen sich die erhobenen Daten direkt in Programme wie Microsoft Excel oder statistische Auswertungssoftware, wie SPSS oder PSPP übertragen. Dadurch entfällt die manuelle Dateneingabe, was den Auswertungsprozess erleichtert und potenzielle Fehlerquellen reduziert (vgl. Berger-Grabner, 2016, S. 165).

## 4.4 Stichprobe

**Merkmale der Zielgruppe**

Die Zielgruppe dieser Untersuchung umfasst Fach- und Führungskräfte aus der deutschen Automobilbranche, die direkt am Produktentwicklungsprozess beteiligt sind. Berücksichtigt werden ausschließlich Beschäftigte von Automobilzulieferern (Tier 1 und Tier 2) sowie spezialisierten Entwicklungsdienstleistern mit Automotive-Fokus. Mitarbeitende, die ausschließlich für OEMs tätig sind, werden nicht zur Zielgruppe gezählt. Zusätzlich wird vorausgesetzt, dass die Unternehmen mindestens 50 Mitarbeitende beschäftigen.

Hinsichtlich der Funktion zählen zur Zielgruppe insbesondere Fachkräfte aus den Bereichen Konstruktion, Berechnung und Simulation, Versuch und Validierung sowie Anforderungsmanagement. Ergänzend werden auch Führungskräfte einbezogen. Die Zielgruppe ist alters-, geschlechts- und bildungsstandunabhängig definiert. Voraussetzung ist ein Arbeitssitz in Deutschland.

**Grundgesamtheit**

Die Grundgesamtheit bezeichnet die Gesamtheit aller Objekte, über die in einer Untersuchung anhand bestimmter Merkmale Aussagen getroffen werden sollen (vgl. Ebster & Stalzer, 2017, S. 177). Im Folgenden wird die Ermittlung der Grundgesamtheit für den Untersuchungsgegenstand dieser empirischen Arbeit beschrieben.

Die Automobilindustrie umfasst derzeit ca. 780.000 Beschäftigte. Davon entfallen rund 274.000 auf die Automobilzulieferindustrie (Statistisches Bundesamt,

2025b; vgl. VDA, o. J.-c). Insgesamt existieren in Deutschland rund 1.400 Automobilzulieferbetriebe. Davon zählen 195 zu den Großunternehmen mit mehr als 250 Beschäftigten und 398 zum Mittelstand mit 50 bis 249 Beschäftigten (vgl. Listflix, 2025). Eine Übersicht der größten Entwicklungsdienstleister in Deutschland aus dem Jahr 2021 zeigt, dass allein durch die zehn größten Betriebe mit mindestens 50.000 Beschäftigten zu rechnen ist (vgl. Automobil Industrie, 2021).

Konkrete Zahlen zu Mitarbeitenden in entwicklungsnahen Abteilungen liegen derzeit nicht vor. Es wird daher angenommen, dass etwa 10 % der Beschäftigten in Automobilzulieferbetrieben in der Produktentwicklung tätig sind. Bei Entwicklungsdienstleistern wird dieser Anteil auf etwa 30 % geschätzt. Daraus ergibt sich eine zu untersuchende Grundgesamtheit von rund 42.000 Personen.

**Stichprobenerhebung und Repräsentativität**

In Anbetracht der hohen Grundgesamtheit kann keine Totalerhebung erfolgen (vgl. Ebster & Stalzer, 2017, S. 175). Daher ist im Rahmen dieser empirischen Untersuchung eine Stichprobenerhebung vorgesehen.

Ziel von Stichprobenerhebungen ist es, einen Teil der Grundgesamtheit zu befragen und daraus Rückschlüsse auf die Gesamtpopulation zu ziehen (vgl. Ebster & Stalzer, 2017, S. 175). Dabei wird zwischen zufallsgesteuerten und nicht zufallsgesteuerten Auswahlverfahren unterschieden.

Da in dieser Arbeit insbesondere die Kriterien einer zugänglichen Auswahlbasis und einer berechenbaren Auswahlwahrscheinlichkeit für jedes Element der Grundgesamtheit nicht erfüllt sind (vgl. Ebster & Stalzer, 2017, S. 180), kommt ein nicht zufälliges Auswahlverfahren zum Einsatz. Eine detaillierte Beschreibung der Stichprobenziehung erfolgt im *Abschnitt* 4.8.

Unter diesen Bedingungen kann der Anspruch auf Repräsentativität nicht erfüllt werden (vgl. Ebster & Stalzer, 2017, S. 178), da die Zusammensetzung und Struktur der Merkmale der Stichprobe zu stark von jener der Grundgesamtheit abweichen. Die Ergebnisse dieser Untersuchung sind daher nicht als repräsentativ zu werten, sondern dienen der Ermittlung praxisnaher Tendenzen innerhalb der Zielgruppe.

**Stichprobengröße und Fehlerspanne**

Bei der Bestimmung einer geeigneten Stichprobengröße ist nicht die Größe der Grundgesamtheit ausschlaggebend, sondern vielmehr die Frage, mit welcher Wahrscheinlichkeit sich die aus der Stichprobe gewonnenen Ergebnisse auf die Grundgesamtheit übertragen lassen. Diese Wahrscheinlichkeit wird über das Konfidenzniveau ausgedrückt, das komplementär zum Signifikanzniveau definiert ist. Zusätzlich wird die zulässige Fehlerspanne definiert, aus der sich in Verbindung mit dem Konfidenzniveau das Konfidenzintervall ergibt (vgl. Berger-Grabner, 2016, S. 207–209).

Mithilfe des Stichprobenrechners von SurveyMonkey wurde in einem ersten Schritt eine erforderliche Stichprobengröße von 381 Personen berechnet. Dabei wurden die voreingestellten Standardwerte verwendet: ein Konfidenzniveau von 95 % sowie eine Fehlerspanne von 5 %.

Da davon auszugehen ist, dass im Rahmen dieser Arbeit keine 381 verwertbaren Rückmeldungen erzielt werden können, wurde die angestrebte Fehlerspanne auf 10 % angehoben. Dadurch reduziert sich die erforderliche Stichprobengröße auf 96 Personen. Die Erreichung von 96 verwertbaren Antworten erscheint unter den gegebenen Bedingungen als realistisch.

Durch die Anhebung der Fehlerspanne auf 10 % nimmt die Genauigkeit der ermittelten Ergebnisse ab, da die geschätzten Werte stärker um die tatsächlichen Werte der Grundgesamtheit streuen können. In Kombination mit der bereits diskutierten eingeschränkten Repräsentativität aufgrund der Stichprobenziehung wird deutlich, dass die Ergebnisse dieser Untersuchung nicht als allgemeingültig zu verstehen sind, sondern vielmehr Tendenzen und praxisnahe Einschätzungen abbilden.

## 4.5 Fragebogen

Zur Erstellung des Fragebogens, dem zentralen Messinstrument dieser empirischen Ausarbeitung, wurde das Tool UmfrageOnline.com verwendet. Die Plattform ermöglicht eine flexible Gestaltung strukturierter und standardisierter Fragebögen und unterstützt vielfältige Fragetypen. Die einfache und intuitive Benutzeroberfläche reduzierte den Einarbeitungsaufwand bei der Erstellung deutlich. Darüber hinaus erlaubt das Tool eine datenschutzkonforme und anonyme Erhebung in dem eine Teilnahme ohne Registrierung möglich ist. Gleichzeitig unterstützt durch die Online-Verfügbarkeit eine effiziente und zielgerichtete Reichweitensteigerung.

In der Konzeption des Fragebogens kamen überwiegend gebundene Antwortformate zum Einsatz, also Fragen mit vorgegebenen Antwortmöglichkeiten (vgl. Bühner, 2010, S. 110). Dies diente dem Ziel einer hohen Standardisierung. In wenigen Fällen bestand die Möglichkeit zur freien Texteingabe, zum Beispiel bei der Nennung der eigenen Rolle im Unternehmen.

Zur Erhebung differenzierter Einschätzungen wurden ordinalskalierte Ratingskalen mit fünf Antwortstufen verwendet. Diese Skalenlänge stellt einen bewährten Kompromiss dar, da sie valide und reliabel erfassbare Abstufungen erlaubt und gleichzeitig die kognitive Belastung der Teilnehmenden begrenzt (vgl. Bühner, 2010, S. 111). Es kamen sowohl unipolare Skalen zur Anwendung, die von einem Ausgangspunkt zu einem positiven Pol verlaufen, als auch bipolare Skalen, bei denen eine neutrale Mittelposition zwischen zwei entgegengesetzten Polen angeboten wird.

Bei allen Ratingskalen wurde auf eine klare Beschriftung der Antwortstufen geachtet. Die Ankerpunkte wurden jeweils textlich benannt und zusätzlich wurden die Antwortstufen durch eine Legende erläutert, um eine einheitliche Interpretation durch die Befragten sicherzustellen.

Ergänzend zu den Ratingskalen wurden auch nominalskalierte Einzel- und Mehrfachwahlaufgaben eingesetzt, um allgemeine Informationen zu erfassen und eineindeutige Kategorisierungen vorzunehmen, ohne die Teilnehmenden zu überfordern. Dieser Fragetyp eignet sich insbesondere zur Erhebung von Merkmalen wie Unternehmensgröße, Branchenbezug oder Tätigkeitsfeld. Ein Nachteil liegt jedoch darin, dass es für den Ersteller herausfordernd sein kann, Antwortoptionen zu formulieren, die für alle Teilnehmenden zutreffend sind (vgl. Bühner, 2010, S. 119). Um einer potenziellen Abbruchgefahr durch fehlende Antwortmöglichkeiten vorzubeugen, wurde bei relevanten Fragen zusätzlich eine Freitexteingabe ermöglicht.

Für eine bessere Nutzerführung wurde auf eine klare Strukturierung, einfache Bedienbarkeit und neutrale Formulierungen geachtet. Zusätzlich zur automatischen Anzeige des Bearbeitungsfortschritts über einen Fortschrittsbalken wurde die jeweilige Frageposition manuell im Fragetitel als „Frage X von Y“ angegeben.

Der Fragebogen umfasst insgesamt 21 Fragen und gliedert sich in 7 Abschnitte, auf die im Folgenden genauer eingegangen wird.

1. Einleitung
2. Erfahrung mit Künstlicher Intelligenz
3. Unterstützung und Informationsstand im Unternehmen
4. Einsatz von KI in der Produktentwicklung
   a. KI-Nutzenpotenziale im Anforderungsmanagement
   b. KI-Nutzenpotenziale zur Problemlösungs- und Entscheidungsfindung
   c. KI-Nutzenpotenziale in der Konstruktion
   d. KI-Nutzenpotenziale zum Design for Manufacturing
   e. KI-Nutzenpotenziale in der FEM-Simulation

f. KI-Nutzenpotenziale in der Teamarbeit, Kommunikation und im Wissensmanagement
5. Beruflicher Hintergrund
6. Persönliche Angaben
7. Ende der Umfrage

**Einleitung**
In der Einleitung zur Umfrage wurden den Teilnehmenden der Hintergrund und das Ziel der Befragung kurz erläutert. Zudem wurde bereits zu Beginn die Zielgruppe benannt, sodass Personen, auf die diese nicht zutraf, frühzeitig erkennen konnten, dass eine Teilnahme für sie nicht vorgesehen war. Zur besseren Einschätzung des zeitlichen Aufwands wurde ein Hinweis auf die voraussichtliche Bearbeitungsdauer gegeben. Neben dem obligatorischen Hinweis auf die anonyme Datenerhebung und die Nicht-Rückverfolgbarkeit der Antworten wurde auch auf die Teilnahmemöglichkeit an einem Gewinnspiel hingewiesen, um die Teilnahmebereitschaft zu erhöhen.

Für Rückfragen und Anmerkungen wurde die E-Mail-Adresse des Durchführenden im Einleitungstext angegeben.

**Erfahrung mit Künstlicher Intelligenz**
Der zweite Abschnitt des Fragebogens umfasste die Fragen 1 bis 3 und diente der Erfassung der individuellen Vorerfahrung der Teilnehmenden mit dem Thema Künstliche Intelligenz sowie deren Einstellung und Nutzungshäufigkeit im beruflichen Kontext.

Frage 1 erfasste die Selbsteinschätzung des eigenen Erfahrungsniveaus mit KI. Die fünf Antwortoptionen reichten von „Keine Erfahrung“ bis hin zu „Tiefergehendes Know-how“ und wurden durch konkrete Beispiele (z. B. Tools, Projekte, Implementierung) ergänzt. Die Skala war unipolar angelegt, da ausschließlich ein positiver Erfahrungsverlauf abgebildet wurde.

Frage 2 thematisierte die grundsätzliche Einstellung der Befragten gegenüber dem Einsatz von KI im eigenen Arbeitsumfeld. Die verwendete bipolare Ratingskala reichte von „sehr skeptisch“ bis „sehr offen“ und diente der Erhebung von Haltung und Offenheit gegenüber dem Thema.

Frage 3 ermittelte die Nutzungshäufigkeit KI-basierter Systeme im Berufsalltag. Die Skala war ebenfalls unipolar und erfasste einen Skalenbereich von „nie“ bis „täglich“. Die Skalenstruktur von Frage 3 wurde vor dem finalen Einsatz auf Grundlage von Rückmeldungen aus dem Pretest angepasst. Eine detaillierte Beschreibung dieser Anpassung erfolgt in *Abschnitt* 4.6.

Die Erhebung dieser Basisdaten diente dazu, das individuelle Erfahrungsniveau der Teilnehmenden mit KI zu erfassen. Diese Information bildet eine wichtige Grundlage für die spätere Interpretation der Einschätzungen zu KI-Nutzenpotenzialen in konkreten Entwicklungsschritten.

**Unterstützung und Informationsstand im Unternehmen**

Der dritte Abschnitt des Fragebogens umfasste die Fragen 4 bis 7 und zielte darauf ab, den internen Informationsstand der Teilnehmenden zum Thema Künstliche Intelligenz sowie die organisatorische Unterstützung durch das Unternehmen zu erfassen.

Frage 4 erhob die subjektive Wahrnehmung des eigenen Informationsstands über den Einsatz von KI im Unternehmen. Hierzu wurde eine bipolare, ordinalskalierte fünfstufige Ratingskala verwendet, die von „gar nicht" bis „sehr gut" reichte.

Frage 5 untersuchte, ob das Unternehmen regelmäßig über KI-Entwicklungen informiert. Auch hier kam eine bipolare Zustimmungsskala mit fünf abgestuften Antwortkategorien zum Einsatz, von „stimme gar nicht zu" bis „stimme voll zu".

Fragen 6 und 7 wurden in nominaler Form mit Einfachauswahl gestellt. Sie dienten der Erhebung von strukturellen Rahmenbedingungen. Zum einen, ob Schulungs- oder Weiterbildungsangebote zum Thema KI existieren, zum anderen, ob der Zugang zu KI-gestützten Tools oder Pilotprojekten gegeben ist.

Die Fragekombination aus persönlichen Einschätzungen (Frage 4 bis 5) und konkreten Rahmenbedingungen (Frage 6 bis 7) ermöglicht eine Einschätzung, wie gut Unternehmen hinsichtlich des Umgangs mit KI aufgestellt sind.

**Einsatz von KI in der Produktentwicklung**

Dieser Teil der Umfrage bildet den Kern dieser Ausarbeitung: die Einschätzungen und Erwartungen von Fach- und Führungskräften in Bezug auf das Nutzenpotenzial von KI in verschiedenen Tätigkeitsfeldern sowie deren einzelnen Schritten innerhalb der Produktentwicklung.

Die Auswahl und Strukturierung der Tätigkeitsfelder basierte auf den im theoretischen Teil der Arbeit dargestellten Arbeitsschritten innerhalb des Produktentwicklungsprozesses (siehe *Abschnitt 3.2*).

Vor dem Einstieg in die fachspezifischen Tätigkeitsfelder der Produktentwicklung erhielten die Teilnehmenden einen allgemeinen Hinweis zum besseren Verständnis der folgenden Fragen. Dabei wurde erklärt, dass es nicht darum geht, ob KI in ihrem eigenen Arbeitsumfeld bereits eingesetzt wird. Stattdessen sollten sie einschätzen, welches Nutzenpotenzial ihrer Meinung nach bestünde, wenn

KI bestimmte Aufgaben in der Produktentwicklung unterstützen oder übernehmen würde. Dabei sollten sie davon ausgehen, dass solche Systeme technisch grundsätzlich realisierbar sind.

Im Anschluss an den allgemeinen Hinweis wurden sechs Tätigkeitsfelder der Produktentwicklung nacheinander behandelt. Diese decken typische Aufgabenbereiche ab, in denen Fach- und Führungskräfte aus der Zielgruppe tätig sind. Jedes Tätigkeitsfeld wurde durch eine kurze Beschreibung eingeleitet, um den inhaltlichen Rahmen zu verdeutlichen. Die zugehörigen Einschätzungen wurden im Rahmen der Fragen 8 bis 13 des Fragebogens erhoben.

Die Bewertung der einzelnen Arbeitsschritte innerhalb eines Tätigkeitsfeldes erfolgte im Format von Matrixfragen, bei denen mehrere Einzelelemente anhand derselben Skala eingeschätzt wurden. Dieses Format ermöglichte eine kompakte Darstellung verwandter Inhalte und erleichterte den direkten Vergleich zwischen einzelnen Tätigkeiten innerhalb eines Tätigkeitsfeldes.

Die Einschätzung des Nutzenpotenzials erfolgte jeweils anhand einer fünfstufigen ordinalen Skala, die von „kein Potenzial" bis „sehr hohes Potenzial" reichte. Um zu vermeiden, dass die mittlere Skalenstufe uneinheitlich genutzt wird, zum Beispiel als Ausdruck von Unsicherheit oder Neutralität (vgl. Bühner, 2010, S. 116), wurde zusätzlich die Antwortoption „Keine Einschätzung möglich" angeboten.

Durch die einheitliche Struktur wurde eine vergleichbare und differenzierte Bewertung über alle Tätigkeitsfelder hinweg ermöglicht. So konnte erfasst werden, in welchen Entwicklungsschritten das Potenzial von KI aus Sicht der Teilnehmenden besonders hoch oder gering eingeschätzt wird.

**Beruflicher Hintergrund**

Dieser Abschnitt diente zur Erfassung des beruflichen Kontexts der Teilnehmenden, um die Ergebnisse inhaltlich einordnen und besser interpretieren zu können. Er umfasste die Fragen 14 bis 18.

In Frage 14 wurde die Unternehmensgröße anhand der Gesamtzahl der Beschäftigten erfasst. Die Antwortoptionen waren in vier klar abgegrenzte Größenklassen unterteilt, um sowohl eine gezielte Filterung im Hinblick auf die definierte Zielgruppe als auch Gruppenvergleiche in der Auswertung zu ermöglichen.

Bei der Formulierung der Antwortoptionen unterlief ein formaler Fehler in der Auswahl der Größenklassen. Die gewählte Kategorisierung weicht leicht von der im *Abschnitt 2.1* dargestellten Einteilung der Unternehmensgrößen gemäß der Definition der Europäischen Kommission (2003) ab und wurde in der Datenaufbereitung entsprechend berücksichtigt.

In Frage 15 wurde die Unternehmensart abgefragt. Da viele Teilnehmende sowohl Herstellern als auch Zulieferern oder Entwicklungsdienstleistern zugeordnet sein können, war eine Mehrfachauswahl möglich. Zusätzlich bestand unter der Antwortoption „Andere“ die Möglichkeit, eine eigene Angabe frei einzugeben.

Frage 16 war in gleicher Weise aufgebaut, bezog sich jedoch auf die Branchenzugehörigkeit des Unternehmens. Auch hier konnten mehrere Optionen ausgewählt oder eine eigene Branche ergänzt werden.

Frage 17 diente zur Ermittlung der beruflichen Rolle der Teilnehmenden. Zur Auswahl standen typische Positionen im Umfeld der Produktentwicklung, von der Konstruktion über Simulation und Validierung bis hin zu Projekt- und Abteilungsleitung. Die Befragten wurden gebeten, diejenige Rolle auszuwählen, die ihrer aktuellen Tätigkeit am ehesten entspricht. Um die Einordnung zu erleichtern und individuelle Tätigkeitsbezeichnungen zu berücksichtigen, bestand zusätzlich die Möglichkeit, unter der Option „Andere“ eine eigene Rollenbezeichnung anzugeben.

Abschließend wurde in Frage 18 das Land der beruflichen Tätigkeit erhoben. Die Teilnehmenden sollten aus einer vordefinierten Länderliste das Land auswählen, in dem sie zum Zeitpunkt der Befragung überwiegend arbeiteten. Ziel war es, die erhobenen Fälle im Hinblick auf die Zielgruppenausrichtung filtern und internationale Rückmeldungen gegebenenfalls einordnen zu können.

**Persönliche Angaben**

Den Abschluss des Fragebogens bildete ein kurzer Abschnitt zu soziodemografischen Merkmalen, um die Umfrageergebnisse im Gesamtkontext besser einordnen und mögliche Unterschiede zwischen Teilgruppen analysieren zu können. Dieser Abschnitt umfasste die Fragen 19 bis 21.

Die Frage 19 erfasste die Geschlechtsidentität der Teilnehmenden. Die Angabe war ausdrücklich freiwillig. Neben den klassischen Kategorien „männlich“ und „weiblich“ konnten auch „divers“ oder „keine Angabe“ gewählt werden.

In Frage 20 wurde das Alter der Teilnehmenden erfragt. Zur Auswahl standen sechs Altersgruppen. Diese Einteilung diente der späteren Interpretation hinsichtlich Generationenzugehörigkeit und möglicher Unterschiede in der Technologieaffinität.

Frage 21, die letzte Frage des Fragebogens, erfasste den höchsten Bildungsabschluss zum Zeitpunkt der Befragung. Die Antwortoptionen umfassten berufliche und akademische Abschlüsse. Zusätzlich bestand die Möglichkeit zur freien Texteingabe, um auch abweichende Qualifikationen zu erfassen.

**Ende der Umfrage**

Der letzte Abschnitt informierte die Teilnehmenden über das Ende der Umfrage. Zudem wurde ihnen für die Teilnahme gedankt und erneut auf die Möglichkeit zur

Kontaktaufnahme per E-Mail bei Fragen oder Anmerkungen hingewiesen. Darüber hinaus wurden die Teilnehmenden gebeten, den Umfragelink an weitere Personen aus dem Bereich der Produktentwicklung weiterzuleiten.

Das in der Einleitung angekündigte Gewinnspiel konnte über einen separaten Link aufgerufen werden, der zu einer gesonderten Eingabeseite führte. Die Teilnahme war freiwillig und die dort erhobenen E-Mail-Adressen wurden ausschließlich für die Verlosung verwendet und nicht mit den Umfrageantworten verknüpft.

Der vollständige Fragebogen ist in *Anhang 1* im elektronischen Zusatzmaterial einsehbar.

## 4.6 Pretest

Zur Überprüfung des Fragebogens wurde vor dem offiziellen Start der Umfrage ein sogenannter Pretest durchgeführt. Ziel dieses Pretests war es, zu evaluieren, ob der Fragebogen von den Befragten als intuitiv und logisch aufgebaut wahrgenommen wird, ob Fragestellungen möglicherweise zu komplex formuliert sind oder ob Antwortmöglichkeiten fehlen (vgl. Berger-Grabner, 2016, S. 114). Darüber hinaus sollte geprüft werden, ob die verwendeten Begrifflichkeiten verständlich sind und der Sprache der Zielgruppe entsprechen.

Zur Durchführung des Pretests wurde ein Umfragelink an acht merkmalsidentische bzw. -ähnliche Personen verteilt. Dies entspricht etwa 12 % der angestrebten Stichprobengröße. Dabei wurde darauf geachtet, dass verschiedene Funktionen der Produktentwicklung, Fach- und Führungskräfte sowie sowohl männliche als auch weibliche Teilnehmende einbezogen waren (vgl. Weichbold, 2019). Den Proband*innen wurde zur Unterstützung eine Checkliste zur Verfügung gestellt, die als Orientierung diente, worauf beim Bearbeiten des Fragebogens geachtet werden sollte. Der Pretest erstreckte sich aufgrund seines Umfangs und der Anzahl der beteiligten Personen über einen Zeitraum von vier Arbeitstagen.

Im Rahmen des Pretests wurden zahlreiche Hinweise gegeben, die zur Optimierung des Fragebogens beitrugen. Zu Frage 3 wurde angeregt, statt vager Formulierungen wie „häufig“ oder „selten“ objektivere Kriterien anzugeben. Die Antwortoptionen wurden daraufhin durch konkrete Angaben zur Nutzungsfrequenz pro Woche bzw. Monat ersetzt.

Die Rollenbezeichnung „Simulationsingenieur“ wurde auf Wunsch mit dem geläufigeren Begriff „Berechnungsingenieur“ ergänzt. Im Abschnitt zur FEM-Simulation erfolgte eine sprachliche Präzisierung technischer Begriffe: „Auswertung“ wurde durch „Analyse“ und „Modellvorbereitung“ durch „Modelaufbau“ ersetzt. Zudem wurde der Begriff „Belastungsdefinition“ zu der fachlich passenderen Bezeichnung „Lastfalldefinition“ geändert.

Die ursprüngliche Formulierung in Frage 14 ließ offen, ob sich die Angabe zur Mitarbeiterzahl auf das Gesamtunternehmen oder nur auf die Entwicklungsabteilung bezieht. Diese Unklarheit wurde durch eine eindeutige Formulierung behoben. Ebenso wurden die inhaltlich ähnlichen Fragen 4 und 5 sprachlich stärker voneinander abgegrenzt, um die jeweilige Zielsetzung klarer erkennbar zu machen.

Auch die Frage nach einer möglichen Beeinträchtigung der Anonymität durch die freiwillige Angabe der E-Mail-Adresse zur Teilnahme an der Verlosung wurde thematisiert. In der Folge wurde die E-Mail-Erhebung in eine separate Umfrage ausgelagert, die lediglich per Link mit der Hauptbefragung verknüpft ist. Eine Zuordnung zwischen Umfrageantworten und E-Mail-Adresse ist somit ausgeschlossen.

Neben den Rückmeldungen der Testpersonen wurden weitere inhaltliche und gestalterische Anpassungen vorgenommen. Am Ende des Fragebogens wurde eine Weiterleitungsbitte ergänzt, um die Reichweite der Umfrage zu erhöhen. Darüber hinaus wurde eine zusätzliche Frage zum Beschäftigungsland eingefügt, um auch internationale Rückmeldungen gezielt analysieren zu können. Aufgrund der durchschnittlichen Bearbeitungszeit im Pretest von rund 17 Minuten wurde die ursprünglich in der Einleitung angegebene Dauer von „ca. 10 Minuten“ auf „ca. 12–15 Minuten“ angepasst.

Die Rückmeldungen des Pretests leisteten insgesamt einen wichtigen Beitrag zur Verbesserung von Verständlichkeit, Fachlichkeit und Benutzerfreundlichkeit des Fragebogens. Die Antworten der Pretest-Teilnehmenden wurden vor dem offiziellen Start der Umfrage gelöscht und fließen nicht in die statistische Auswertung ein.

## 4.7 Vorstellung der Gütekriterien

Zur Sicherung der wissenschaftlichen Qualität empirischer Untersuchungen dienen bestimmte Gütekriterien. In der quantitativen Forschung gelten insbesondere Validität, Reliabilität und Objektivität als grundlegende Maßstäbe zur Beurteilung der Aussagekraft und Belastbarkeit der Ergebnisse (vgl. Berger-Grabner, 2016, S. 161).

**Validität**
Validität beschreibt, inwieweit ein Erhebungsinstrument tatsächlich das misst, was es messen soll. Eine Befragung ist dann valide, wenn die gestellten Fragen die Variablen erfassen, die zur Beantwortung des empirischen Ziels notwendig sind (vgl. Döring & Bortz, 2016, S. 446–447). In der Literatur wird dabei zwischen Inhaltsvalidität, Kriteriumsvalidität und Konstruktvalidität unterschieden.

**Reliabilität**
Unter Reliabilität wird die Zuverlässigkeit einer Messung verstanden. Ein Messinstrument gilt als reliabel, wenn wiederholte Messungen unter gleichen Bedingungen stabile und reproduzierbare Ergebnisse liefern. Dabei darf das Ergebnis weder davon abhängen, wer die Messung durchführt oder noch davon wie häufig sie erfolgt (vgl. Ebster & Stalzer, 2017, S. 170).

**Objektivität**
Objektivität beschreibt das Ausmaß, in dem die Ergebnisse unabhängig von der durchführenden oder auswertenden Person sind (vgl. Döring & Bortz, 2016, S. 442–443). Sie umfasst die Teilaspekte Durchführungs-, Auswertungs- und Interpretationsobjektivität. Durchführungsobjektivität liegt vor, wenn die Erhebungssituation keinen Einfluss durch die forschende Person zulässt. Auswertungsobjektivität bedeutet, dass die Auswertung der Antworten unabhängig von der auswertenden Person erfolgt. Interpretationsobjektivität besteht, wenn verschiedene Personen bei identischer Datenlage zu denselben Schlussfolgerungen gelangen.

Nach Ebster und Stalzer (vgl. 2017, S. 173) lässt sich zusammenfassend festhalten, dass zwischen den Gütekriterien bestimmte Abhängigkeiten bestehen. Eine Messung kann nur dann valide sein, wenn sie zuvor auch reliabel ist. Fehlt es an Zuverlässigkeit, kann keine Gültigkeit erreicht werden. Ebenso setzt Reliabilität voraus, dass die Objektivität der Erhebung gewährleistet ist.

## 4.8 Durchführung der Online-Umfrage

Die Online-Umfrage wurde im Zeitraum von 13. Juli bis 3. August 2025 mit dem Tool UmfrageOnline.com durchgeführt. Die Teilnahme war anonym und freiwillig. Ziel war es, Rückmeldungen von Fach- und Führungskräften zur jeweiligen

Erfahrung mit Künstlicher Intelligenz sowie Einschätzungen zum Nutzenpotenzial von Künstlicher Intelligenz im Produktentwicklungsprozess zu erfassen.

Zur Erreichung möglichst vieler Teilnehmer*innen aus der definierten Zielgruppe wurden mehrere zielgruppenspezifische Umfragelinks (sogenannte Collectoren) erstellt. Diese ermöglichten es, die Umfrage über verschiedene Kanäle zu verbreiten und gleichzeitig die Herkunft der Teilnahmen nachzuvollziehen. Die unterschiedlichen Verbreitungswege werden im Folgenden vorgestellt.

**Internes Unternehmensnetzwerk**

Der Umfragelink wurde in einem unternehmensinternen Microsoft Teams-Kanal mit der Bitte zur Teilnahme geteilt. Zu den Kanalmitgliedern gehören auch Mitarbeiter*innen von Standorten außerhalb von Deutschland.

**Lieferanten per E-Mail**

Die Umfrage wurde per E-Mail mit der Bitte zur Teilnahme und Weiterleitung an insgesamt 69 Unternehmen versendet, darunter 25 Entwicklungsdienstleister und 44 Kaufteillieferanten. Die Kontakte wurden über die Einkaufsabteilung des eigenen Unternehmens bereitgestellt.

**WhatsApp Netzwerk**

Ein Umfragelink wurde über verschiedene WhatsApp-Gruppen an Mitstudierende weitergegeben und zur Teilnahme sowie Weiterleitung aufgerufen. Zusätzlich wurde derselbe Link regelmäßig über persönliche WhatsApp-Statusmeldungen beworben, um auf informellem Weg Reichweite zu erzielen.

**Öffentliche Beiträge in Berufsnetzwerken**

Je ein öffentlicher Beitrag mit Zielgruppenaufruf wurde auf den Plattformen LinkedIn und Xing veröffentlicht und mit relevanten Hashtags versehen, um die Verbreitung zu unterstützen.

**Gezielte Direktansprachen auf LinkedIn**

Aus einer Liste der 100 größten Automobilzulieferer in Deutschland (Meyer Industry Research, 2025) wurde eine zufällige Auswahl von 25 Unternehmen getroffen. Je Unternehmen wurden zwei geeignete Kontakte aus dem Bereich der Produktentwicklung identifiziert und über LinkedIn direkt angeschrieben. Dabei wurde auf eine gemischte Ansprache von Fach- und Führungskräften geachtet.

Zur Steigerung der Teilnahmebereitschaft wurde am Ende der Befragung ein Gewinnspiel angeboten, auf das bereits zu Beginn der Umfrage sowie im Einladungstext der verschiedenen Verbreitungswege hingewiesen wurde. Unter allen

Teilnehmenden wurden drei Amazon-Gutscheine im Wert von je 25 Euro verlost. Die Teilnahme am Gewinnspiel war freiwillig und erfolgte über eine separate Seite, auf der die E-Mail-Adressen unabhängig von den Umfragedaten erfasst wurden. Eine Verknüpfung zwischen persönlichen Angaben und den Befragungsergebnissen war somit ausgeschlossen.

Die Teilnahme- bzw. Beantwortungsquote der Umfrage wurde während des Befragungszeitraums regelmäßig überprüft. Zusätzlich wurden mehrere Erinnerungen über die jeweiligen Verbreitungskanäle versendet. Abbildung 4.1 zeigt den Verlauf der Umfrageaufrufe und -beantwortungen im Erhebungszeitraum. Es ist deutlich zu erkennen, dass die versendeten Erinnerungen Wirkung gezeigt haben und die Anzahl der Beantwortungen dadurch gesteigert werden konnte.

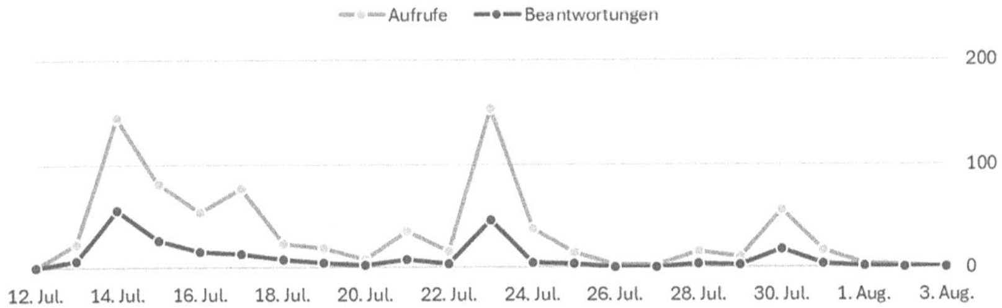


**Abbildung 4.1** Zeitlicher Verlauf der Umfrageaufrufe und –teilnahmen. (Eigene Darstellung auf Basis der erhobenen Daten)

Insgesamt wurden 222 Fragebögen beantwortet. Davon wurden 157 vollständig abgeschlossen, während 65 Teilnahmen vorzeitig beendet wurden. Unter den nicht abgeschlossenen Fällen befanden sich auch Teilnehmende, die den Fragebogen zwar vollständig ausgefüllt, jedoch nicht auf „Absenden" geklickt hatten. Ursache hierfür war vermutlich die technische Umsetzung des Gewinnspiels. Durch die Weiterleitung auf eine andere Seite kam es möglicherweise dazu, dass Teilnehmende nicht zur eigentlichen Umfrageseite zurückkehrten.

Eine Bereinigung der Daten hinsichtlich unvollständiger Datensätze sowie nicht zur Zielgruppe gehörender Teilnehmender wurde nach Abschluss der Feldphase durchgeführt und wird zu Beginn von *Abschnitt* 4.9 beschrieben.

Abbildung 4.2 fasst die Verbreitungswege und die jeweiligen Aufruf- bzw. Rücklaufquoten übersichtlich zusammen.

| Verbreitungsweg | angesprochene Personen | Aufrufe | Aufrufquote | Beantwortungen inkl. Abbrüche | Rücklaufquote (Ansprache) | Rücklaufquote (Aufrufe) |
|---|---|---|---|---|---|---|
| Internes Unternehmensnetzwerk | 680 | 504 | 74,1% | 170 | 25,0% | 33,7% |
| Lieferanten per E-Mail | 69 | 46 | 66,7% | 17 | 24,6% | 37,0% |
| WhatsApp Netzwerk | nicht genau bestimmbar | 66 | - | 20 | - | 30,3% |
| Öffentliche Beiträge in Berufsnetzwerken | offen (nicht kontrollierbar) | 113 | - | 10 | - | 8,8% |
| Gezielte Direktansprachen auf LinkedIn | 57 | 56 | 98,2% | 5 | 8,8% | 8,9% |

**Abbildung 4.2** Aufruf- und Rücklaufquoten je Verbreitungsweg. (Eigene Darstellung)

## 4.9 Analyse und Darstellung der erhobenen Daten

Nach Abschluss des Befragungszeitraums wurden die erhobenen Daten aus dem Umfrage-Tool (UmfrageOnline.com) exportiert. Diese Rohdaten wurden in weiteren Schritten zunächst hinsichtlich der definierten Zielgruppe bereinigt und anschließend für die Auswertung operationalisiert. Das genaue Vorgehen bei der Datenbereinigung und -aufbereitung sowie die anschließende Analyse werden in den folgenden Kapiteln beschrieben.

Für die Datenaufbereitung und Analyse kamen Microsoft Excel und PSPP zum Einsatz. Microsoft Excel wurde insbesondere für die manuelle Kodierung, die Strukturierung des Datensatzes sowie die Erstellung von Grafiken verwendet. Die statistische Auswertung erfolgte mit PSPP, einer Open-Source-Software, die funktional an SPSS angelehnt ist und eine kostenfreie Alternative zur IBM-Software darstellt.

### 4.9.1 Datenbereinigung und -aufbereitung

Zur Sicherstellung der Zielgruppenkonformität wurden die insgesamt 222 eingegangenen Fragebögen einer systematischen Bereinigung unterzogen. Dabei wurden alle Fälle ausgeschlossen, die nicht der vorab definierten Zielgruppe zugeordnet werden konnten. Im Einzelnen betraf dies 34 Teilnehmende, die keine Tätigkeit in der Automobilbranche angaben, 38 Befragte mit Dienstsitz außerhalb Deutschlands sowie 4 Fälle, in denen ausschließlich „OEM“ als Unternehmensart ausgewählt wurde. Zusätzlich wurden 3 Fälle entfernt, deren Rollenbezeichnung keinen klaren Bezug zur Produktentwicklung aufwiesen (Service, Qualitätsmanagement, Andere).

Nach Abschluss dieser Bereinigung verblieben 143 verwertbare Fälle im Datensatz. Davon wurden 109 vollständig ausgefüllte Fragebögen über die Absenden-Funktion übermittelt, während 34 weitere Teilnehmende die Umfrage zwar nicht formell abgeschlossen, jedoch alle Fragen vollständig beantwortet hatten. Aufgrund der inhaltlichen Vollständigkeit und Relevanz wurde entschieden, auch diese 34 Fälle in die Auswertung aufzunehmen. Die Gesamtfallzahl für die weitere Analyse beträgt somit n = 143.

Für die anschließende statistische Auswertung wurden die Umfragedaten der verbliebenen 143 Fälle in ein kodiertes Format überführt. Ziel dieses Schritts war es, die vorwiegend textbasierten Antworten in strukturierte numerische Variablen zu überführen, die sich mit gängigen Statistikprogrammen, in dieser Ausarbeitung PSPP, auswerten lassen. Die Kodierung stellt einen zentralen Bestandteil jeder quantitativen Datenauswertung dar, da sie die Grundlage für statistische Berechnungen und Gruppierungen bildet (vgl. Baur & Blasius, 2019, S. 459–463).

Die Kodierung erfolgte manuell in Microsoft Excel auf Basis des bereits bereinigten Datensatzes. Sämtliche Antwortformate wurden systematisch in Zahlenwerte überführt. Mehrfachantworten wurden mithilfe dichotomer Dummy-Variablen abgebildet, wobei jede Option eine eigene Spalte mit den Werten 1 für ausgewählt und 0 für nicht ausgewählt erhielt (vgl. Kielblock, 2024, S. 60).

Offene Freitextangaben, die sich eindeutig bestehenden Kategorien zuordnen ließen, wurden entsprechend umkodiert. Uneindeutige oder nicht interpretierbare Eingaben wurden entweder ausgeschlossen oder einer Sonderkategorie wie 99 für „Andere" zugewiesen. Nicht beantwortete Fragen aufgrund nicht beurteilbarer Skalenitems, wurden mit einem einheitlichen Wert wie 99 für „Keine Einschätzung möglich" kodiert.

Zusätzlich wurden mehrere Variablen neu gebildet, etwa zur Gruppierung von Unternehmensarten, zur Berechnung von Mittelwerten innerhalb einzelner Tätigkeitsfelder wie Konstruktion oder Anforderungsmanagement sowie zur Kennzeichnung der Datenqualität pro Fall anhand der Anzahl valider Bewertungen. Darüber hinaus wurde eine Variable erstellt, die zwischen Fachkräften und Führungskräften unterscheidet. Als Führungskräfte galten hierbei Personen in leitenden Positionen wie Projekt-, Team- oder Abteilungsleitung. Diese Ableitung ermöglicht es, in den bivariaten Analysen gezielt Unterschiede zwischen diesen beiden Gruppen zu untersuchen.

Wie in *Abschnitt* 4.5 bereits thematisiert, wichen die Antwortkategorien zur Unternehmensgröße im Fragebogen von den offiziellen EU-Definitionen ab. So wurde beispielsweise die Kategorie „11–50 Mitarbeitende“ angeboten, obwohl die offizielle Schwelle für kleine Unternehmen bei 10–49 Mitarbeitenden liegt. Zwei Teilnehmende wählten diese Kategorie.

Da im Nachhinein nicht eindeutig nachvollzogen werden konnte, welche Antwort diese Personen bei korrekt formulierten Kategorien gewählt hätten, wurde entschieden, sie der nächsthöheren Kategorie mittelgroße Unternehmen mit 50 bis 249 Mitarbeitenden zuzuordnen. Die Zuordnung erfolgte im Rahmen einer Umkodierung der Originalangaben in eine bereinigte Variable, um potenziell relevante Fälle nicht aus der Analyse auszuschließen.

Für die ebenfalls abweichend benannte Kategorie „51 bis 250“ wurde keine Korrektur vorgenommen, um die Fallzahl innerhalb der mittleren Unternehmensgrößenklasse nicht weiter zu verringern.

Alle vorgenommenen Kodierungen und Variablen sind in *Anhang 2* im elektronischen Zusatzmaterial in einem strukturierten Codebook (vgl. Baur & Blasius, 2019, S. 468–469) dokumentiert.

### 4.9.2 Häufigkeitsverteilungen

Häufigkeitsverteilungen gehören zu den grundlegenden Verfahren der Datenauswertung. Sie eignen sich besonders zur Beschreibung nominalskalierter Variablen, da auf diesen Skalenniveaus vor allem die Anzahl der Fälle pro Ausprägung betrachtet werden kann (vgl. Döring & Bortz, 2016, S. 238). Zur Darstellung werden dabei absolute und relative Häufigkeiten herangezogen.

Zugleich stellen Häufigkeitszählungen einen wichtigen ersten Schritt jeder Datenauswertung dar, da sie neben einem Überblick über die Verteilungen auch Hinweise auf fehlerhafte Codierungen oder fehlende Werte liefern können (vgl. Braunecker, 2023, S. 143).

Im Folgenden werden die Häufigkeitsverteilungen der im Rahmen der Befragung erhobenen Variablen dargestellt, um einen ersten Überblick über die Zusammensetzung der Stichprobe sowie zentrale Merkmalsausprägungen zu gewinnen.

**Verteilung der Befragten nach Verbreitungsweg**

Von den 143 gültigen Fällen entfielen 115 auf das interne Unternehmensnetzwerk. Mit einem Anteil von 80,4 % war dieser Kanal mit großem Abstand der wirksamste Verbreitungsweg. Deutlich geringer fiel die Resonanz auf Einladungen durch Lieferanten per E-Mail aus (17 Fälle bzw. 11,9 %). Weitere Teilnahmen wurden über WhatsApp-Netzwerke (4 Fälle; 2,8 %), öffentliche Beiträge in Berufsnetzwerken (3

Fälle; 2,1 %) sowie gezielte Direktansprachen auf LinkedIn (4 Fälle; 2,8 %) erzielt (Abbildung 4.3).

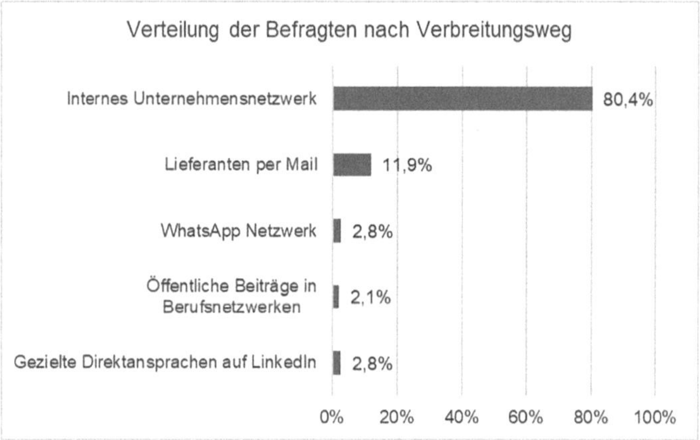


**Abbildung 4.3** Verteilung der Befragten nach Verbreitungsweg. (Eigene Darstellung, Auswertung PSPP)

### Verteilung der Befragten nach Zugang zu KI-gestützten Tools oder Pilotprojekte

Von den Befragten gaben 93 Personen (65,0 %) an, dass in ihrem Bereich aktuell Zugang zu KI-gestützten Tools besteht oder Pilotprojekte laufen. 23 Personen (16,1 %) verneinten dies, während in 27 Fällen (18,9 %) nicht bekannt war, ob entsprechende Aktivitäten im Unternehmen stattfinden (Abbildung 4.4).

### Verteilung der Befragten nach Unternehmensgrößen

Die überwiegende Mehrheit der Teilnehmenden stammt aus großen Unternehmen mit 250 oder mehr Mitarbeitenden. Mit 134 Personen (93,7 %) dominieren diese eindeutig die Stichprobe. Lediglich 9 Befragte (6,3 %) waren in mittelgroßen Unternehmen mit 50 bis 249 Beschäftigten tätig. Kleine Unternehmen sind nicht enthalten, da sie im Rahmen der Stichprobenbereinigung und Umkodierung aus dem Datensatz entfernt wurden (Abbildung 4.5).

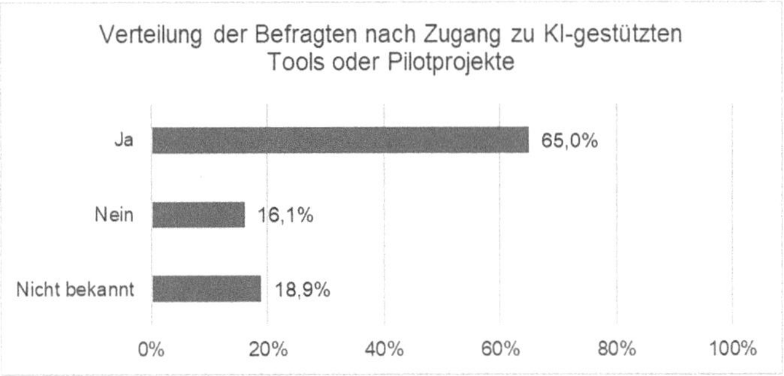


**Abbildung 4.4** Verteilung der Befragten nach Zugang zu KI-Tools/Pilotprojekte. (Eigene Darstellung, Auswertung PSPP)

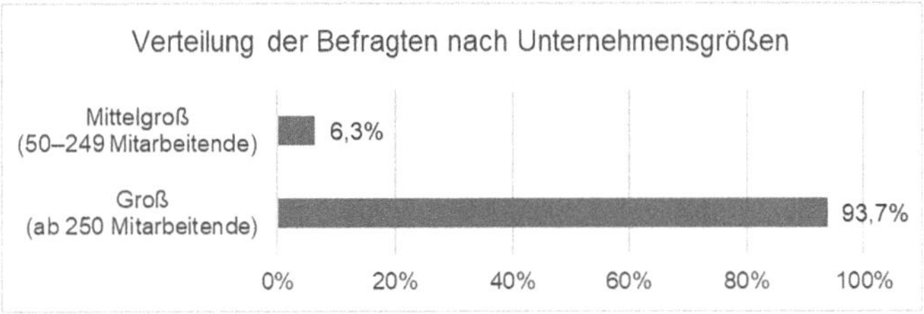


**Abbildung 4.5** Verteilung der Befragten nach Unternehmensgrößen. (Eigene Darstellung, Auswertung PSPP)

**Verteilung der Befragten nach Unternehmenstyp**

Von den 143 gültigen Fällen stammen 115 Rückmeldungen (80,4 %) aus Unternehmen, die ausschließlich als Zulieferer tätig sind und keine eigenständigen Entwicklungsdienstleistungen erbringen. Reine Entwicklungsdienstleister machen 17 Fälle (11,9 %) der Stichprobe aus. Weitere 11 Befragte (7,7 %) ordneten ihr Unternehmen sowohl als Zulieferer als auch als Entwicklungsdienstleister ein (Abbildung 4.6).

Die Frage zur Unternehmensart erlaubte Mehrfachnennungen, da viele Unternehmen in mehreren Rollen tätig sind, zum Beispiel als Tier-1-Zulieferer und gleichzeitig als Entwicklungsdienstleister.

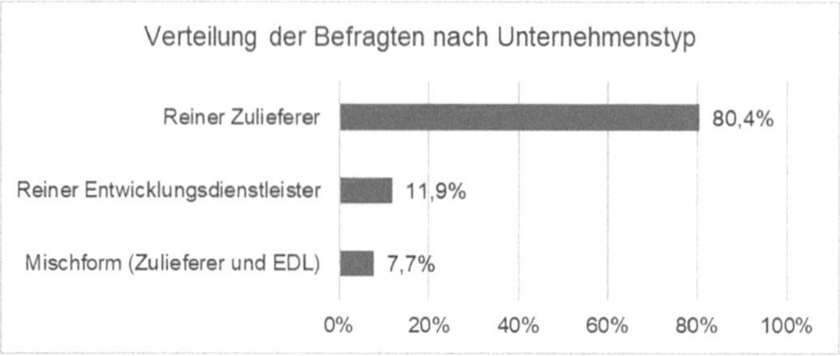


**Abbildung 4.6** Verteilung der Befragten nach Unternehmenstyp. (Eigene Darstellung, Auswertung PSPP)

**Verteilung der Befragten nach beruflichen Rollen**

In Bezug auf die berufliche Rolle gaben 71 Teilnehmende (49,7 %) an, als Entwicklungsingenieur tätig zu sein. Konstruktionsingenieure stellten 28 Fälle (19,6 %) der Stichprobe. Weitere Rollen waren Berechnungs- oder Simulationsingenieure mit 7 Nennungen (4,9 %), Versuchs- und Validierungsingenieure mit 2 Nennungen (1,4 %) sowie Projektleiter mit 4 Fällen (2,8 %). 13 Befragte (9,1 %) arbeiteten als Team- oder Gruppenleiter, während 18 Personen (12,6 %) eine Position als Abteilungs- oder Bereichsleiter innehatten. Insgesamt entfielen 108 Antworten (75,5 %) auf Fachkräfte und 35 Antworten (24,5 %) auf Führungskräfte (Abbildung 4.7).

**Verteilung der Befragten nach Geschlechtsidentität**

124 Teilnehmende (86,7 %) identifizierten sich als männlich. 13 Personen (9,1 %) gaben an, weiblich zu sein. Eine Person (0,7 %) ordnete sich der Kategorie divers zu. 5 Teilnehmende (3,5 %) machten keine Angabe zur Geschlechtsidentität (Abbildung 4.8).

**Verteilung der Befragten nach Altersgruppen**

59 Teilnehmende (41,3 %) gehörten zur Altersgruppe der 30- bis 39-Jährigen und stellten damit die größte Gruppe innerhalb der Stichprobe. 35 Personen (24,5 %) waren zwischen 40 und 49 Jahre alt, gefolgt von 21 Befragten (14,7 %) im Alter von 50 bis 59 Jahren. Zur Gruppe der 16- bis 29-Jährigen zählten 20 Personen (14,0 %). Die kleinste Gruppe bildeten die über 60-Jährigen mit 8 Teilnehmenden (5,6 %) (Abbildung 4.9).

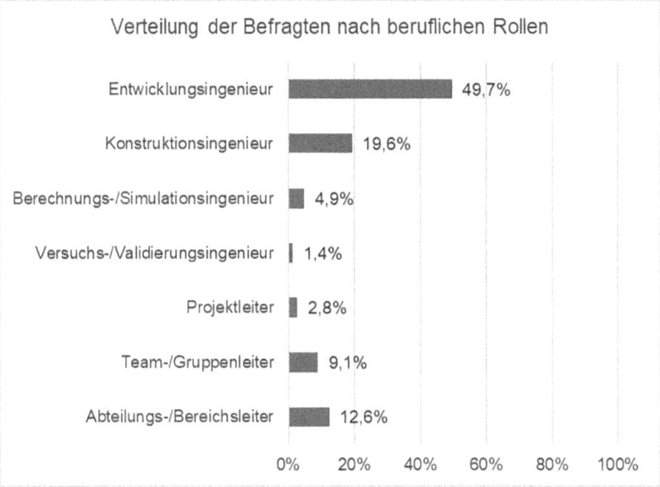


**Abbildung 4.7** Verteilung der Befragten nach beruflichen Rollen. (Eigene Darstellung, Auswertung PSPP)

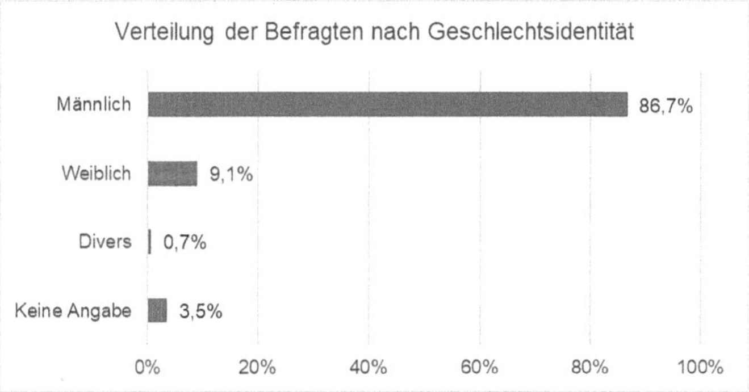


**Abbildung 4.8** Verteilung der Befragten nach Geschlechtsidentität. (Eigene Darstellung, Auswertung PSPP)

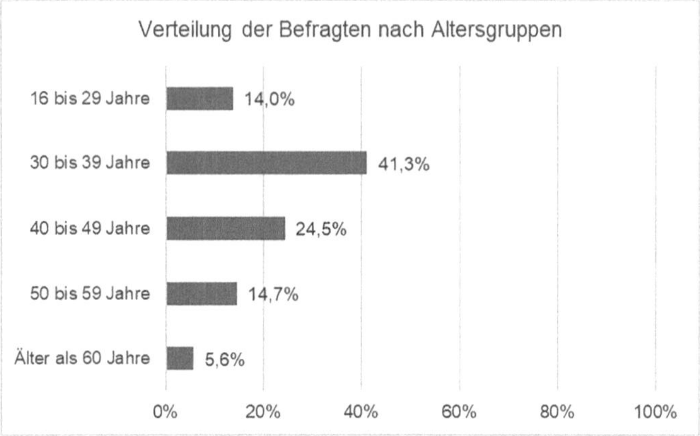


**Abbildung 4.9** Verteilung der Befragten nach Altersgruppen. (Eigene Darstellung, Auswertung PSPP)

**Verteilung der Befragten nach Bildungsabschluss**
57 Teilnehmende (39,9 %) verfügten über einen Master- oder Diplomabschluss und bildeten damit die größte Gruppe. 38 Personen (26,6 %) gaben einen Bachelorabschluss an. 31 Befragte (21,7 %) hatten einen Abschluss als Techniker oder Meister, während 12 Personen (8,4 %) eine Berufsausbildung als höchsten Bildungsgrad angaben. Bei 5 Fällen (3,5 %) ließen sich die Angaben nicht eindeutig einem Abschlussniveau zuordnen und wurden gesondert erfasst. Insgesamt verfügten damit 95 Teilnehmende (66,4 %) über einen Hochschulabschluss (Abbildung 4.10).

### 4.9.3 Univariate Analysen

Die univariate Analyse betrachtet und beschreibt jeweils eine einzelne Variable. Ziel ist es, deren Werte verständlich und übersichtlich darzustellen und gleichzeitig zu prüfen, ob eine ausreichende Variabilität und Datenqualität vorliegen. Da bei großen Datensätzen nicht jede Beobachtung einzeln gezeigt werden kann, werden Kennwerte verwendet, die typische Tendenzen und Auffälligkeiten zusammenfassen (vgl. Kielblock, 2024, S. 83–84).

Im Folgenden handelt es sich bei den betrachteten Variablen überwiegend um ordinalskalierte Daten. Dennoch wurden Kennwerte wie Median, Modalwert und

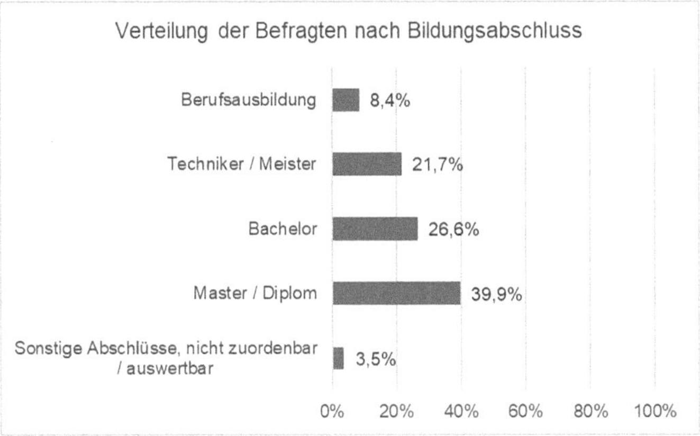


**Abbildung 4.10** Verteilung der Befragten nach Bildungsabschluss. (Eigene Darstellung, Auswertung PSPP)

Standardabweichung berechnet, die üblicherweise für metrisch skalierte Variablen verwendet werden. Dadurch wird eine präzisere Darstellung der Ergebnisse ermöglicht.

**Allgemeine Erfahrung der Befragten mit dem Thema Künstliche Intelligenz**
58 Befragte (40,6 %) hatten erste Berührungspunkte mit Künstlicher Intelligenz gesammelt und 54 Personen (37,8 %) verfügten über Grundkenntnisse im Umgang damit. Regelmäßige Anwendung gaben 19 Teilnehmende (13,3 %) an, tiefergehendes Know-how 4 Personen (2,8 %). Keine Erfahrung berichteten 8 Teilnehmende (5,6 %). Der Median lag bei 3 („Grundkenntnisse"), der Modalwert bei „Erste Berührungspunkte". Die Standardabweichung betrug 0,88, der Wertebereich reichte von 1 („Keine Erfahrung") bis 5 („Tiefergehendes Know-how") (Abbildung 4.11).

Die Auswertung zeigt, dass die Mehrheit der Befragten Grundkenntnisse oder erste Berührungspunkte mit Künstlicher Intelligenz hat.

**Einstellung der Befragten zum Einsatz von KI im beruflichen Umfeld**
59 Befragte (41,3 %) standen dem Einsatz von KI offen gegenüber, 41 Personen (28,7 %) sogar sehr offen. Neutral waren 25 Teilnehmende (17,5 %), skeptisch 16 Personen (11,2 %) und sehr skeptisch 2 Teilnehmende (1,4 %). Der Median lag bei 4 („offen"), der Modalwert ebenfalls bei „offen". Die Standardabweichung

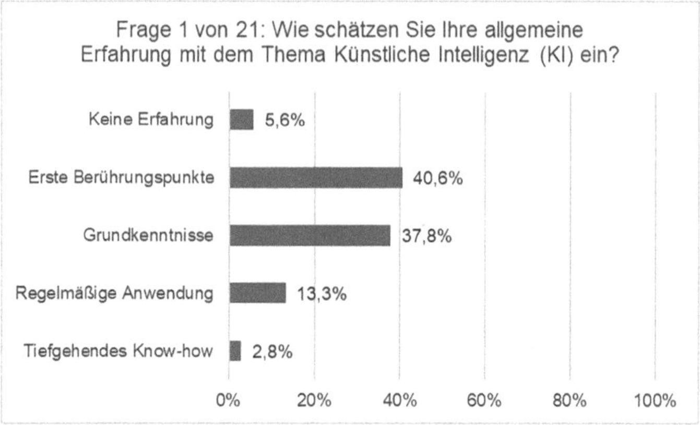


**Abbildung 4.11** Allgemeine Erfahrung mit KI. (Eigene Darstellung, Auswertung PSPP)

betrug 1,01, der Wertebereich reichte von 1 („sehr skeptisch") bis 5 („sehr offen") (Abbildung 4.12).

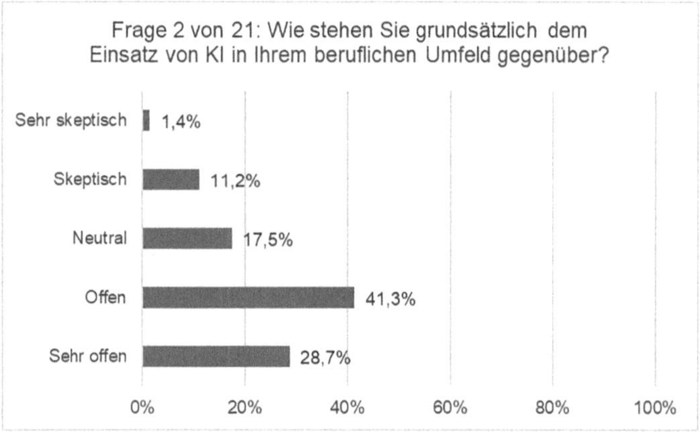


**Abbildung 4.12** Einstellung zum KI-Einsatz im beruflichen Umfeld. (Eigene Darstellung, Auswertung PSPP)

Die Auswertung zeigt, dass die Mehrheit der Befragten dem Einsatz von KI im beruflichen Umfeld offen oder sehr offen gegenübersteht.

**Häufigkeit des Einsatzes von KI-Anwendungen im Berufsalltag der Befragten**
35 Personen (24,5 %) nutzten KI-Anwendungen seltener als 1 Mal pro Monat. Ebenfalls 35 Personen (24,5 %) gaben an, KI 1–3 Mal pro Monat einzusetzen. 30 Teilnehmende (21,0 %) verwendeten KI 1–3 Mal pro Woche und 17 Personen (11,9 %) täglich. 26 Befragte (18,2 %) gaben an, KI nie zu nutzen. Der Median lag bei 3 („1–3 Mal pro Monat"), der Modalwert bei „seltener als 1 Mal pro Monat". Die Standardabweichung lag bei 1,28, der Wertebereich reichte von 1 („nie") bis 5 („täglich") (Abbildung 4.13).

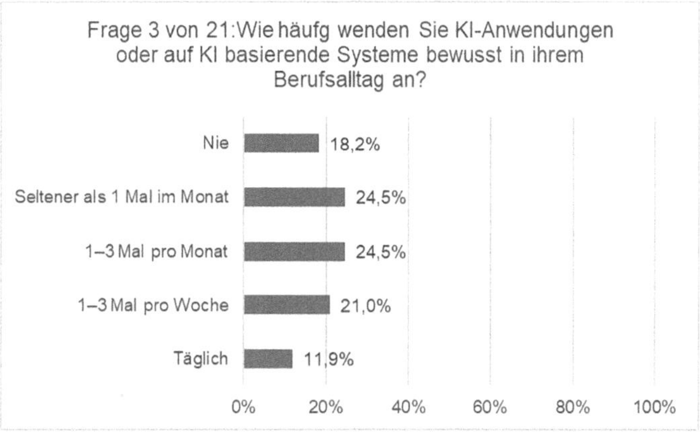


**Abbildung 4.13** Einsatzhäufigkeit von KI im Berufsalltag. (Eigene Darstellung, Auswertung PSPP)

Die Auswertung zeigt, dass die Mehrheit der Befragten KI-Anwendungen im Berufsalltag selten bis mehrmals pro Monat nutzt.

**Subjektives Informationsniveau der Befragten zum KI-Einsatz im Unternehmen**
62 Befragte (43,4 %) fühlten sich nur wenig über den Einsatz von Künstlicher Intelligenz im eigenen Unternehmen informiert, 48 Personen (33,6 %) teilweise. 22 Teilnehmende (15,4 %) gaben an, gar nicht informiert zu sein, während 8 Befragte (5,6 %) sich gut und 3 Personen (2,1 %) sehr gut informiert fühlten. Der

Median lag bei „wenig", der Modalwert ebenfalls bei „wenig". Die Standardabweichung betrug 0,88, der Wertebereich reichte von 1 („gar nicht") bis 5 („sehr gut") (Abbildung 4.14).

**Abbildung 4.14** Subjektives Informationsniveau zum KI-Einsatz im Unternehmen. (Eigene Darstellung, Auswertung PSPP)

Die Auswertung zeigt, dass sich die meisten Befragten nur wenig oder teilweise über den Einsatz von KI im eigenen Unternehmen informiert fühlen.

**Einschätzung der Befragten zur unternehmensseitigen Informationsweitergabe**

62 Befragte (43,4 %) stimmten der Aussage, dass ihr Unternehmen regelmäßig über Entwicklungen und Einsatzmöglichkeiten von Künstlicher Intelligenz informiert, eher nicht zu. 33 Personen (23,1 %) stimmten teilweise zu, 28 Teilnehmende (19,6 %) stimmten gar nicht zu. 16 Befragte (11,2 %) stimmten eher zu, und lediglich 4 Teilnehmende (2,8 %) stimmten voll zu. Der Median lag bei „stimme eher nicht zu", der Modalwert ebenfalls bei „stimme eher nicht zu". Die Standardabweichung betrug 1,01, der Wertebereich reichte von 1 („stimme gar nicht zu") bis 5 („stimme voll zu") (Abbildung 4.15).

Die Auswertung zeigt, dass die Mehrheit der Befragten angibt, von ihrem Unternehmen eher nicht oder gar nicht regelmäßig über Entwicklungen und Einsatzmöglichkeiten von KI informiert zu werden.

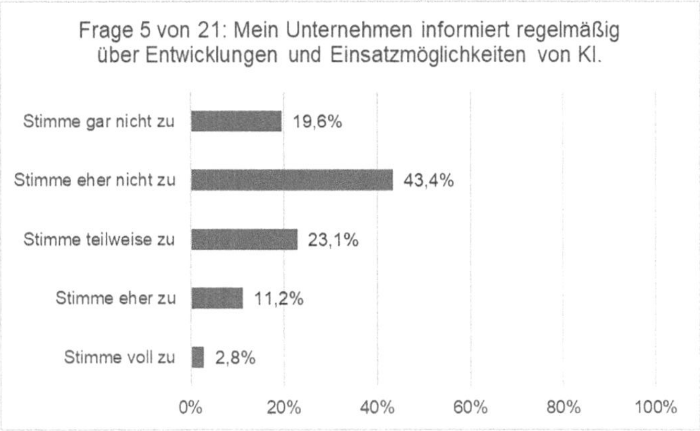


**Abbildung 4.15** Einschätzung zur unternehmensseitigen Informationsweitergabe. (Eigene Darstellung, Auswertung PSPP)

### Angaben der Befragten zu KI-Schulungs- und Weiterbildungsangeboten in Unternehmen

88 Befragte (61,5 %) gaben an, dass es in ihrem Unternehmen keine Schulungs- oder Weiterbildungsangebote zum Thema Künstliche Intelligenz gibt. 39 Teilnehmende (27,3 %) machten keine Angabe („Ich weiß es nicht“). 15 Personen (10,5 %) berichteten von gelegentlichen Angeboten, und lediglich 1 Befragter (0,7 %) nannte ein regelmäßiges Angebot. Unter den gültigen Antworten lag der Median bei „kein Angebot“, der Modalwert ebenfalls bei „kein Angebot“. Die Standardabweichung betrug 0,40, der Wertebereich reichte von 1 („regelmäßiges Angebot“) bis 3 („kein Angebot“) (Abbildung 4.16).

Die Auswertung zeigt, dass die Mehrheit der Befragten in ihrem Unternehmen keine Schulungs- oder Weiterbildungsangebote zum Thema KI angibt.

Für die folgenden Auswertungen der Einschätzungen des Nutzenpotenzial von KI in den einzelnen Tätigkeitsfeldern der Produktentwicklung wurden alle statistischen Kennwerte, einschließlich der Prozentangaben, auf Basis der gültigen Antworten (Werte 1–5) berechnet. Fälle mit der Angabe „Keine Einschätzung möglich“ (99) wurden ausgeschlossen. Der jeweilige Anteil dieser ungültigen Antworten wird in den einzelnen Absätzen ausgewiesen.

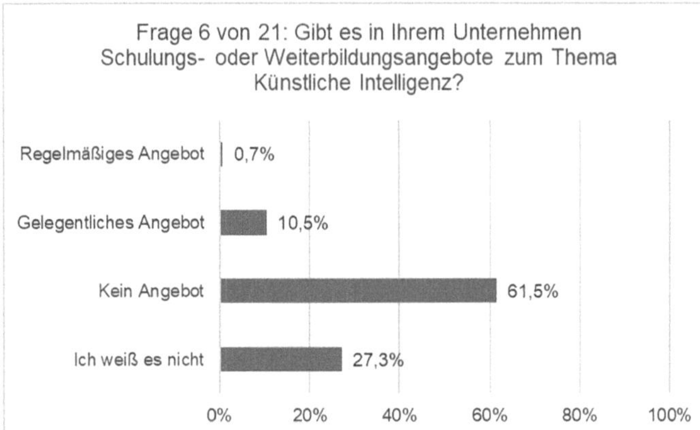


**Abbildung 4.16** KI-Schulungs- und Weiterbildungsangebote in Unternehmen. (Eigene Darstellung, Auswertung PSPP)

## Einschätzungen der Befragten zum KI-Nutzenpotenzial im Anforderungsmanagement

Für die einzelnen Schritte des Anforderungsmanagements ergaben sich folgende Einschätzungen zum Nutzenpotenzial von KI.

Der *Datenerhebung* wurde überwiegend ein sehr hohes Potenzial (50,4 %) oder ein hohes Potenzial (40,3 %) zugesprochen. Ein mittleres Potenzial sahen 7,9 % und ein geringes Potenzial 1,4 %. Der Median lag bei „sehr hohes Potenzial", der Modalwert ebenfalls bei „sehr hohes Potenzial". Die Standardabweichung betrug 0,70, der Wertebereich reichte von 2 („geringes Potenzial") bis 5 („sehr hohes Potenzial"). Der Anteil ungültiger Antworten lag bei 2,8 %.

Der *Dokumentation* wurde überwiegend ein hohes Potenzial (54,0 %) oder ein sehr hohes Potenzial (31,7 %) für den Einsatz von KI zugesprochen. Ein mittleres Potenzial sahen 10,8 %, ein geringes Potenzial 2,2 % und kein Potenzial 1,4 %. Der Median lag bei „hohes Potenzial", der Modalwert ebenfalls bei „hohes Potenzial". Die Standardabweichung betrug 0,79, der Wertebereich reichte von 1 („kein Potenzial") bis 5 („sehr hohes Potenzial"). Der Anteil ungültiger Antworten lag bei 2,8 %.

Der *Validierung* wurde überwiegend ein hohes Potenzial (38,6 %) oder ein mittleres Potenzial (24,3 %) für den Nutzen von KI zugesprochen. Ein sehr hohes Potenzial sahen 19,3 %, ein geringes Potenzial 16,4 % und kein Potenzial 1,4 %.

Der Median lag bei „hohes Potenzial“, der Modalwert ebenfalls bei „hohes Potenzial“. Die Standardabweichung betrug 1,03, der Wertebereich reichte von 1 („kein Potenzial“) bis 5 („sehr hohes Potenzial“). Der Anteil ungültiger Antworten lag bei 2,1 %.

Der *Verwaltung* wurde überwiegend ein hohes Potenzial (34,8 %) oder ein mittleres Potenzial (32,6 %) für den Nutzen von KI zugesprochen. Ein sehr hohes Potenzial sahen 17,7 %, ein geringes Potenzial 12,8 % und kein Potenzial 2,1 %. Der Median lag bei „hohes Potenzial“, der Modalwert ebenfalls bei „hohes Potenzial“. Die Standardabweichung betrug 1,00, der Wertebereich reichte von 1 („kein Potenzial“) bis 5 („sehr hohes Potenzial“). Der Anteil ungültiger Antworten lag bei 1,4 % (Abbildung 4.17).

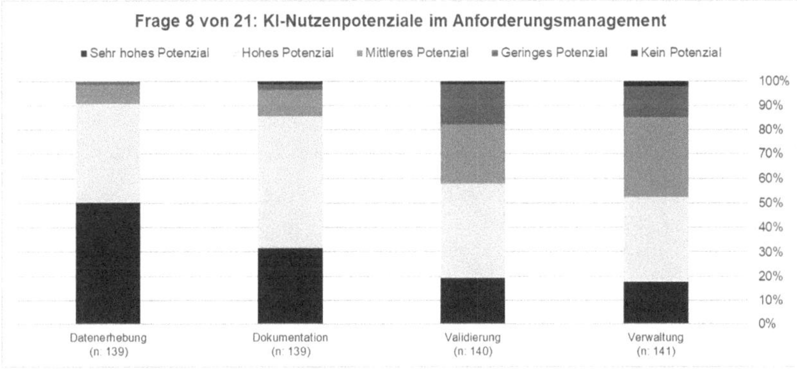


**Abbildung 4.17** KI-Nutzenpotenzial im Anforderungsmanagement. (Eigene Darstellung, Auswertung PSPP)

Die Auswertung zeigt, dass die Befragten im Schritt Datenerhebung mehrheitlich ein sehr hohes oder hohes Potenzial für den Einsatz von KI sehen. Im Schritt Dokumentation wird der Nutzen überwiegend mit hohem oder sehr hohem Potenzial eingeschätzt. Für den Schritt Validierung wird der Nutzen vor allem mit hohem oder mittlerem Potenzial bewertet. Im Schritt Verwaltung sehen die Befragten überwiegend ein hohes oder mittleres Potenzial.

### Einschätzungen der Befragten zum KI-Nutzenpotenzial zur Problemlösungs- und Entscheidungsfindung

Im Schritt *Lösungssuche* des Tätigkeitsfelds Problemlösungs- und Entscheidungsfindung wurde dem Einsatz von KI überwiegend ein mittleres Potenzial (39,4 %)

oder ein hohes Potenzial (32,8 %) zugesprochen. Ein sehr hohes Potenzial sahen 10,2 %, ein geringes Potenzial 16,1 % und kein Potenzial 1,5 %. Der Median lag bei „mittleres Potenzial“, der Modalwert ebenfalls bei „mittleres Potenzial“. Die Standardabweichung betrug 0,92, der Wertebereich reichte von 1 („kein Potenzial“) bis 5 („sehr hohes Potenzial“). Der Anteil ungültiger Antworten lag bei 4,2 %.

Im Schritt *Lösungsbewertung und -vergleich* wurde dem Einsatz von KI überwiegend ein hohes Potenzial (45,0 %) oder ein mittleres Potenzial (27,1 %) zugesprochen. Ein sehr hohes Potenzial sahen 16,4 %, ein geringes Potenzial 9,3 % und kein Potenzial 2,1 %. Der Median lag bei „hohes Potenzial“, der Modalwert ebenfalls bei „hohes Potenzial“. Die Standardabweichung betrug 0,94, der Wertebereich reichte von 1 („kein Potenzial“) bis 5 („sehr hohes Potenzial“). Der Anteil ungültiger Antworten lag bei 2,1 %.

Im Schritt *Entscheidungsfindung* überwog ein mittleres Potenzial (36,0 %) oder ein hohes Potenzial (29,5 %). Ein geringes Potenzial sahen 21,6 %, ein sehr hohes Potenzial 7,9 % und kein Potenzial 5,0 %. Der Median lag bei „mittleres Potenzial“, der Modalwert ebenfalls bei „mittleres Potenzial“. Die Standardabweichung betrug 1,01, der Wertebereich reichte von 1 („kein Potenzial“) bis 5 („sehr hohes Potenzial“). Der Anteil ungültiger Antworten lag bei 2,8 % (Abbildung 4.18).

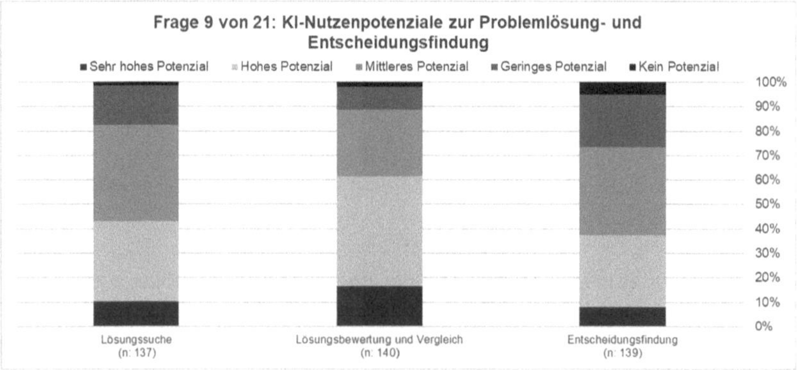


**Abbildung 4.18** KI-Nutzenpotenzial Problemlösungs- und Entscheidungsfindung. (Eigene Darstellung, Auswertung PSPP)

Die Auswertung zeigt, dass die Befragten im Schritt Lösungssuche mehrheitlich ein mittleres oder hohes Potenzial für den Einsatz von KI sehen. Im Schritt Lösungsbewertung und -vergleich wird der Nutzen überwiegend mit hohem oder mittlerem

Potenzial eingeschätzt. Für den Schritt Entscheidungsfindung wird der Nutzen vor allem mit mittlerem oder hohem Potenzial bewertet.

**Einschätzungen der Befragten zum KI-Nutzenpotenzial in der Konstruktion**
Im Schritt *3D-Modellierung* des Tätigkeitsfelds Konstruktion wurde dem Einsatz von KI überwiegend ein geringes Potenzial (35,7 %) oder ein mittleres Potenzial (31,0 %) zugesprochen. Ein hohes Potenzial sahen 21,4 %, ein sehr hohes Potenzial 7,9 % und kein Potenzial 4,0 %. Der Median lag bei „mittleres Potenzial", der Modalwert bei „geringes Potenzial". Die Standardabweichung betrug 1,03, der Wertebereich reichte von 1 („kein Potenzial") bis 5 („sehr hohes Potenzial"). Der Anteil ungültiger Antworten lag bei 11,9 %.

Im Schritt *2D-Zeichnungserstellung* des Tätigkeitsfelds Konstruktion wurde dem Einsatz von KI überwiegend ein hohes Potenzial (41,5 %) oder ein sehr hohes Potenzial (26,7 %) zugesprochen. Ein mittleres Potenzial sahen 19,3 %, ein geringes Potenzial 11,1 % und kein Potenzial 1,5 %. Der Median lag bei „hohes Potenzial", der Modalwert ebenfalls bei „hohes Potenzial". Die Standardabweichung betrug 1,00, der Wertebereich reichte von 1 („kein Potenzial") bis 5 („sehr hohes Potenzial"). Der Anteil ungültiger Antworten lag bei 5,6 %.

Im Schritt *Stücklistenerstellung* wurde dem Einsatz von KI überwiegend ein sehr hohes Potenzial (47,9 %) oder ein hohes Potenzial (40,0 %) zugesprochen. Ein mittleres Potenzial sahen 10,7 % und ein geringes Potenzial 1,4 %. Der Median lag bei „hohes Potenzial", der Modalwert bei „sehr hohes Potenzial". Die Standardabweichung betrug 0,73, der Wertebereich reichte von 2 („geringes Potenzial") bis 5 („sehr hohes Potenzial"). Der Anteil ungültiger Antworten lag bei 2,1 %.

Im Schritt Nutzung von *Konstruktionskatalogen* wurde dem Einsatz von KI überwiegend ein hohes Potenzial (47,1 %) oder ein sehr hohes Potenzial (24,3 %) zugesprochen. Ein mittleres Potenzial sahen 19,1 %, ein geringes Potenzial 8,1 % und kein Potenzial 1,5 %. Der Median lag bei „hohes Potenzial", der Modalwert ebenfalls bei „hohes Potenzial". Die Standardabweichung betrug 0,93, der Wertebereich reichte von 1 („kein Potenzial") bis 5 („sehr hohes Potenzial"). Der Anteil ungültiger Antworten lag bei 4,9 % (Abbildung 4.19).

Die Auswertung zeigt, dass die Befragten im Schritt 3D-Modellierung mehrheitlich ein geringes oder mittleres Potenzial für den Einsatz von KI sehen. Im Schritt 2D-Zeichnungserstellung wird der Nutzen überwiegend mit hohem oder sehr hohem Potenzial eingeschätzt. Für den Schritt Stücklistenerstellung wird der Nutzen vor allem mit sehr hohem oder hohem Potenzial bewertet. Im Schritt Nutzung von Konstruktionskatalogen sehen die Befragten überwiegend ein hohes oder sehr hohes Potenzial.

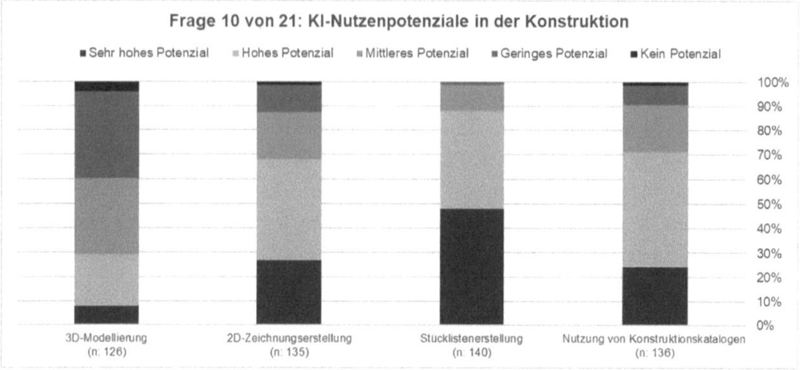


**Abbildung 4.19** KI-Nutzenpotenzial in der Konstruktion. (Eigene Darstellung, Auswertung PSPP)

### Einschätzungen der Befragten zum KI-Nutzenpotenzial zum Design for Manufacturing

Im Schritt *Vereinfachung der Produktstruktur* des Tätigkeitsfelds Design for Manufacturing wurde dem Einsatz von KI überwiegend ein mittleres Potenzial (45,8 %) oder ein geringes Potenzial (27,5 %) zugesprochen. Ein hohes Potenzial sahen 16,8 %, ein sehr hohes Potenzial 5,3 % und kein Potenzial 4,6 %. Der Median lag bei „mittleres Potenzial", der Modalwert ebenfalls bei „mittleres Potenzial". Die Standardabweichung betrug 0,92, der Wertebereich reichte von 1 („kein Potenzial") bis 5 („sehr hohes Potenzial"). Der Anteil ungültiger Antworten lag bei 8,4 %.

Im Schritt *Fertigungsgerechte Auslegung* wurde dem Einsatz von KI überwiegend ein hohes Potenzial (35,8 %) oder ein mittleres Potenzial (26,9 %) zugesprochen. Ein geringes Potenzial sahen 20,9 %, ein sehr hohes Potenzial 14,2 % und kein Potenzial 2,2 %. Der Median lag bei „hohes Potenzial", der Modalwert ebenfalls bei „hohes Potenzial". Die Standardabweichung betrug 1,04, der Wertebereich reichte von 1 („kein Potenzial") bis 5 („sehr hohes Potenzial"). Der Anteil ungültiger Antworten lag bei 6,3 % (Abbildung 4.20).

Die Auswertung zeigt, dass die Befragten im Schritt Vereinfachung der Produktstruktur mehrheitlich ein mittleres oder geringes Potenzial für den Einsatz von KI sehen. Im Schritt Fertigungsgerechte Auslegung wird der Nutzen überwiegend mit hohem oder mittlerem Potenzial eingeschätzt.

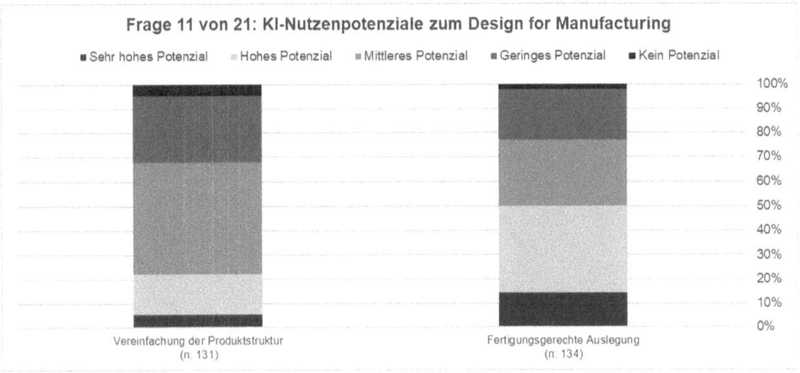


**Abbildung 4.20** KI-Nutzenpotenzial zum Design for Manufacturing. (Eigene Darstellung, Auswertung PSPP)

## Einschätzungen der Befragten zum KI-Nutzenpotenzial in der FEM-Simulation

Im Schritt *Modellaufbau* des Tätigkeitsfelds FEM-Simulation wurde dem Einsatz von KI überwiegend ein hohes Potenzial (46,2 %) oder ein sehr hohes Potenzial (24,4 %) zugesprochen. Ein mittleres Potenzial sahen 19,3 %, ein geringes Potenzial 9,2 % und kein Potenzial 0,8 %. Der Median lag bei „hohes Potenzial", der Modalwert ebenfalls bei „hohes Potenzial". Die Standardabweichung betrug 0,93, der Wertebereich reichte von 1 („kein Potenzial") bis 5 („sehr hohes Potenzial"). Der Anteil ungültiger Antworten lag bei 16,8 %.

Im Schritt *Lastfalldefinition* wurde dem Einsatz von KI überwiegend ein hohes Potenzial (33,3 %) oder ein mittleres Potenzial (29,7 %) zugesprochen. Ein geringes Potenzial sahen 23,4 %, ein sehr hohes Potenzial 10,8 % und kein Potenzial 2,7 %. Der Median lag bei „mittleres Potenzial", der Modalwert bei „hohes Potenzial". Die Standardabweichung betrug 1,02, der Wertebereich reichte von 1 („kein Potenzial") bis 5 („sehr hohes Potenzial"). Der Anteil ungültiger Antworten lag bei 22,4 %.

Im Schritt *Numerische Berechnung* wurde dem Einsatz von KI überwiegend ein hohes Potenzial (46,4 %) oder ein sehr hohes Potenzial (31,8 %) zugesprochen. Ein mittleres Potenzial sahen 14,5 %, ein geringes Potenzial 5,5 % und kein Potenzial 1,8 %. Der Median lag bei „hohes Potenzial", der Modalwert ebenfalls bei „hohes Potenzial". Die Standardabweichung betrug 0,92, der Wertebereich reichte von 1 („kein Potenzial") bis 5 („sehr hohes Potenzial"). Der Anteil ungültiger Antworten lag bei 23,1 %.

Im Schritt *Analyse* wurde dem Einsatz von KI überwiegend ein mittleres Potenzial (33,3 %) oder ein hohes Potenzial (29,4 %) zugesprochen. Ein geringes Potenzial sahen 22,2 %, ein sehr hohes Potenzial 10,3 % und kein Potenzial 4,8 %. Der Median lag bei „mittleres Potenzial", der Modalwert ebenfalls bei „mittleres Potenzial". Die Standardabweichung betrug 1,05, der Wertebereich reichte von 1 („kein Potenzial") bis 5 („sehr hohes Potenzial"). Der Anteil ungültiger Antworten lag bei 11,9 % (Abbildung 4.21).

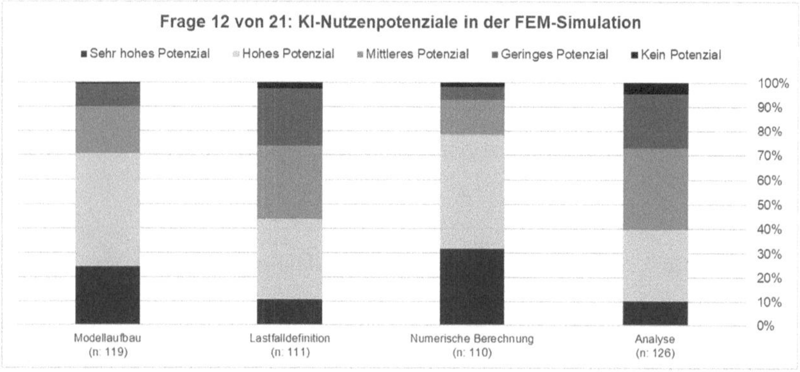


**Abbildung 4.21** KI-Nutzenpotenzial in der FEM-Simulation. (Eigene Darstellung, Auswertung PSPP)

Die Auswertung zeigt, dass die Befragten im Schritt Modellaufbau mehrheitlich ein hohes oder sehr hohes Potenzial für den Einsatz von KI sehen. Im Schritt Lastfalldefinition wird der Nutzen überwiegend mit hohem oder mittlerem Potenzial eingeschätzt. Für den Schritt Berechnung wird der Nutzen vor allem mit hohem oder sehr hohem Potenzial bewertet. Im Schritt Analyse sehen die Befragten überwiegend ein mittleres oder hohes Potenzial.

**Einschätzungen der Befragten zum KI-Nutzenpotenzial in der Teamarbeit, Kommunikation und im Wissensmanagement**

Im Schritt *Dokumentation und Protokollierung* des Tätigkeitsfelds Teamarbeit, Kommunikation und Wissensmanagement wurde dem Einsatz von KI überwiegend ein hohes Potenzial (40,7 %) oder ein sehr hohes Potenzial (37,1 %) zugesprochen. Ein mittleres Potenzial sahen 13,6 %, ein geringes Potenzial 7,9 % und kein Potenzial 0,7 %. Der Median lag bei „hohes Potenzial", der Modalwert ebenfalls bei „hohes Potenzial". Die Standardabweichung betrug 0,94, der Wertebereich reichte von 1

(„kein Potenzial") bis 5 („sehr hohes Potenzial"). Der Anteil ungültiger Antworten lag bei 2,1 %.

Im Schritt *Dokumentenmanagement* wurde dem Einsatz von KI überwiegend ein hohes Potenzial (41,3 %) oder ein sehr hohes Potenzial (34,1 %) zugesprochen. Ein mittleres Potenzial sahen 15,9 %, ein geringes Potenzial 8,0 % und kein Potenzial 0,7 %. Der Median lag bei „hohes Potenzial", der Modalwert ebenfalls bei „hohes Potenzial". Die Standardabweichung betrug 0,94, der Wertebereich reichte von 1 („kein Potenzial") bis 5 („sehr hohes Potenzial"). Der Anteil ungültiger Antworten lag bei 3,5 %.

Im Schritt *Informationssuche* wurde dem Einsatz von KI überwiegend ein sehr hohes Potenzial (55,2 %) oder ein hohes Potenzial (35,0 %) zugesprochen. Ein mittleres Potenzial sahen 9,1 % und ein geringes Potenzial 0,7 %. Der Median lag bei „sehr hohes Potenzial", der Modalwert ebenfalls bei „sehr hohes Potenzial". Die Standardabweichung betrug 0,69, der Wertebereich reichte von 2 („geringes Potenzial") bis 5 („sehr hohes Potenzial"). In diesem Schritt lagen keine ungültigen Antworten vor (Abbildung 4.22).

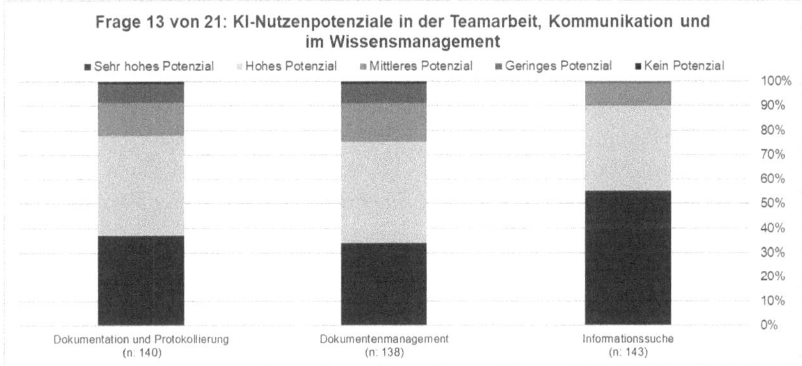


**Abbildung 4.22** KI-Nutzenpotenzial Teamarbeit, Kommunikation, Wissensmanagement. (Eigene Darstellung, Auswertung PSPP)

Die Auswertung zeigt, dass die Befragten im Schritt Dokumentation und Protokollierung mehrheitlich ein hohes oder sehr hohes Potenzial für den Einsatz von KI sehen. Im Schritt Dokumentenmanagement wird der Nutzen überwiegend mit hohem oder sehr hohem Potenzial eingeschätzt. Für den Schritt Informationssuche wird der Nutzen vor allem mit sehr hohem oder hohem Potenzial bewertet.

**Mittlere Potenzialeinschätzungen je Tätigkeitsfeld**

Abbildung 4.23 zeigt die mittleren Potenzialeinschätzungen für den Einsatz von KI in den einzelnen Tätigkeitsfeldern. Die Werte basieren auf den Mittelwerten der zugehörigen Arbeitsschritte innerhalb eines Tätigkeitsfelds und geben einen kompakten Überblick über die Einschätzungen der Befragten. Berücksichtigt wurden dabei ausschließlich Fälle, in denen pro Tätigkeitsfeld mindestens zwei Bewertungen vorlagen. Die Skala reicht von 1 („sehr geringes Potenzial") bis 5 („sehr hohes Potenzial").

**Mittlere KI-Nutzenpotenziale je Tätigkeitsfeld**

| Tätigkeitsfeld | N gültig | Mittelwert | Median | Modalwert | Std. Abw. | Minimum | Maximum |
|---|---|---|---|---|---|---|---|
| Anforderungsmanagement | 141 | 3,9 | 4,0 | 4,0 | 0,66 | 1 | 5 |
| Problemlösungs- und Entscheidungsfindung | 140 | 3,38 | 3,3 | 3,3 | 0,77 | 1 | 5 |
| Konstruktion | 139 | 3,76 | 3,8 | 3,8 | 0,69 | 1,8 | 5 |
| Design for Manufacturing | 130 | 3,13 | 3,0 | 4,0 | 0,88 | 1 | 5 |
| FEM-Simulation | 122 | 3,57 | 3,5 | 4,0 | 0,71 | 1,5 | 5 |
| Teamarbeit, Kommunikation und Wissensmanagement | 142 | 4,16 | 4,0 | 4,0 | 0,71 | 2 | 5 |

**Abbildung 4.23** Mittlere Potenzialeinschätzungen je Tätigkeitsfeld. (Eigenen Darstellung, Auswertung PSPP)

Die Auswertung der Mittelwerte je Tätigkeitsfeld zeigt, dass das höchste mittlere Potenzial im Tätigkeitsfeld „Teamarbeit, Kommunikation und Wissensmanagement" (MW = 4,16) ermittelt wurde, gefolgt vom Anforderungsmanagement (MW = 3,90) und der Konstruktion (MW = 3,76). Mittlere Werte ergaben sich für die FEM-Simulation (MW = 3,57) und das Tätigkeitsfeld „Problemlösungs- und Entscheidungsfindung" (MW = 3,38). Das niedrigste mittlere Potenzial wurde für „Design for Manufacturing" (MW = 3,13) ermittelt.

## 4.9.4 Bivariate Analysen

Bivariate Analysen befassen sich mit dem Zusammenhang zwischen zwei Variablen. Dabei werden für jeden Fall die Werte beider Variablen gegenübergestellt, um Muster in ihren Verbindungen zu erkennen und mithilfe von Kennzahlen darzustellen. Statistische Verfahren ermöglichen es, zu beurteilen, ob gefundene Zusammenhänge zufällig oder tatsächlich bedeutsam sind (vgl. Kielblock, 2024, S. 94–95).

Um Unterschiede zwischen einzelnen Gruppen in Bezug auf verschiedene Bewertungen erkennen zu können, werden in diesem Kapitel Rangmittelwertvergleiche durchgeführt. Aufgrund der ordinalskalierten Variablen kam für Variablen mit zwei Gruppen der Mann-Whitney-U-Test und für Variablen mit mehr als zwei Gruppen der Kruskal-Wallis-H-Test zur Anwendung (vgl. Lück-Benz, 2022, S. 211–215).

Das Signifikanzniveau beschreibt die Wahrscheinlichkeit, dass ein gefundener Zusammenhang zufällig zustande kommt. In der Forschung wird häufig $p < 0,05$ als Schwelle verwendet. Liegt die Wahrscheinlichkeit für einen Effekt unter 5 %, wird das Ergebnis als signifikant betrachtet. Angelehnt an Lück-Benz (vgl. 2022, S. 204) wurde auch in dieser Arbeit ein Signifikanzniveau von 0,05 festgelegt.

Im Gegensatz zu Mann-Whitney-U-Tests, die den direkten Vergleich zweier Gruppen erlauben und im Falle eines signifikanten Ergebnisses eindeutig zeigen, zwischen welchen Gruppen Unterschiede bestehen, liefert ein Kruskal-Wallis-Test lediglich die Information, ob sich mindestens zwei Gruppen unterscheiden, jedoch nicht zwischen welchen. Bei drei Gruppen könnte es beispielsweise sein, dass sich nur zwei signifikant voneinander abheben, während die dritte keine Abweichung aufweist. Um dies zu klären, werden Post-hoc-Tests eingesetzt, bei denen paarweise Vergleiche durchgeführt werden (vgl. Lück-Benz, 2022, S. 214).

Nach einem signifikanten Kruskal-Wallis-Test ($p < 0,05$) wurde daher geprüft, zwischen welchen Gruppen sich Unterschiede zeigen. Der Dunn-Bonferroni-Test gilt in der Literatur als methodisch bevorzugte Post-hoc-Analyse (vgl. DATAtab Team, 2025; vgl. Lee & Lee, 2018). Da dieser Test in PSPP nicht verfügbar ist, wurden als gleichwertige Alternative paarweise Mann-Whitney-U-Tests mit Bonferroni-Korrektur durchgeführt, indem das Alpha-Niveau entsprechend angepasst wurde (vgl. D. B. Anderson, 2023).

Im Folgenden werden die Ergebnisse ausgewählter Gruppenvergleiche nach den beschriebenen Verfahren dargestellt.

**Unterschiede in der Potenzialeinschätzung in verschiedenen Tätigkeitsfeldern nach Rolle im Unternehmen**

Zur Überprüfung, ob sich die Einschätzung der Nutzenpotenziale von KI in den verschiedenen Tätigkeitsfeldern je nach Rolle im Unternehmen unterscheidet, wurden sechs Kruskal-Wallis-Tests durchgeführt. Dabei diente die Rolle im Unternehmen als unabhängige Variable und die jeweilige Potenzialbewertung als abhängige Variable (Abbildung 4.24).

Der Kruskal-Wallis-Test ergab in keinem der untersuchten Tätigkeitsfelder einen signifikanten Unterschied zwischen den Rollen der Befragten (alle $p > 0,05$).

| Nr. | Unabhängige Variable | Abhängige Variable | Verfahren | n (Fälle) | $X^2$ | df | p-Wert | Ergebnis |
|---|---|---|---|---|---|---|---|---|
| 1 | **Rolle** (V17_BK_Rolle) | **Potenzial im Anforderungsmanagement** (V8_NP_AFM_Gruppe) | Kruskal-Wallis | 141 | 5,28 | 6 | 0,509 | Kein signifikanter Unterschied |
| 2 | **Rolle** (V17 BK Rolle) | **Potenzial in der Problemlösung/Entscheidungsfindung** (V9 NP PLEF Gruppe) | Kruskal-Wallis | 140 | 3,6 | 6 | 0,731 | Kein signifikanter Unterschied |
| 3 | **Rolle** (V17 BK Rolle) | **Potenzial in der Konstruktion** (V10 NP KON Gruppe) | Kruskal-Wallis | 140 | 4,84 | 6 | 0,564 | Kein signifikanter Unterschied |
| 4 | **Rolle** (V17_BK_Rolle) | **Potenzial in DFM** (V11_NP_DFM_Gruppe) | Kruskal-Wallis | 135 | 3,59 | 6 | 0,732 | Kein signifikanter Unterschied |
| 5 | **Rolle** (V17 BK Rolle) | **Potenzial in FEM** (V12 NP FEM Gruppe) | Kruskal-Wallis | 132 | 2,25 | 6 | 0,895 | Kein signifikanter Unterschied |
| 6 | **Rolle** (V17 BK Rolle) | **Potenzial in Teamarbeit/Wissensmanagement** (V13 NP TKW Gruppe) | Kruskal-Wallis | 143 | 6,28 | 6 | 0,392 | Kein signifikanter Unterschied |

**Abbildung 4.24** Kruskal-Wallis-Test: Rolle / Potenzialeinschätzung. (Eigene Darstellung, Auswertung PSPP)

## Unterschiede in der Potenzialeinschätzung in verschiedenen Tätigkeitsfeldern nach Unternehmensgröße

Zur Überprüfung, ob sich die Einschätzung der Nutzenpotenziale von KI in den verschiedenen Tätigkeitsfeldern je nach Unternehmensgröße unterscheidet, wurden sechs Kruskal-Wallis-Tests durchgeführt. Dabei diente die Unternehmensgröße als unabhängige Variable und die jeweilige Potenzialbewertung als abhängige Variable (Abbildung 4.25).

| Nr. | Unabhängige Variable | Abhängige Variable | Verfahren | n (Fälle) | $X^2$ | df | p-Wert | Ergebnis |
|---|---|---|---|---|---|---|---|---|
| 1 | **Unternehmensgröße** (V14_BK_UE_Groesse_ bereinigt) | **Potenzial im Anforderungsmanagement** (V8_NP_AFM_Gruppe) | Kruskal-Wallis | 141 | 0 | 1 | 0,953 | Kein signifikanter Unterschied |
| 2 | **Unternehmensgröße** (V14_BK_UE_Groesse_ bereinigt) | **Potenzial in der Problemlösung/Entscheidungsfindung** (V9_NP_PLEF_Gruppe) | Kruskal-Wallis | 140 | 0,21 | 1 | 0,651 | Kein signifikanter Unterschied |
| 3 | **Unternehmensgröße** (V14_BK_UE_Groesse_ bereinigt) | **Potenzial in der Konstruktion** (V10_NP_KON_Gruppe) | Kruskal-Wallis | 140 | 1,12 | 1 | 0,289 | Kein signifikanter Unterschied |
| 4 | **Unternehmensgröße** (V14_BK_UE_Groesse_ bereinigt) | **Potenzial in DFM** (V11_NP_DFM_Gruppe) | Kruskal-Wallis | 135 | 0,22 | 1 | 0,642 | Kein signifikanter Unterschied |
| 5 | **Unternehmensgröße** (V14_BK_UE_Groesse_ bereinigt) | **Potenzial in FEM** (V12_NP_FEM_Gruppe) | Kruskal-Wallis | 132 | 0,06 | 1 | 0,806 | Kein signifikanter Unterschied |
| 6 | **Unternehmensgröße** (V14_BK_UE_Groesse_ bereinigt) | **Potenzial in Teamarbeit/Wissensmanagement** (V13_NP_TKW_Gruppe) | Kruskal-Wallis | 143 | 0 | 1 | 0,986 | Kein signifikanter Unterschied |

**Abbildung 4.25** Kruskal-Wallis-Test: Unternehmensgröße / Potenzialeinschätzung. (Eigene Darstellung, Auswertung PSPP)

Der Kruskal-Wallis-Test ergab in keinem der untersuchten Tätigkeitsfelder signifikante Unterschiede zwischen mittelgroßen und großen Unternehmen (alle $p > 0,05$).

**Unterschiede in der Potenzialeinschätzung in verschiedenen Tätigkeitsfeldern nach Unternehmenstyp**

Zur Überprüfung, ob sich die Einschätzung der Nutzenpotenziale von KI in den verschiedenen Tätigkeitsfeldern je nach Unternehmenstyp (reiner Zulieferer, reiner Entwicklungsdienstleister oder Mischform) unterscheidet, wurden sechs Kruskal-Wallis-Tests durchgeführt. Dabei diente der Unternehmenstyp als unabhängige Variable und die jeweilige Potenzialbewertung als abhängige Variable (Abbildung 4.26).

| Nr. | Unabhängige Variable | Abhängige Variable | Verfahren | n (Fälle) | $\chi^2$ | df | p-Wert | Ergebnis |
|---|---|---|---|---|---|---|---|---|
| 1 | Unternehmenstyp (V15_BK_UE_ART_Typ) | Potenzial im Anforderungsmanagement (V8_NP_AFM_Gruppe) | Kruskal-Wallis | 141 | 1,49 | 2 | 0,476 | Kein signifikanter Unterschied |
| 2 | Unternehmenstyp (V15_BK_UE_ART_Typ) | Potenzial in der Problemlösung/Entscheidungsfindung (V9_NP_PLEF_Gruppe) | Kruskal-Wallis | 140 | 1,11 | 2 | 0,574 | Kein signifikanter Unterschied |
| 3 | Unternehmenstyp (V15_BK_UE_ART_Typ) | Potenzial in der Konstruktion (V10_NP_KON_Gruppe) | Kruskal-Wallis | 140 | 0,15 | 2 | 0,929 | Kein signifikanter Unterschied |
| 4 | Unternehmenstyp (V15_BK_UE_ART_Typ) | Potenzial in DFM (V11_NP_DFM_Gruppe) | Kruskal-Wallis | 135 | 0,52 | 2 | 0,77 | Kein signifikanter Unterschied |
| 5 | Unternehmenstyp (V15_BK_UE_ART_Typ) | Potenzial in FEM (V12_NP_FEM_Gruppe) | Kruskal-Wallis | 132 | 1,18 | 2 | 0,555 | Kein signifikanter Unterschied |
| 6 | Unternehmenstyp (V15_BK_UE_ART_Typ) | Potenzial in Teamarbeit/Wissensmanagement (V13_NP_TKW_Gruppe) | Kruskal-Wallis | 143 | 2,47 | 2 | 0,291 | Kein signifikanter Unterschied |

**Abbildung 4.26** Kruskal-Wallis-Test: Unternehmenstyp / Potenzialeinschätzung. (Eigene Darstellung, Auswertung PSPP)

Der Kruskal-Wallis-Test ergab in keinem der untersuchten Tätigkeitsfelder signifikante Unterschiede zwischen den Unternehmensarten (alle $p > 0,05$).

**Unterschiede in der Potenzialeinschätzung in verschiedenen Tätigkeitsfeldern nach Bildungsstand**

Zur Überprüfung, ob sich die Einschätzung der Nutzenpotenziale von KI in den verschiedenen Tätigkeitsfeldern je nach Bildungsabschluss (Berufsausbildung, Techniker/Meister, Bachelor, Master/Diplom) unterscheidet, wurden sechs Kruskal-Wallis-Tests durchgeführt. Die Kategorie „Sonstiges“ (99) wurde nicht berücksichtigt. Der Bildungsabschluss diente dabei als unabhängige Variable und die jeweilige Potenzialbewertung als abhängige Variable (Abbildung 4.27).

In einem Tätigkeitsfeld ergaben sich signifikante Unterschiede in der Einschätzung des KI-Nutzenpotenzials zwischen den Bildungsabschlüssen (Anforderungsmanagement: $\chi2 = 9,91$; $df = 3$; $p = 0,019$). In allen übrigen Tätigkeitsfeldern konnten keine signifikanten Unterschiede festgestellt werden (alle $p > 0,05$).

| Nr. | Unabhängige Variable | Abhängige Variable | Verfahren | n (Fälle) | $\chi^2$ | df | p-Wert | Ergebnis |
|---|---|---|---|---|---|---|---|---|
| 1 | **Bildungstand** (V21_PI_Bildung) | **Potenzial im Anforderungsmanagement** (V8_NP_AFM_Gruppe) | Kruskal-Wallis | 136 | 9,91 | 3 | 0,019 | **Signifikanter Unterschied** |
| 2 | **Bildungstand** (V21_PI_Bildung) | **Potenzial in der Problemlösung/Entscheidungsfindung** (V9_NP_PLEF_Gruppe) | Kruskal-Wallis | 135 | 2,53 | 3 | 0,469 | Kein signifikanter Unterschied |
| 3 | **Bildungstand** (V21_PI_Bildung) | **Potenzial in der Konstruktion** (V10_NP_KON_Gruppe) | Kruskal-Wallis | 135 | 3,97 | 3 | 0,265 | Kein signifikanter Unterschied |
| 4 | **Bildungstand** (V21_PI_Bildung) | **Potenzial in DFM** (V11_NP_DFM_Gruppe) | Kruskal-Wallis | 131 | 3,99 | 3 | 0,263 | Kein signifikanter Unterschied |
| 5 | **Bildungstand** (V21_PI_Bildung) | **Potenzial in FEM** (V12_NP_FEM_Gruppe) | Kruskal-Wallis | 128 | 5,23 | 3 | 0,156 | Kein signifikanter Unterschied |
| 6 | **Bildungstand** (V21_PI_Bildung) | **Potenzial in Teamarbeit/Wissensmanagement** (V13_NP_TKW_Gruppe) | Kruskal-Wallis | 138 | 2,21 | 3 | 0,53 | Kein signifikanter Unterschied |

**Abbildung 4.27** Kruskal-Wallis-Test: Bildungsstand / Potenzialeinschätzung. (Eigene Darstellung, Auswertung PSPP)

Zur genaueren Bestimmung, zwischen welchen Bildungsgruppen im Tätigkeitsfeld Anforderungsmanagement die Unterschiede bestehen, wurden paarweise Vergleiche mit dem Mann-Whitney-U-Test durchgeführt. Zur Kontrolle des α-Fehlers wurde die Bonferroni-Korrektur angewendet (angepasstes Signifikanzniveau α_adj = 0,0083) (Abbildung 4.28).

| Nr. | Unabhängige Variable | Unabhängige Variable Gruppenvergleich | Abhängige Variable | Verfahren | U-Wert | p-Wert | α_adj (Bonferroni) | Signifikant? (p-Wert < α_adj) |
|---|---|---|---|---|---|---|---|---|
| 1 | **Bildungstand** (V21_PI_Bildung) | **1 vs. 2** Berufsausbildung vs. Techniker/Meister | **Potenzial im Anforderungsmanagement** (V8_NP_AFM_Gruppe) | Mann-Whitney-U | 96,0 | 0,017 | 0,0083 | nicht signifikant |
| 2 | **Bildungstand** (V21_PI_Bildung) | **1 vs. 3** Berufsausbildung vs. Bachelor | **Potenzial im Anforderungsmanagement** (V8_NP_AFM_Gruppe) | Mann-Whitney-U | 169,5 | 0,218 | 0,0083 | nicht signifikant |
| 3 | **Bildungstand** (V21_PI_Bildung) | **1 vs. 4** Berufsausbildung vs. Master/Diplom | **Potenzial im Anforderungsmanagement** (V8_NP_AFM_Gruppe) | Mann-Whitney-U | 192,0 | 0,016 | 0,0083 | nicht signifikant |
| 4 | **Bildungstand** (V21_PI_Bildung) | **2 vs. 3** Techniker/Meister vs. Bachelor | **Potenzial im Anforderungsmanagement** (V8_NP_AFM_Gruppe) | Mann-Whitney-U | 399,0 | 0,046 | 0,0083 | nicht signifikant |
| 5 | **Bildungstand** (V21_PI_Bildung) | **2 vs. 4** Techniker/Meister vs. Master/Diplom | **Potenzial im Anforderungsmanagement** (V8_NP_AFM_Gruppe) | Mann-Whitney-U | 833,5 | 0,845 | 0,0083 | nicht signifikant |
| 6 | **Bildungstand** (V21_PI_Bildung) | **3 vs. 4** Bachelor vs. Master/Diplom | **Potenzial im Anforderungsmanagement** (V8_NP_AFM_Gruppe) | Mann-Whitney-U | 805,0 | 0,051 | 0,0083 | nicht signifikant |

**Abbildung 4.28** Post-hoc-Test: Bildungsgruppen / Anforderungsmanagement. (Eigene Darstellung, Auswertung PSPP und Excel)

Der Kruskal-Wallis-Test ergab für das Tätigkeitsfeld Anforderungsmanagement einen signifikanten Gesamtunterschied zwischen den Bildungsgruppen (p = 0,019). Die paarweisen Post-hoc-Vergleiche konnten nach Bonferroni-Korrektur jedoch keinen spezifischen Unterschied zwischen einzelnen Gruppen bestätigen.

**Unterschiede in der Potenzialeinschätzung in verschiedenen Tätigkeitsfeldern nach Geschlecht (binär)**

Zur Überprüfung, ob sich die Einschätzung der Nutzenpotenziale von KI in den verschiedenen Tätigkeitsfeldern zwischen den Geschlechtern unterscheidet, wurden sechs Mann-Whitney-U-Tests durchgeführt. Die Variable „Geschlecht binär" diente dabei als unabhängige Variable und die jeweilige Potenzialbewertung als abhängige Variable. Fälle mit der Ausprägung „divers" (n = 6) wurden als fehlend definiert und von der Analyse ausgeschlossen (Abbildung 4.29).

| Nr. | Unabhängige Variable | Abhängige Variable | Verfahren | n (Fälle) | U-Wert | Z-Wert | p-Wert | Ergebnis |
|---|---|---|---|---|---|---|---|---|
| 1 | Geschlecht binär (V19_PI_Geschlecht_binaer) | Potenzial im Anforderungsmanagement (V8_NP_AFM_Gruppe) | Mann-Whitney-U | 135 | 511 | -1,77 | 0,076 | Kein signifikanter Unterschied |
| 2 | Geschlecht binär (V19_PI_Geschlecht_binaer) | Potenzial in der Problemlösung/Entscheidungsfindung (V9_NP_PLEF_Gruppe) | Mann-Whitney-U | 134 | 632,5 | -0,36 | 0,719 | Kein signifikanter Unterschied |
| 3 | Geschlecht binär (V19_PI_Geschlecht_binaer) | Potenzial in der Konstruktion (V10_NP_KON_Gruppe) | Mann-Whitney-U | 135 | 733 | -0,45 | 0,652 | Kein signifikanter Unterschied |
| 4 | Geschlecht binär (V19_PI_Geschlecht_binaer) | Potenzial in DFM (V11_NP_DFM_Gruppe) | Mann-Whitney-U | 129 | 645,5 | -0,46 | 0,642 | Kein signifikanter Unterschied |
| 5 | Geschlecht binär (V19_PI_Geschlecht_binaer) | Potenzial in FEM (V12_NP_FEM_Gruppe) | Mann-Whitney-U | 127 | 470,5 | -1,45 | 0,148 | Kein signifikanter Unterschied |
| 6 | Geschlecht binär (V19_PI_Geschlecht_binaer) | Potenzial in Teamarbeit/Wissensmanagement (V13_NP_TKW_Gruppe) | Mann-Whitney-U | 137 | 787 | -0,14 | 0,887 | Kein signifikanter Unterschied |

**Abbildung 4.29** Mann-Whitney-U-Test: Geschlecht / Potenzialeinschätzung. (Eigene Darstellung, Auswertung PSPP)

Der Mann-Whitney-U-Test ergab in keinem der untersuchten Tätigkeitsfelder signifikante Unterschiede zwischen den Geschlechtern (alle $p > 0,05$).

**Unterschiede in der Potenzialeinschätzung in verschiedenen Tätigkeitsfeldern nach Altersgruppe**

Zur Überprüfung, ob sich die Einschätzung der Nutzenpotenziale von KI in den verschiedenen Tätigkeitsfeldern zwischen den Altersgruppen unterscheidet, wurden sechs Kruskal-Wallis-Tests durchgeführt. Die Altersgruppe diente dabei als unabhängige Variable und die jeweilige Potenzialbewertung als abhängige Variable (Abbildung 4.30).

Der Kruskal-Wallis-Test ergab in keinem der untersuchten Tätigkeitsfelder signifikante Unterschiede zwischen den Altersgruppen (alle $p > 0,05$).

**Unterschiede in der Potenzialeinschätzung in verschiedenen Tätigkeitsfeldern nach KI-Erfahrung**

Zur Überprüfung, ob sich die Einschätzung der Nutzenpotenziale von KI in den verschiedenen Tätigkeitsfeldern zwischen Befragten mit unterschiedlichem

| Nr. | Unabhängige Variable | Abhängige Variable | Verfahren | n (Fälle) | $\chi^2$ | df | p-Wert | Ergebnis |
|---|---|---|---|---|---|---|---|---|
| 1 | **Altersgruppe** (V20_PI_Altersgruppe) | **Potenzial im Anforderungsmanagement** (V8_NP_AFM_Gruppe) | Kruskal-Wallis | 141 | 3,82 | 4 | 0,43 | Kein signifikanter Unterschied |
| 2 | **Altersgruppe** (V20_PI_Altersgruppe) | **Potenzial in der Problemlösung/Entscheidungsfindung** (V9_NP_PLEF_Gruppe) | Kruskal-Wallis | 140 | 3,44 | 4 | 0,487 | Kein signifikanter Unterschied |
| 3 | **Altersgruppe** (V20_PI_Altersgruppe) | **Potenzial in der Konstruktion** (V10_NP_KON_Gruppe) | Kruskal-Wallis | 140 | 1,42 | 4 | 0,84 | Kein signifikanter Unterschied |
| 4 | **Altersgruppe** (V20_PI_Altersgruppe) | **Potenzial in DFM** (V11_NP_DFM_Gruppe) | Kruskal-Wallis | 135 | 2,05 | 4 | 0,727 | Kein signifikanter Unterschied |
| 5 | **Altersgruppe** (V20_PI_Altersgruppe) | **Potenzial in FEM** (V12_NP_FEM_Gruppe) | Kruskal-Wallis | 132 | 4,19 | 4 | 0,381 | Kein signifikanter Unterschied |
| 6 | **Altersgruppe** (V20_PI_Altersgruppe) | **Potenzial in Teamarbeit/Wissensmanagement** (V13_NP_TKW_Gruppe) | Kruskal-Wallis | 143 | 3,26 | 4 | 0,516 | Kein signifikanter Unterschied |

**Abbildung 4.30** Kruskal-Wallis-Test: Altersgruppe / Potenzialeinschätzung. (Eigene Darstellung, Auswertung PSPP)

Erfahrungsgrad im Umgang mit Künstlicher Intelligenz (keine Erfahrung, erste Berührungspunkte, Grundkenntnisse, regelmäßige Anwendung, tiefergehendes Know-how) unterscheidet, wurden sechs Kruskal-Wallis-Tests durchgeführt. Die KI-Erfahrung diente dabei als unabhängige Variable und die jeweilige Potenzialbewertung als abhängige Variable (Abbildung 4.31).

| Nr. | Unabhängige Variable | Abhängige Variable | Verfahren | n (Fälle) | $\chi^2$ | df | p-Wert | Ergebnis |
|---|---|---|---|---|---|---|---|---|
| 1 | **KI-Erfahrung** (V1_KI_Erfahrung) | **Potenzial im Anforderungsmanagement** (V8_NP_AFM_Gruppe) | Kruskal-Wallis | 141 | 0,8 | 4 | 0,938 | Kein signifikanter Unterschied |
| 2 | **KI-Erfahrung** (V1_KI_Erfahrung) | **Potenzial in der Problemlösung/Entscheidungsfindung** (V9_NP_PLEF_Gruppe) | Kruskal-Wallis | 140 | 4,25 | 4 | 0,373 | Kein signifikanter Unterschied |
| 3 | **KI-Erfahrung** (V1_KI_Erfahrung) | **Potenzial in der Konstruktion** (V10_NP_KON_Gruppe) | Kruskal-Wallis | 140 | 7,99 | 4 | 0,092 | Kein signifikanter Unterschied |
| 4 | **KI-Erfahrung** (V1_KI_Erfahrung) | **Potenzial in DFM** (V11_NP_DFM_Gruppe) | Kruskal-Wallis | 135 | 2,54 | 4 | 0,638 | Kein signifikanter Unterschied |
| 5 | **KI-Erfahrung** (V1_KI_Erfahrung) | **Potenzial in FEM** (V12_NP_FEM_Gruppe) | Kruskal-Wallis | 132 | 14,17 | 4 | 0,007 | **Signifikanter Unterschied** |
| 6 | **KI-Erfahrung** (V1_KI_Erfahrung) | **Potenzial in Teamarbeit/Wissensmanagement** (V13_NP_TKW_Gruppe) | Kruskal-Wallis | 143 | 2,68 | 4 | 0,613 | Kein signifikanter Unterschied |

**Abbildung 4.31** Kruskal-Wallis-Test: KI-Erfahrung / Potenzialeinschätzung. (Eigene Darstellung, Auswertung PSPP)

In dem Tätigkeitsfeld FEM-Simulation ergaben sich signifikante Unterschiede in der Einschätzung des KI-Nutzenpotenzials zwischen den Erfahrungsstufen ($\chi 2 = 14{,}17$; df = 4; $p = 0{,}007$). In allen übrigen Tätigkeitsfeldern konnten keine signifikanten Unterschiede festgestellt werden (alle $p > 0{,}05$).

Zur genaueren Bestimmung, zwischen welchen KI-Erfahrungsgruppen sich die Einschätzung des Nutzenpotenzials von KI im Tätigkeitsfeld FEM-Simulation unterscheidet, wurden paarweise Vergleiche mit dem Mann-Whitney-U-Test durchgeführt. Zur Kontrolle des α-Fehlers wurde die Bonferroni-Korrektur angewendet (angepasstes Signifikanzniveau α_adj = 0,0050) (Abbildung 4.32).

| Nr. | Unabhängige Variable | Unabhängige Variable Gruppenvergleich | Abhängige Variable | Verfahren | U-Wert | p-Wert | α_adj (Bonferroni) | Signifikant? (p-Wert < α_adj) |
|---|---|---|---|---|---|---|---|---|
| 1 | **KI-Erfahrung** (V1_KI_Erfahrung) | **1 vs. 2** Keine Erfahrung vs. Erste Berührungspunkte | **Potenzial in FEM** (V12_NP_FEM_Gruppe) | Mann-Whitney-U | 116,0 | 0,107 | 0,0050 | nicht signifikant |
| 2 | **KI-Erfahrung** (V1_KI_Erfahrung) | **1 vs. 3** Keine Erfahrung vs. Grundkenntnisse | **Potenzial in FEM** (V12_NP_FEM_Gruppe) | Mann-Whitney-U | 66,0 | 0,007 | 0,0050 | nicht signifikant |
| 3 | **KI-Erfahrung** (V1_KI_Erfahrung) | **1 vs. 4** Keine Erfahrung vs. Rglm. Anwendung | **Potenzial in FEM** (V12_NP_FEM_Gruppe) | Mann-Whitney-U | 40,0 | 0,214 | 0,0050 | nicht signifikant |
| 4 | **KI-Erfahrung** (V1_KI_Erfahrung) | **1 vs. 5** Keine Erfahrung vs. Tiefg. Know-how | **Potenzial in FEM** (V12_NP_FEM_Gruppe) | Mann-Whitney-U | 12,0 | 0,705 | 0,0050 | nicht signifikant |
| 5 | **KI-Erfahrung** (V1_KI_Erfahrung) | **2 vs. 3** Erste Berührungspunkte vs. Grundkenntnisse | **Potenzial in FEM** (V12_NP_FEM_Gruppe) | Mann-Whitney-U | 894,0 | 0,003 | 0,0050 | **signifikant** |
| 6 | **KI-Erfahrung** (V1_KI_Erfahrung) | **2 vs. 4** Erste Berührungspunkte vs. Rglm. Anwendung | **Potenzial in FEM** (V12_NP_FEM_Gruppe) | Mann-Whitney-U | 441,0 | 0,901 | 0,0050 | nicht signifikant |
| 7 | **KI-Erfahrung** (V1_KI_Erfahrung) | **2 vs. 5** Erste Berührungsp. vs. Tiefg. Know-how | **Potenzial in FEM** (V12_NP_FEM_Gruppe) | Mann-Whitney-U | 91,5 | 0,648 | 0,0050 | nicht signifikant |
| 8 | **KI-Erfahrung** (V1_KI_Erfahrung) | **3 vs. 4** Grundkenntnisse vs. Rglm. Anwendung | **Potenzial in FEM** (V12_NP_FEM_Gruppe) | Mann-Whitney-U | 323,0 | 0,113 | 0,0050 | nicht signifikant |
| 9 | **KI-Erfahrung** (V1_KI_Erfahrung) | **3 vs. 5** Grundkenntnisse vs. Tiefg. Know-how | **Potenzial in FEM** (V12_NP_FEM_Gruppe) | Mann-Whitney-U | 56,5 | 0,134 | 0,0050 | nicht signifikant |
| 10 | **KI-Erfahrung** (V1_KI_Erfahrung) | **4 vs. 5** Rglm. Anwendungg vs. Tiefg. Know-how | **Potenzial in FEM** (V12_NP_FEM_Gruppe) | Mann-Whitney-U | 28,0 | 0,589 | 0,0050 | nicht signifikant |

**Abbildung 4.32** Post-hoc-Test: KI-Erfahrungsgruppen / FEM-Simulation. (Eigene Darstellung, Auswertung PSPP und Excel)

Der Kruskal-Wallis-Test ergab für das Tätigkeitsfeld FEM-Simulation einen signifikanten Gesamtunterschied zwischen den Gruppen (p = 0,007). Die Post-hoc-Analyse zeigte, dass sich die Gruppe mit Ersten Berührungspunkten signifikant von der Gruppe mit Grundkenntnissen unterscheidet (p = 0,003), wobei die Gruppe mit Grundkenntnissen das Potenzial im Mittel höher bewertete.

### Unterschiede in der Potenzialeinschätzung in verschiedenen Tätigkeitsfeldern nach KI-Einstellung

Zur Überprüfung, ob sich die Einschätzung der Nutzenpotenziale von KI in den verschiedenen Tätigkeitsfeldern zwischen Befragten mit unterschiedlicher Einstellung zu Künstlicher Intelligenz (sehr negative Einstellung, eher negative Einstellung, neutrale Einstellung, eher positive Einstellung, sehr positive Einstellung) unterscheidet, wurden sechs Kruskal-Wallis-Tests durchgeführt. Die KI-Einstellung diente dabei als unabhängige Variable und die jeweilige Potenzialbewertung als abhängige Variable (Abbildung 4.33).

| Nr. | Unabhängige Variable | Abhängige Variable | Verfahren | n (Fälle) | $\chi^2$ | df | p-Wert | Ergebnis |
|---|---|---|---|---|---|---|---|---|
| 1 | KI-Einstellung (V2_KI_Einstellung) | Potenzial im Anforderungsmanagement (V8_NP_AFM_Gruppe) | Kruskal-Wallis | 141 | 29,97 | 4 | 0 | Signifikanter Unterschied |
| 2 | KI-Einstellung (V2_KI_Einstellung) | Potenzial in der Problemlösung/Entscheidungsfindung (V9_NP_PLEF_Gruppe) | Kruskal-Wallis | 140 | 14,93 | 4 | 0,005 | Signifikanter Unterschied |
| 3 | KI-Einstellung (V2_KI_Einstellung) | Potenzial in der Konstruktion (V10_NP_KON_Gruppe) | Kruskal-Wallis | 140 | 22,7 | 4 | 0 | Signifikanter Unterschied |
| 4 | KI-Einstellung (V2_KI_Einstellung) | Potenzial in DFM (V11_NP_DFM_Gruppe) | Kruskal-Wallis | 135 | 10,99 | 4 | 0,027 | Signifikanter Unterschied |
| 5 | KI-Einstellung (V2_KI_Einstellung) | Potenzial in FEM (V12_NP_FEM_Gruppe) | Kruskal-Wallis | 132 | 11,46 | 4 | 0,022 | Signifikanter Unterschied |
| 6 | KI-Einstellung (V2_KI_Einstellung) | Potenzial in Teamarbeit/Wissensmanagement (V13_NP_TKW_Gruppe) | Kruskal-Wallis | 143 | 21,43 | 4 | 0 | Signifikanter Unterschied |

**Abbildung 4.33** Kruskal-Wallis-Test: KI-Einstellung / Potenzialeinschätzung. (Eigene Darstellung, Auswertung PSPP)

In allen untersuchten Tätigkeitsfeldern ergaben sich signifikante Unterschiede in der Einschätzung des KI-Nutzenpotenzials zwischen den Gruppen mit unterschiedlicher Einstellung zu KI. Dies gilt für das Anforderungsmanagement ($\chi 2 = 29{,}97$; df = 4; $p < 0{,}001$), die Problemlösungs- und Entscheidungsfindung ($\chi 2 = 14{,}93$; df = 4; $p = 0{,}005$), die Konstruktion ($\chi 2 = 22{,}70$; df = 4; $p < 0{,}001$), das Design for Manufacturing ($\chi 2 = 10{,}99$; df = 4; $p = 0{,}027$), die FEM-Simulation ($\chi 2 = 11{,}46$; df = 4; $p = 0{,}022$) sowie die Teamarbeit, Kommunikation und das Wissensmanagement ($\chi 2 = 21{,}43$; df = 4; $p < 0{,}001$).

Zur genaueren Bestimmung, zwischen welchen KI-Einstellungsgruppen die Unterschiede hinsichtlich des wahrgenommenen KI-Nutzenpotenzials bestehen, wurden paarweise Vergleiche mit dem Mann-Whitney-U-Test durchgeführt. Zur Kontrolle des $\alpha$-Fehlers wurde die Bonferroni-Korrektur angewendet (angepasstes Signifikanzniveau $\alpha\_adj = 0{,}0050$).

Für das Tätigkeitsfeld Anforderungsmanagement wurden die in Abbildung 4.34 aufgeführten paarweisen Vergleiche durchgeführt.

Der Kruskal-Wallis-Test ergab für das Tätigkeitsfeld Anforderungsmanagement einen signifikanten Gesamtunterschied zwischen den KI-Einstellungsgruppen ($p < 0{,}001$). Die paarweisen Vergleiche zeigten, dass die Gruppe mit skeptischer Haltung das Nutzenpotenzial signifikant niedriger bewertete als die Gruppen mit offener ($p < 0{,}001$) und sehr offener Haltung ($p < 0{,}001$). Darüber hinaus bewertete auch die Gruppe mit neutraler Einstellung das Potenzial signifikant niedriger als die sehr offene Gruppe ($p = 0{,}001$).

Für das Tätigkeitsfeld Problemlösungs- und Entscheidungsfindung wurden die in Abbildung 4.35 aufgeführten paarweisen Vergleiche durchgeführt.

| Nr. | Unabhängige Variable | Unabhängige Variable Gruppenvergleich | Abhängige Variable | Verfahren | U-Wert | p-Wert | α_adj (Bonferroni) | Signifikant? (p-Wert < α_adj) |
|---|---|---|---|---|---|---|---|---|
| 1 | KI-Einstellung (V2_KI_Einstellung) | 1 vs. 2 sehr skeptisch vs. skeptisch | Potenzial im Anforderungsmanagement (V8_NP_AFM_Gruppe) | Mann-Whitney-U | 3,5 | 0,076 | 0,0050 | nicht signifikant |
| 2 | KI-Einstellung (V2_KI_Einstellung) | 1 vs. 3 sehr skeptisch vs. neutral | Potenzial im Anforderungsmanagement (V8_NP_AFM_Gruppe) | Mann-Whitney-U | 4,5 | 0,053 | 0,0050 | nicht signifikant |
| 3 | KI-Einstellung (V2_KI_Einstellung) | 1 vs. 4 sehr skeptisch vs. offen | Potenzial im Anforderungsmanagement (V8_NP_AFM_Gruppe) | Mann-Whitney-U | 1,5 | 0,018 | 0,0050 | nicht signifikant |
| 4 | KI-Einstellung (V2_KI_Einstellung) | 1 vs. 5 sehr skeptisch vs. sehr offen | Potenzial im Anforderungsmanagement (V8_NP_AFM_Gruppe) | Mann-Whitney-U | 2,0 | 0,024 | 0,0050 | nicht signifikant |
| 5 | KI-Einstellung (V2_KI_Einstellung) | 2 vs. 3 skeptisch vs. neutral | Potenzial im Anforderungsmanagement (V8_NP_AFM_Gruppe) | Mann-Whitney-U | 141,5 | 0,113 | 0,0050 | nicht signifikant |
| 6 | KI-Einstellung (V2_KI_Einstellung) | 2 vs. 4 skeptisch vs. offen | Potenzial im Anforderungsmanagement (V8_NP_AFM_Gruppe) | Mann-Whitney-U | 184,0 | 0 | 0,0050 | **signifikant** |
| 7 | KI-Einstellung (V2_KI_Einstellung) | 2 vs. 5 skeptisch vs. sehr offen | Potenzial im Anforderungsmanagement (V8_NP_AFM_Gruppe) | Mann-Whitney-U | 97,0 | 0 | 0,0050 | **signifikant** |
| 8 | KI-Einstellung (V2_KI_Einstellung) | 3 vs. 4 neutral vs. offen | Potenzial im Anforderungsmanagement (V8_NP_AFM_Gruppe) | Mann-Whitney-U | 511,5 | 0,03 | 0,0050 | nicht signifikant |
| 9 | KI-Einstellung (V2_KI_Einstellung) | 3 vs. 5 neutral vs. sehr offen | Potenzial im Anforderungsmanagement (V8_NP_AFM_Gruppe) | Mann-Whitney-U | 258,0 | 0,001 | 0,0050 | **signifikant** |
| 10 | KI-Einstellung (V2_KI_Einstellung) | 4 vs. 5 offen vs. sehr offen | Potenzial im Anforderungsmanagement (V8_NP_AFM_Gruppe) | Mann-Whitney-U | 895,0 | 0,052 | 0,0050 | nicht signifikant |

**Abbildung 4.34** Post-hoc-Test: KI-Einstellungsgruppen /Anforderungsmanagement. (Eigene Darstellung, Auswertung PSPP und Excel)

| Nr. | Unabhängige Variable | Unabhängige Variable Gruppenvergleich | Abhängige Variable | Verfahren | U-Wert | p-Wert | α_adj (Bonferroni) | Signifikant? (p-Wert < α_adj) |
|---|---|---|---|---|---|---|---|---|
| 1 | KI-Einstellung (V2_KI_Einstellung) | 1 vs. 2 sehr skeptisch vs. skeptisch | Potenzial in der PLEF (V9_NP_PLEF_Gruppe) | Mann-Whitney-U | 5,5 | 0,134 | 0,0050 | nicht signifikant |
| 2 | KI-Einstellung (V2_KI_Einstellung) | 1 vs. 3 sehr skeptisch vs. neutral | Potenzial in der PLEF (V9_NP_PLEF_Gruppe) | Mann-Whitney-U | 9,0 | 0,136 | 0,0050 | nicht signifikant |
| 3 | KI-Einstellung (V2_KI_Einstellung) | 1 vs. 4 sehr skeptisch vs. offen | Potenzial in der PLEF (V9_NP_PLEF_Gruppe) | Mann-Whitney-U | 6,0 | 0,03 | 0,0050 | nicht signifikant |
| 4 | KI-Einstellung (V2_KI_Einstellung) | 1 vs. 5 sehr skeptisch vs. sehr offen | Potenzial in der PLEF (V9_NP_PLEF_Gruppe) | Mann-Whitney-U | 5,5 | 0,04 | 0,0050 | nicht signifikant |
| 5 | KI-Einstellung (V2_KI_Einstellung) | 2 vs. 3 skeptisch vs. neutral | Potenzial in der PLEF (V9_NP_PLEF_Gruppe) | Mann-Whitney-U | 178,0 | 0,695 | 0,0050 | nicht signifikant |
| 6 | KI-Einstellung (V2_KI_Einstellung) | 2 vs. 4 skeptisch vs. offen | Potenzial in der PLEF (V9_NP_PLEF_Gruppe) | Mann-Whitney-U | 328,5 | 0,071 | 0,0050 | nicht signifikant |
| 7 | KI-Einstellung (V2_KI_Einstellung) | 2 vs. 5 skeptisch vs. sehr offen | Potenzial in der PLEF (V9_NP_PLEF_Gruppe) | Mann-Whitney-U | 179,5 | 0,01 | 0,0050 | nicht signifikant |
| 8 | KI-Einstellung (V2_KI_Einstellung) | 3 vs. 4 neutral vs. offen | Potenzial in der PLEF (V9_NP_PLEF_Gruppe) | Mann-Whitney-U | 545,0 | 0,119 | 0,0050 | nicht signifikant |
| 9 | KI-Einstellung (V2_KI_Einstellung) | 3 vs. 5 neutral vs. sehr offen | Potenzial in der PLEF (V9_NP_PLEF_Gruppe) | Mann-Whitney-U | 300,0 | 0,012 | 0,0050 | nicht signifikant |
| 10 | KI-Einstellung (V2_KI_Einstellung) | 4 vs. 5 offen vs. sehr offen | Potenzial in der PLEF (V9_NP_PLEF_Gruppe) | Mann-Whitney-U | 914,5 | 0,073 | 0,0050 | nicht signifikant |

**Abbildung 4.35** Post-hoc-Test: KI-Einstellungsgruppen / Problemlösungs- und Entscheidungsfindung. (Eigene Darstellung, Auswertung PSPP und Excel)

Der Kruskal-Wallis-Test ergab für das Tätigkeitsfeld Problemlösung und Entscheidungsfindung einen signifikanten Gesamtunterschied zwischen den KI-Einstellungsgruppen ($p = 0{,}005$). In den paarweisen Vergleichen zeigte sich jedoch nach Anwendung der Bonferroni-Korrektur kein signifikanter Unterschied zwischen einzelnen Gruppen.

Für das Tätigkeitsfeld Konstruktion wurden die in Abbildung 4.36 aufgeführten paarweisen Vergleiche durchgeführt.

| Nr. | Unabhängige Variable | Unabhängige Variable Gruppenvergleich | Abhängige Variable | Verfahren | U-Wert | p-Wert | α_adj (Bonferroni) | Signifikant? (p-Wert < α_adj) |
|---|---|---|---|---|---|---|---|---|
| 1 | **KI-Einstellung** (V2_KI_Einstellung) | **1 vs. 2** sehr skeptisch vs. skeptisch | **Potenzial in der Konstruktion** (V10_NP_KON_Gruppe) | Mann-Whitney-U | 4,0 | 0,09 | 0,0050 | nicht signifikant |
| 2 | **KI-Einstellung** (V2_KI_Einstellung) | **1 vs. 3** sehr skeptisch vs. neutral | **Potenzial in der Konstruktion** (V10_NP_KON_Gruppe) | Mann-Whitney-U | 0,0 | 0,02 | 0,0050 | nicht signifikant |
| 3 | **KI-Einstellung** (V2_KI_Einstellung) | **1 vs. 4** sehr skeptisch vs. offen | **Potenzial in der Konstruktion** (V10_NP_KON_Gruppe) | Mann-Whitney-U | 0,0 | 0,016 | 0,0050 | nicht signifikant |
| 4 | **KI-Einstellung** (V2_KI_Einstellung) | **1 vs. 5** sehr skeptisch vs. sehr offen | **Potenzial in der Konstruktion** (V10_NP_KON_Gruppe) | Mann-Whitney-U | 0,0 | 0,017 | 0,0050 | nicht signifikant |
| 5 | **KI-Einstellung** (V2_KI_Einstellung) | **2 vs. 3** skeptisch vs. neutral | **Potenzial in der Konstruktion** (V10_NP_KON_Gruppe) | Mann-Whitney-U | 124,5 | 0,042 | 0,0050 | nicht signifikant |
| 6 | **KI-Einstellung** (V2_KI_Einstellung) | **2 vs. 4** skeptisch vs. offen | **Potenzial in der Konstruktion** (V10_NP_KON_Gruppe) | Mann-Whitney-U | 279,0 | 0,014 | 0,0050 | nicht signifikant |
| 7 | **KI-Einstellung** (V2_KI_Einstellung) | **2 vs. 5** skeptisch vs. sehr offen | **Potenzial in der Konstruktion** (V10_NP_KON_Gruppe) | Mann-Whitney-U | 116,0 | 0 | 0,0050 | **signifikant** |
| 8 | **KI-Einstellung** (V2_KI_Einstellung) | **3 vs. 4** neutral vs. offen | **Potenzial in der Konstruktion** (V10_NP_KON_Gruppe) | Mann-Whitney-U | 685,0 | 0,689 | 0,0050 | nicht signifikant |
| 9 | **KI-Einstellung** (V2_KI_Einstellung) | **3 vs. 5** neutral vs. sehr offen | **Potenzial in der Konstruktion** (V10_NP_KON_Gruppe) | Mann-Whitney-U | 303,0 | 0,011 | 0,0050 | nicht signifikant |
| 10 | **KI-Einstellung** (V2_KI_Einstellung) | **4 vs. 5** offen vs. sehr offen | **Potenzial in der Konstruktion** (V10_NP_KON_Gruppe) | Mann-Whitney-U | 789,0 | 0,011 | 0,0050 | nicht signifikant |

**Abbildung 4.36** Post-hoc-Test: KI-Einstellungsgruppen / Konstruktion. (Eigene Darstellung, Auswertung PSPP und Excel)

Der Kruskal-Wallis-Test ergab für das Tätigkeitsfeld Konstruktion einen signifikanten Gesamtunterschied zwischen den KI-Einstellungsgruppen ($p < 0{,}001$). Die paarweisen Vergleiche zeigten, dass die Gruppe mit skeptischer Haltung das Nutzenpotenzial signifikant niedriger bewertete als die Gruppe mit sehr offener Haltung ($p < 0{,}001$).

Für das Tätigkeitsfeld Design for Manufacturing wurden die in Abbildung 4.37 aufgeführten paarweisen Vergleiche durchgeführt.

Der Kruskal-Wallis-Test ergab für das Tätigkeitsfeld Design for Manufacturing einen signifikanten Gesamtunterschied zwischen den KI-Einstellungsgruppen ($p = 0{,}027$). Die durchgeführten paarweisen Vergleiche zeigten jedoch keine signifikanten Unterschiede zwischen den einzelnen Gruppen nach Bonferroni-Korrektur.

Für das Tätigkeitsfeld FEM-Simulation wurden die in Abbildung 4.38 aufgeführten paarweisen Vergleiche durchgeführt.

| Nr. | Unabhängige Variable | Unabhängige Variable Gruppenvergleich | Abhängige Variable | Verfahren | U-Wert | p-Wert | α_adj (Bonferroni) | Signifikant? (p-Wert < α_adj) |
|---|---|---|---|---|---|---|---|---|
| 1 | **KI-Einstellung** (V2_KI_Einstellung) | **1 vs. 2** sehr skeptisch vs. skeptisch | **Potenzial in DFM** (V11_NP_DFM_Gruppe) | Mann-Whitney-U | 8,0 | 0,283 | 0,0050 | nicht signifikant |
| 2 | **KI-Einstellung** (V2_KI_Einstellung) | **1 vs. 3** sehr skeptisch vs. neutral | **Potenzial in DFM** (V11_NP_DFM_Gruppe) | Mann-Whitney-U | 4,0 | 0,047 | 0,0050 | nicht signifikant |
| 3 | **KI-Einstellung** (V2_KI_Einstellung) | **1 vs. 4** sehr skeptisch vs. offen | **Potenzial in DFM** (V11_NP_DFM_Gruppe) | Mann-Whitney-U | 8,0 | 0,036 | 0,0050 | nicht signifikant |
| 4 | **KI-Einstellung** (V2_KI_Einstellung) | **1 vs. 5** sehr skeptisch vs. sehr offen | **Potenzial in DFM** (V11_NP_DFM_Gruppe) | Mann-Whitney-U | 9,0 | 0,075 | 0,0050 | nicht signifikant |
| 5 | **KI-Einstellung** (V2_KI_Einstellung) | **2 vs. 3** skeptisch vs. neutral | **Potenzial in DFM** (V11_NP_DFM_Gruppe) | Mann-Whitney-U | 177,0 | 0,766 | 0,0050 | nicht signifikant |
| 6 | **KI-Einstellung** (V2_KI_Einstellung) | **2 vs. 4** skeptisch vs. offen | **Potenzial in DFM** (V11_NP_DFM_Gruppe) | Mann-Whitney-U | 369,0 | 0,363 | 0,0050 | nicht signifikant |
| 7 | **KI-Einstellung** (V2_KI_Einstellung) | **2 vs. 5** skeptisch vs. sehr offen | **Potenzial in DFM** (V11_NP_DFM_Gruppe) | Mann-Whitney-U | 177,0 | 0,066 | 0,0050 | nicht signifikant |
| 8 | **KI-Einstellung** (V2_KI_Einstellung) | **3 vs. 4** neutral vs. offen | **Potenzial in DFM** (V11_NP_DFM_Gruppe) | Mann-Whitney-U | 615,5 | 0,268 | 0,0050 | nicht signifikant |
| 9 | **KI-Einstellung** (V2_KI_Einstellung) | **3 vs. 5** neutral vs. sehr offen | **Potenzial in DFM** (V11_NP_DFM_Gruppe) | Mann-Whitney-U | 290,5 | 0,026 | 0,0050 | nicht signifikant |
| 10 | **KI-Einstellung** (V2_KI_Einstellung) | **4 vs. 5** offen vs. sehr offen | **Potenzial in DFM** (V11_NP_DFM_Gruppe) | Mann-Whitney-U | 768,5 | 0,047 | 0,0050 | nicht signifikant |

**Abbildung 4.37** Post-hoc-Test: KI-Einstellungsgruppen / Design for Manufacturing. (Eigene Darstellung, Auswertung PSPP und Excel)

| Nr. | Unabhängige Variable | Unabhängige Variable Gruppenvergleich | Abhängige Variable | Verfahren | U-Wert | p-Wert | α_adj (Bonferroni) | Signifikant? (p-Wert < α_adj) |
|---|---|---|---|---|---|---|---|---|
| 1 | **KI-Einstellung** (V2_KI_Einstellung) | **1 vs. 2** sehr skeptisch vs. skeptisch | **Potenzial in FEM** (V12_NP_FEM_Gruppe) | Mann-Whitney-U | 12,5 | 0,708 | 0,0050 | nicht signifikant |
| 2 | **KI-Einstellung** (V2_KI_Einstellung) | **1 vs. 3** sehr skeptisch vs. neutral | **Potenzial in FEM** (V12_NP_FEM_Gruppe) | Mann-Whitney-U | 15,5 | 0,409 | 0,0050 | nicht signifikant |
| 3 | **KI-Einstellung** (V2_KI_Einstellung) | **1 vs. 4** sehr skeptisch vs. offen | **Potenzial in FEM** (V12_NP_FEM_Gruppe) | Mann-Whitney-U | 21,5 | 0,135 | 0,0050 | nicht signifikant |
| 4 | **KI-Einstellung** (V2_KI_Einstellung) | **1 vs. 5** sehr skeptisch vs. sehr offen | **Potenzial in FEM** (V12_NP_FEM_Gruppe) | Mann-Whitney-U | 13,0 | 0,137 | 0,0050 | nicht signifikant |
| 5 | **KI-Einstellung** (V2_KI_Einstellung) | **2 vs. 3** skeptisch vs. neutral | **Potenzial in FEM** (V12_NP_FEM_Gruppe) | Mann-Whitney-U | 144,5 | 0,302 | 0,0050 | nicht signifikant |
| 6 | **KI-Einstellung** (V2_KI_Einstellung) | **2 vs. 4** skeptisch vs. offen | **Potenzial in FEM** (V12_NP_FEM_Gruppe) | Mann-Whitney-U | 238,5 | 0,01 | 0,0050 | nicht signifikant |
| 7 | **KI-Einstellung** (V2_KI_Einstellung) | **2 vs. 5** skeptisch vs. sehr offen | **Potenzial in FEM** (V12_NP_FEM_Gruppe) | Mann-Whitney-U | 146,5 | 0,014 | 0,0050 | nicht signifikant |
| 8 | **KI-Einstellung** (V2_KI_Einstellung) | **3 vs. 4** neutral vs. offen | **Potenzial in FEM** (V12_NP_FEM_Gruppe) | Mann-Whitney-U | 508,5 | 0,082 | 0,0050 | nicht signifikant |
| 9 | **KI-Einstellung** (V2_KI_Einstellung) | **3 vs. 5** neutral vs. sehr offen | **Potenzial in FEM** (V12_NP_FEM_Gruppe) | Mann-Whitney-U | 309,5 | 0,086 | 0,0050 | nicht signifikant |
| 10 | **KI-Einstellung** (V2_KI_Einstellung) | **4 vs. 5** offen vs. sehr offen | **Potenzial in FEM** (V12_NP_FEM_Gruppe) | Mann-Whitney-U | 896,0 | 0,488 | 0,0050 | nicht signifikant |

**Abbildung 4.38** Post-hoc-Test: KI-Einstellungsgruppen / FEM-Simulation. (Eigene Darstellung, Auswertung PSPP und Excel)

Der Kruskal-Wallis-Test ergab für das Tätigkeitsfeld FEM-Simulation einen signifikanten Gesamtunterschied zwischen den KI-Einstellungsgruppen ($p = 0{,}022$). Die durchgeführten paarweisen Vergleiche zeigten jedoch keine signifikanten Unterschiede zwischen den einzelnen Gruppen nach Bonferroni-Korrektur.

Für das Tätigkeitsfeld Teamarbeit, Kommunikation und Wissensmanagement wurden die in Abbildung 4.39 aufgeführten paarweisen Vergleiche durchgeführt.

| Nr. | Unabhängige Variable | Unabhängige Variable Gruppenvergleich | Abhängige Variable | Verfahren | U-Wert | p-Wert | α_adj (Bonferroni) | Signifikant? (p-Wert < α_adj) |
|---|---|---|---|---|---|---|---|---|
| 1 | **KI-Einstellung** (V2_KI_Einstellung) | **1 vs. 2** sehr skeptisch vs. skeptisch | **Potenzial in Teamarbeit/Wissensmanagement** (V13 NP TKW Gruppe) | Mann-Whitney-U | 0,5 | 0,027 | 0,0050 | nicht signifikant |
| 2 | **KI-Einstellung** (V2_KI_Einstellung) | **1 vs. 3** sehr skeptisch vs. neutral | **Potenzial in Teamarbeit/Wissensmanagement** (V13 NP TKW Gruppe) | Mann-Whitney-U | 2,0 | 0,031 | 0,0050 | nicht signifikant |
| 3 | **KI-Einstellung** (V2_KI_Einstellung) | **1 vs. 4** sehr skeptisch vs. offen | **Potenzial in Teamarbeit/Wissensmanagement** (V13 NP TKW Gruppe) | Mann-Whitney-U | 2,0 | 0,019 | 0,0050 | nicht signifikant |
| 4 | **KI-Einstellung** (V2_KI_Einstellung) | **1 vs. 5** sehr skeptisch vs. sehr offen | **Potenzial in Teamarbeit/Wissensmanagement** (V13 NP TKW Gruppe) | Mann-Whitney-U | 1,0 | 0,016 | 0,0050 | nicht signifikant |
| 5 | **KI-Einstellung** (V2_KI_Einstellung) | **2 vs. 3** skeptisch vs. neutral | **Potenzial in Teamarbeit/Wissensmanagement** (V13 NP TKW Gruppe) | Mann-Whitney-U | 124,5 | 0,04 | 0,0050 | nicht signifikant |
| 6 | **KI-Einstellung** (V2_KI_Einstellung) | **2 vs. 4** skeptisch vs. offen | **Potenzial in Teamarbeit/Wissensmanagement** (V13 NP TKW Gruppe) | Mann-Whitney-U | 211,5 | 0,001 | 0,0050 | **signifikant** |
| 7 | **KI-Einstellung** (V2_KI_Einstellung) | **2 vs. 5** skeptisch vs. sehr offen | **Potenzial in Teamarbeit/Wissensmanagement** (V13 NP TKW Gruppe) | Mann-Whitney-U | 124,5 | 0 | 0,0050 | **signifikant** |
| 8 | **KI-Einstellung** (V2_KI_Einstellung) | **3 vs. 4** neutral vs. offen | **Potenzial in Teamarbeit/Wissensmanagement** (V13 NP TKW Gruppe) | Mann-Whitney-U | 587,5 | 0,136 | 0,0050 | nicht signifikant |
| 9 | **KI-Einstellung** (V2_KI_Einstellung) | **3 vs. 5** neutral vs. sehr offen | **Potenzial in Teamarbeit/Wissensmanagement** (V13 NP TKW Gruppe) | Mann-Whitney-U | 381,5 | 0,075 | 0,0050 | nicht signifikant |
| 10 | **KI-Einstellung** (V2_KI_Einstellung) | **4 vs. 5** offen vs. sehr offen | **Potenzial in Teamarbeit/Wissensmanagement** (V13 NP TKW Gruppe) | Mann-Whitney-U | 1114,0 | 0,492 | 0,0050 | nicht signifikant |

**Abbildung 4.39** Post-hoc-Test: KI-Einstellungsgruppen / Teamarbeit, Kommunikation und Wissensmanagement. (Eigene Darstellung, Auswertung PSPP und Excel)

Der Kruskal-Wallis-Test ergab für das Tätigkeitsfeld Teamarbeit, Kommunikation und Wissensmanagement einen signifikanten Gesamtunterschied zwischen den KI-Einstellungsgruppen ($p < 0{,}001$). Die paarweisen Vergleiche zeigten, dass die Gruppe mit skeptischer Haltung das Nutzenpotenzial signifikant niedriger bewertete als die Gruppen mit offener ($p = 0{,}001$) und sehr offener Haltung ($p < 0{,}001$).

Die Post-hoc-Analysen zeigen, dass sich signifikante Unterschiede vor allem zwischen skeptischen und offenen bzw. sehr offenen Gruppen ergeben. In den Feldern Anforderungsmanagement, Konstruktion sowie Teamarbeit, Kommunikation und Wissensmanagement bewerteten skeptische Gruppen das KI-Nutzenpotenzial deutlich niedriger. Im Anforderungsmanagement schätzte zudem die neutrale Gruppe das Potenzial geringer ein als die sehr offene Gruppe. In den Bereichen Problemlösungs- und Entscheidungsfindung, Design for Manufacturing und FEM-Simulation wurden keine signifikanten Unterschiede festgestellt.

**Unterschiede in der Potenzialeinschätzung in verschiedenen Tätigkeitsfeldern nach KI-Nutzungshäufigkeit**

Zur Überprüfung, ob sich die Einschätzung der Nutzenpotenziale von KI in den verschiedenen Tätigkeitsfeldern zwischen Befragten mit unterschiedlicher Häufigkeit der Nutzung von KI-basierten Anwendungen (nie, selten, gelegentlich, häufig, sehr häufig) unterscheidet, wurden sechs Kruskal-Wallis-Tests durchgeführt. Die KI-Nutzungshäufigkeit diente dabei als unabhängige Variable und die jeweilige Potenzialbewertung als abhängige Variable (Abbildung 4.40).

| Nr. | Unabhängige Variable | Abhängige Variable | Verfahren | n (Fälle) | $\chi^2$ | df | p-Wert | Ergebnis |
|---|---|---|---|---|---|---|---|---|
| 1 | KI-Nutzungshäufigkeit (V3_KI_Haeufigkeit) | Potenzial im Anforderungsmanagement (V8_NP_AFM_Gruppe) | Kruskal-Wallis | 141 | 4,83 | 4 | 0,305 | Kein signifikanter Unterschied |
| 2 | KI-Nutzungshäufigkeit (V3_KI_Haeufigkeit) | Potenzial in der Problemlösung/Entscheidungsfindung (V9_NP_PLEF_Gruppe) | Kruskal-Wallis | 140 | 8,86 | 4 | 0,065 | Kein signifikanter Unterschied |
| 3 | KI-Nutzungshäufigkeit (V3_KI_Haeufigkeit) | Potenzial in der Konstruktion (V10_NP_KON_Gruppe) | Kruskal-Wallis | 140 | 8,23 | 4 | 0,084 | Kein signifikanter Unterschied |
| 4 | KI-Nutzungshäufigkeit (V3_KI_Haeufigkeit) | Potenzial in DFM (V11_NP_DFM_Gruppe) | Kruskal-Wallis | 135 | 13,72 | 4 | 0,008 | **Signifikanter Unterschied** |
| 5 | KI-Nutzungshäufigkeit (V3_KI_Haeufigkeit) | Potenzial in FEM (V12_NP_FEM_Gruppe) | Kruskal-Wallis | 132 | 5,07 | 4 | 0,28 | Kein signifikanter Unterschied |
| 6 | KI-Nutzungshäufigkeit (V3_KI_Haeufigkeit) | Potenzial in Teamarbeit/Wissensmanagement (V13_NP_TKW_Gruppe) | Kruskal-Wallis | 143 | 3,32 | 4 | 0,505 | Kein signifikanter Unterschied |

**Abbildung 4.40** Kruskal-Wallis-Test: KI-Nutzungshäufigkeit / Potenzialeinschätzung. (Eigene Darstellung, Auswertung PSPP)

In einem Tätigkeitsfeld ergaben sich signifikante Unterschiede in der Einschätzung des KI-Nutzenpotenzials in Abhängigkeit von der Häufigkeit der KI-Nutzung (Design for Manufacturing: $\chi2 = 13{,}72$; $df = 4$; $p = 0{,}008$). In allen übrigen Tätigkeitsfeldern konnten keine signifikanten Unterschiede festgestellt werden (alle $p > 0{,}05$).

Zur genaueren Bestimmung, zwischen welchen KI-Nutzungsgruppen im Tätigkeitsfeld Design for Manufacturing die Unterschiede bestehen, wurden paarweise Vergleiche mit dem Mann-Whitney-U-Test durchgeführt. Zur Kontrolle des $\alpha$-Fehlers wurde die Bonferroni-Korrektur angewendet (angepasstes Signifikanzniveau $\alpha\_adj = 0{,}0050$) (Abbildung 4.41).

Der Kruskal-Wallis-Test ergab für das Tätigkeitsfeld Design for Manufacturing einen signifikanten Gesamtunterschied zwischen den Gruppen ($p = 0{,}008$). Die Post-hoc-Analyse zeigte, dass sich die Gruppe „nie“ signifikant von der Gruppe „1–3 Mal pro Woche“ unterscheidet ($p < 0{,}001$), wobei die Gruppe „1–3 Mal pro Woche“ das Potenzial im Mittel höher bewertete.

| Nr. | Unabhängige Variable | Unabhängige Variable Gruppenvergleich | Abhängige Variable | Verfahren | U-Wert | p-Wert | α_adj (Bonferroni) | Signifikant? (p-Wert < α_adj) |
|---|---|---|---|---|---|---|---|---|
| 1 | **KI-Nutzungshäufigkeit** (V3_KI_Haeufigkeit) | **1 vs. 2** nie vs. seltener als 1 Mal im Monat | **Potenzial in DFM** (V11_NP_DFM_Gruppe) | Mann-Whitney-U | 302,5 | 0,079 | 0,0050 | nicht signifikant |
| 2 | **KI-Nutzungshäufigkeit** (V3_KI_Haeufigkeit) | **1 vs. 3** nie vs. 1–3 Mal pro Monat | **Potenzial in DFM** (V11_NP_DFM_Gruppe) | Mann-Whitney-U | 253,5 | 0,037 | 0,0050 | nicht signifikant |
| 3 | **KI-Nutzungshäufigkeit** (V3_KI_Haeufigkeit) | **1 vs. 4** nie vs. 1–3 Mal pro Woche | **Potenzial in DFM** (V11_NP_DFM_Gruppe) | Mann-Whitney-U | 168,0 | 0 | 0,0050 | **signifikant** |
| 4 | **KI-Nutzungshäufigkeit** (V3_KI_Haeufigkeit) | **1 vs. 5** nie vs. täglich | **Potenzial in DFM** (V11_NP_DFM_Gruppe) | Mann-Whitney-U | 119,5 | 0,015 | 0,0050 | nicht signifikant |
| 5 | **KI-Nutzungshäufigkeit** (V3_KI_Haeufigkeit) | **2 vs. 3** seltener als 1 Mal im Monat vs. 1–3 Mal pro Monat | **Potenzial in DFM** (V11_NP_DFM_Gruppe) | Mann-Whitney-U | 469,5 | 0,721 | 0,0050 | nicht signifikant |
| 6 | **KI-Nutzungshäufigkeit** (V3_KI_Haeufigkeit) | **2 vs. 4** seltener als 1 Mal im Monat vs. 1–3 Mal pro Woche | **Potenzial in DFM** (V11_NP_DFM_Gruppe) | Mann-Whitney-U | 357,5 | 0,054 | 0,0050 | nicht signifikant |
| 7 | **KI-Nutzungshäufigkeit** (V3_KI_Haeufigkeit) | **2 vs. 5** seltener als 1 Mal im Monat vs. täglich | **Potenzial in DFM** (V11_NP_DFM_Gruppe) | Mann-Whitney-U | 235,5 | 0,93 | 0,0050 | nicht signifikant |
| 8 | **KI-Nutzungshäufigkeit** (V3_KI_Haeufigkeit) | **3 vs. 4** 1–3 Mal pro Monat vs. 1–3 Mal pro Woche | **Potenzial in DFM** (V11_NP_DFM_Gruppe) | Mann-Whitney-U | 344,5 | 0,111 | 0,0050 | nicht signifikant |
| 9 | **KI-Nutzungshäufigkeit** (V3_KI_Haeufigkeit) | **3 vs. 5** 1–3 Mal pro Monat vs. täglich | **Potenzial in DFM** (V11_NP_DFM_Gruppe) | Mann-Whitney-U | 227,5 | 0,535 | 0,0050 | nicht signifikant |
| 10 | **KI-Nutzungshäufigkeit** (V3_KI_Haeufigkeit) | **4 vs. 5** 1–3 Mal pro Woche vs. täglich | **Potenzial in DFM** (V11_NP_DFM_Gruppe) | Mann-Whitney-U | 224,0 | 0,7 | 0,0050 | nicht signifikant |

**Abbildung 4.41** Post-hoc-Test: KI-Nutzungsgruppen / Design for Manufacturing. (Eigene Darstellung, Auswertung PSPP und Excel)

## Unterschiede in der Potenzialeinschätzung in verschiedenen Tätigkeitsfeldern zwischen Fach- und Führungskräften

Zur Überprüfung, ob sich die Einschätzung der Nutzenpotenziale von KI in den verschiedenen Tätigkeitsfeldern zwischen Fach- und Führungskräften unterscheidet, wurden sechs Mann-Whitney-U-Tests durchgeführt. Die Gruppenzugehörigkeit (Fachkraft oder Führungskraft) diente dabei als unabhängige Variable und die jeweilige Potenzialbewertung als abhängige Variable (Abbildung 4.42).

| Nr. | Unabhängige Variable | Abhängige Variable | Verfahren | n (Fälle) | U-Wert | Z-Wert | p-Wert | Ergebnis |
|---|---|---|---|---|---|---|---|---|
| 1 | **Fach-/Führungskraft** (V22_Fuehrungskraft_JN) | **Potenzial im Anforderungsmanagement** (V8_NP_AFM_Gruppe) | Mann-Whitney-U | 141 | 1673,5 | -0,88 | 0,38 | Kein signifikanter Unterschied |
| 2 | **Fach-/Führungskraft** (V22_Fuehrungskraft_JN) | **Potenzial in der Problemlösung/Entscheidungsfindung** (V9_NP_PLEF_Gruppe) | Mann-Whitney-U | 140 | 1762 | -0,37 | 0,714 | Kein signifikanter Unterschied |
| 3 | **Fach-/Führungskraft** (V22_Fuehrungskraft_JN) | **Potenzial in der Konstruktion** (V10_NP_KON_Gruppe) | Mann-Whitney-U | 140 | 1684,5 | -0,57 | 0,566 | Kein signifikanter Unterschied |
| 4 | **Fach-/Führungskraft** (V22_Fuehrungskraft_JN) | **Potenzial in DFM** (V11_NP_DFM_Gruppe) | Mann-Whitney-U | 135 | 1580,5 | -0,53 | 0,594 | Kein signifikanter Unterschied |
| 5 | **Fach-/Führungskraft** (V22_Fuehrungskraft_JN) | **Potenzial in FEM** (V12_NP_FEM_Gruppe) | Mann-Whitney-U | 132 | 1564,5 | -0,19 | 0,849 | Kein signifikanter Unterschied |
| 6 | **Fach-/Führungskraft** (V22_Fuehrungskraft_JN) | **Potenzial in Teamarbeit/Wissensmanagement** (V13_NP_TKW_Gruppe) | Mann-Whitney-U | 143 | 1739,5 | -0,72 | 0,471 | Kein signifikanter Unterschied |

**Abbildung 4.42** Mann-Whitney-U-Test: Fach-/Führungskraft / Potenzialeinschätzung. (Eigene Darstellung, Auswertung PSPP)

Der Mann-Whitney-U-Test ergab in keinem der untersuchten Tätigkeitsfelder signifikante Unterschiede zwischen Fach- und Führungskräften (alle $p > 0,05$).

### Unterschiede in KI-Erfahrung, KI-Einstellung und KI-Nutzungshäufigkeit nach Unternehmenstyp

Zur Überprüfung, ob sich KI-Erfahrung, KI-Einstellung und KI-Nutzungshäufigkeit zwischen Befragten aus unterschiedlichen Unternehmenstypen (reiner Zulieferer, reiner Entwicklungsdienstleister, Mischform) unterscheiden, wurden drei Kruskal-Wallis-Tests durchgeführt. Der Unternehmenstyp diente dabei als unabhängige Variable, während die drei genannten Merkmale jeweils als abhängige Variablen betrachtet wurden (Abbildung 4.43).

| Nr. | Unabhängige Variable | Abhängige Variable | Verfahren | n (Fälle) | $X^2$ | df | p-Wert | Ergebnis |
|---|---|---|---|---|---|---|---|---|
| 1 | **Unternehmenstyp** (V15_BK_UE_ART_Typ) | **KI-Erfahrung** (V1_KI_Erfahrung) | Kruskal-Wallis | 143 | 1,87 | 2 | 0,392 | Kein signifikanter Unterschied |
| 2 | **Unternehmenstyp** (V15_BK_UE_ART_Typ) | **KI-Einstellung** (V2_KI_Einstellung) | Kruskal-Wallis | 143 | 1,19 | 2 | 0,551 | Kein signifikanter Unterschied |
| 3 | **Unternehmenstyp** (V15_BK_UE_ART_Typ) | **KI-Nutzungshäufigkeit** (V3_KI_Haeufigkeit) | Kruskal-Wallis | 143 | 1,9 | 2 | 0,387 | Kein signifikanter Unterschied |

**Abbildung 4.43** Kruskal-Wallis-Test: KI-Erfahrung, KI-Einstellung und KI-Nutzungshäufigkeit nach Unternehmenstyp. (Eigene Darstellung, Auswertung PSPP)

Der Kruskal-Wallis-Test ergab weder für die KI-Erfahrung noch für die KI-Einstellung oder die KI-Nutzungshäufigkeit signifikante Unterschiede zwischen den Unternehmenstypen (alle $p > 0,05$).

### Unterschiede in gefühlter Informiertheit, Unternehmensinfos, Schulungen und KI-Zugang nach Unternehmenstyp

Zur Überprüfung, ob sich die gefühlte Informiertheit zu KI im Unternehmen, die unternehmensseitige Informationsweitergabe zu KI, die Durchführung von KI-Schulungen sowie der KI-Zugang im Unternehmen zwischen verschiedenen Unternehmenstypen (reiner Zulieferer, reiner Entwicklungsdienstleister, Mischform) unterscheiden, wurden vier Kruskal-Wallis-Tests durchgeführt. Der Unternehmenstyp diente dabei als unabhängige Variable, während die vier genannten Merkmale jeweils als abhängige Variablen betrachtet wurden. Bei zwei Merkmalen wurden Fälle mit der Ausprägung „99 = Nicht bekannt, Ich weiß es nicht“ als fehlend definiert und von der Analyse ausgeschlossen (Abbildung 4.44).

| Nr. | Unabhängige Variable | Abhängige Variable | Verfahren | n (Fälle) | $\chi^2$ | df | p-Wert | Ergebnis |
|---|---|---|---|---|---|---|---|---|
| 1 | **Unternehmenstyp** (V15_BK_UE_ART_Typ) | **Gefühlte Informiertheit zu KI im Unternehmen** (V4_UE_KI_InfoSelbst) | Kruskal-Wallis | 143 | 0,51 | 2 | 0,773 | Kein signifikanter Unterschied |
| 2 | **Unternehmenstyp** (V15_BK_UE_ART_Typ) | **Unternehmensinfos zu KI** (V5_UE_KI_Info) | Kruskal-Wallis | 143 | 0,25 | 2 | 0,884 | Kein signifikanter Unterschied |
| 3 | **Unternehmenstyp** (V15_BK_UE_ART_Typ) | **KI-Schulungen durch das Unternehmen** (V6_UE_KI_Training) | Kruskal-Wallis | 104 | 0,18 | 2 | 0,915 | Kein signifikanter Unterschied |
| 4 | **Unternehmenstyp** (V15_BK_UE_ART_Typ) | **KI-Zugang im Unternehmen** (V7_UE_KI_Zugang) | Kruskal-Wallis | 116 | 9,3 | 2 | 0,01 | **signifikanter Unterschied** |

**Abbildung 4.44** Kruskal-Wallis-Test: Informiertheit, Unternehmensinfos, Schulungen und KI-Zugang nach Unternehmenstyp. (Eigene Darstellung, Auswertung PSPP)

Beim Merkmal „KI-Zugang im Unternehmen" ergaben sich signifikante Unterschiede zwischen den Unternehmenstypen ($\chi2 = 9{,}30$; df = 2; p = 0,01). Für die übrigen Merkmale konnten keine signifikanten Unterschiede festgestellt werden (alle p > 0,05).

Zur genaueren Bestimmung, zwischen welchen Unternehmensarten sich der KI-Zugang im Unternehmen unterscheidet, wurden paarweise Vergleiche mit dem Mann-Whitney-U-Test durchgeführt. Zur Kontrolle des α-Fehlers wurde die Bonferroni-Korrektur angewendet (angepasstes Signifikanzniveau α_adj = 0,0167) (Abbildung 4.45).

| Nr. | Unabhängige Variable | Unabhängige Variable Gruppenvergleich | Abhängige Variable | Verfahren | U-Wert | p-Wert | α_adj (Bonferroni) | Signifikant? (p-Wert < α_adj) |
|---|---|---|---|---|---|---|---|---|
| 1 | **Unternehmenstyp** (V15_BK_UE_ART_Typ) | **1 vs. 2** reiner Zulieferer vs. reiner EDL | **KI-Zugang im Unternehmen** (V7_UE_KI_Zugang) | Mann-Whitney-U | 423,5 | 0,002 | 0,0167 | **signifikant** |
| 2 | **Unternehmenstyp** (V15_BK_UE_ART_Typ) | **1 vs. 3** reiner Zulieferer vs. Mischform | **KI-Zugang im Unternehmen** (V7_UE_KI_Zugang) | Mann-Whitney-U | 388,5 | 0,574 | 0,0167 | nicht signifikant |
| 3 | **Unternehmenstyp** (V15_BK_UE_ART_Typ) | **1 vs. 4** reiner EDL vs. Mischform | **KI-Zugang im Unternehmen** (V7_UE_KI_Zugang) | Mann-Whitney-U | 45,5 | 0,193 | 0,0167 | nicht signifikant |

**Abbildung 4.45** Post-hoc-Test: Unternehmenstypen / KI-Zugang im Unternehmen. (Eigene Darstellung, Auswertung PSPP und Excel)

Der Kruskal-Wallis-Test ergab für den KI-Zugang im Unternehmen einen signifikanten Gesamtunterschied zwischen den Unternehmensarten (p = 0,010). Die Post-hoc-Analyse zeigte, dass sich reine Zulieferer signifikant von reinen Entwicklungsdienstleistern unterschieden (p = 0,002), wobei reine Zulieferer im Mittel häufiger einen KI Zugang angaben. Zwischen den anderen Gruppen konnten nach Bonferroni-Korrektur keine signifikanten Unterschiede festgestellt werden.

**Unterschiede in gefühlter Informiertheit, Unternehmensinfos, Schulungen und KI-Zugang nach Unternehmensgröße**

Zur Überprüfung, ob sich die Bewertungen zu gefühlter Informiertheit, unternehmensseitiger Informationsweitergabe, vorhandenen Schulungsangeboten und Zugang zu KI-gestützten Anwendungen zwischen mittelgroßen (50–249 Mitarbeitende) und großen Unternehmen (ab 250 Mitarbeitende) unterscheiden, wurden vier Mann-Whitney-U-Tests durchgeführt. Die Unternehmensgröße diente dabei als unabhängige Variable und die jeweilige Ausprägung der vier Merkmale als abhängige Variable. Bei zwei Merkmalen wurden Fälle mit der Ausprägung „99 = Nicht bekannt, Ich weiß es nicht" als fehlend definiert und von der Analyse ausgeschlossen (Abbildung 4.46).

| Nr. | Unabhängige Variable | Abhängige Variable | Verfahren | n (Fälle) | U-Wert | Z-Wert | p-Wert | Ergebnis |
|---|---|---|---|---|---|---|---|---|
| 1 | Unternehmensgröße (V14_BK_UE_Groesse_bereinigt) | Gefühlte Informiertheit zu KI im Unternehmen (V4_UE_KI_InfoSelbst) | Mann-Whitney-U | 143 | 365,5 | -2,11 | 0,35 | Kein signifikanter Unterschied |
| 2 | Unternehmensgröße (V14_BK_UE_Groesse_bereinigt) | Unternehmensinfos zu KI (V5_UE_KI_Info) | Mann-Whitney-U | 143 | 405,5 | -1,73 | 0,083 | Kein signifikanter Unterschied |
| 3 | Unternehmensgröße (V14_BK_UE_Groesse_bereinigt) | KI-Schulungen durch das Unternehmen (V6_UE_KI_Training) | Mann-Whitney-U | 104 | 283,5 | -1,16 | 0,245 | Kein signifikanter Unterschied |
| 4 | Unternehmensgröße (V14_BK_UE_Groesse_bereinigt) | KI-Zugang im Unternehmen (V7_UE_KI_Zugang) | Mann-Whitney-U | 116 | 172 | -3,52 | 0 | signifikanter Unterschied |

**Abbildung 4.46** Mann-Whitney-U-Test: Informiertheit, Unternehmensinfos, Schulungen und KI-Zugang nach Unternehmensgröße. (Eigene Darstellung, Auswertung PSPP)

Ein signifikanter Unterschied zwischen mittelgroßen und großen Unternehmen konnte nur für den Zugang zu KI-gestützten Tools bzw. Pilotprojekten festgestellt werden ($U = 172$; $Z = -3{,}52$; $p < 0{,}001$). Befragte aus mittelgroßen Unternehmen ($n = 7$) berichteten hierbei von einem höheren Zugang (Rangmittelwert = 88,43) als Befragte aus großen Unternehmen ($n = 109$; Rangmittelwert = 56,58).

Für die Merkmale gefühlte Informiertheit zu KI im Unternehmen, unternehmensseitige Informationsweitergabe zu KI sowie Vorhandensein von Schulungsangeboten zum Thema KI ergaben sich keine signifikanten Unterschiede (alle $p > 0{,}05$).

**Unterschiede in KI-Erfahrung, KI-Einstellung und KI-Nutzungshäufigkeit nach KI-Zugang im Unternehmen**

Zur Überprüfung, ob sich die Ausprägung der Merkmale KI-Erfahrung, KI-Einstellung und KI-Nutzungshäufigkeit zwischen Befragten mit und ohne KI-Zugang im Unternehmen unterscheidet, wurden drei Mann-Whitney-U-Tests durchgeführt. Der KI-Zugang diente dabei als unabhängige Variable und die jeweilige

Merkmalsausprägung als abhängige Variable. Fälle mit dem Wert 99 („nicht bekannt") in der unabhängigen Variable wurden als fehlend markiert und von der Berechnung ausgeschlossen (Abbildung 4.47).

| Nr. | Unabhängige Variable | Abhängige Variable | Verfahren | n (Fälle) | U-Wert | Z-Wert | p-Wert | Ergebnis |
|---|---|---|---|---|---|---|---|---|
| 1 | KI-Zugang im Unternehmen (V7_UE_KI_Zugang) | KI-Erfahrung (V1_KI_Erfahrung) | Mann-Whitney-U | 116 | 796 | -2,03 | 0,043 | signifikanter Unterschied |
| 2 | KI-Zugang im Unternehmen (V7_UE_KI_Zugang) | KI-Einstellung (V2_KI_Einstellung) | Mann-Whitney-U | 116 | 1060,5 | -0,07 | 0,947 | Kein signifikanter Unterschied |
| 3 | KI-Zugang im Unternehmen (V7_UE_KI_Zugang) | KI-Nutzungshäufigkeit (V3_KI_Haeufigkeit) | Mann-Whitney-U | 116 | 620,5 | -3,19 | 0,001 | signifikanter Unterschied |

**Abbildung 4.47** Mann-Whitney-U-Test: KI-Erfahrung, KI-Einstellung und KI-Nutzungshäufigkeit nach KI-Zugang im Unternehmen. (Eigene Darstellung, Auswertung PSPP)

In zwei der drei untersuchten Merkmale zeigten sich signifikante Unterschiede zwischen Befragten mit und ohne KI-Zugang im Unternehmen. Unterschiede traten bei der KI-Erfahrung ($p = 0{,}043$) sowie bei der KI-Nutzungshäufigkeit ($p = 0{,}001$) auf. Befragte mit KI-Zugang wiesen hierbei sowohl eine höhere KI-Erfahrung als auch eine höhere KI-Nutzungshäufigkeit auf als Befragte ohne KI-Zugang. Für die KI-Einstellung ergaben sich hingegen keine signifikanten Unterschiede ($p = 0{,}947$).

## 4.9.5 Korrelationsanalysen

Korrelationsanalysen dienen der Ermittlung von Zusammenhängen zwischen Variablen. Ziel ist es, sogenannte Korrelationskoeffizienten zu berechnen, die den Zusammenhang zweier Variablen numerisch abbilden. Der Wertebereich reicht dabei von − 1, was einen perfekt negativen Zusammenhang kennzeichnet, bis + 1, was einen perfekt positiven Zusammenhang ausdrückt (vgl. Kielblock, 2024, S. 96).

Die Berechnungsmethode des Korrelationskoeffizienten variiert in Abhängigkeit vom Skalenniveau der Variablen. Für metrische Daten wird in der Regel der Pearson-Korrelationskoeffizient verwendet (vgl. Braunecker, 2021, S. 72). In dieser Arbeit kommt hingegen die Spearman-Rangkorrelation zur Anwendung, da es sich bei den untersuchten Variablen ausschließlich um Ordinalskalen handelt (vgl. Döring & Bortz, 2016, S. 677).

Wie bereits bei den bivariaten Analysen wurde auch für die Korrelationsanalysen ein Signifikanzniveau von 0,05 festgelegt. Im Folgenden werden die Ergebnisse ausgewählter Korrelationen nach dem beschriebenen Verfahren dargestellt.

### Korrelationen zwischen KI-Erfahrung, KI-Einstellung und KI-Nutzungshäufigkeit

Zur Untersuchung möglicher Zusammenhänge zwischen der allgemeinen KI-Erfahrung, der Einstellung zu KI und der Häufigkeit der KI-Nutzung wurden Spearman-Korrelationen berechnet. Die jeweiligen Variablenpaare wurden dabei als ordinalskalierte Merkmale betrachtet (Abbildung 4.48).

| Nr. | Variable 1 | Variable 2 | Verfahren | n (Fälle) | p-Wert | T-Wert | p-Wert | Ergebnis |
|---|---|---|---|---|---|---|---|---|
| 1 | **KI-Erfahrung** (V1_KI_Erfahrung) | **KI-Einstellung** (V2_KI_Einstellung) | Spearman-Korrelation | 143 | 0,32 | 4,04 | <0,001 | **signifikanter positiver Zusammenhang** |
| 2 | **KI-Erfahrung** (V1_KI_Erfahrung) | **KI-Nutzungshäufigkeit** (V3_KI_Haeufigkeit) | Spearman-Korrelation | 143 | 0,59 | 8,59 | <0,001 | **signifikanter positiver Zusammenhang** |
| 3 | **KI-Einstellung** (V2_KI_Einstellung) | **KI-Nutzungshäufigkeit** (V3_KI_Haeufigkeit) | Spearman-Korrelation | 143 | 0,46 | 6,13 | <0,001 | **signifikanter positiver Zusammenhang** |

**Abbildung 4.48** Spearman-Korrelation: KI-Erfahrung, KI-Einstellung und KI-Nutzungshäufigkeit. (Eigene Darstellung, Auswertung PSPP)

Zwischen der allgemeinen KI-Erfahrung, der Einstellung zu KI und der Häufigkeit der KI-Nutzung zeigten sich durchweg signifikante positive Zusammenhänge. Höhere Werte in der Erfahrung gingen damit tendenziell mit einer positiveren Einstellung und einer häufigeren Nutzung einher. Ebenso zeigte sich, dass eine positivere Einstellung zu KI mit einer höheren Nutzungshäufigkeit verbunden war.

### Korrelationen zwischen Altersgruppen und KI-Erfahrung, KI-Einstellung sowie KI-Nutzungshäufigkeit

Zur Untersuchung möglicher Zusammenhänge zwischen der Altersgruppe, der allgemeinen KI-Erfahrung, der Einstellung zu KI und der Häufigkeit der KI-Nutzung wurden Spearman-Korrelationen berechnet. Die jeweiligen Variablenpaare wurden dabei als ordinalskalierte Merkmale betrachtet (Abbildung 4.49).

Zwischen der Altersgruppe und der allgemeinen KI-Erfahrung sowie zwischen der Altersgruppe und der Häufigkeit der KI-Nutzung zeigten sich jeweils signifikante negative Zusammenhänge. Jüngere Befragte berichteten tendenziell über eine höhere Erfahrung mit KI und eine häufigere Nutzung von KI. Zwischen der Altersgruppe und der Einstellung zu KI bestand hingegen kein signifikanter Zusammenhang.

| Nr. | Variable 1 | Variable 2 | Verfahren | n (Fälle) | ρ-Wert | T-Wert | p-Wert | Ergebnis |
|---|---|---|---|---|---|---|---|---|
| 1 | **KI-Erfahrung** (V1_KI_Erfahrung) | **Altersgruppe** (V20_PI_Altersgruppe) | Spearman-Korrelation | 143 | -0,31 | -3,81 | <0,001 | **signifikanter negativer Zusammenhang** |
| 2 | **KI-Einstellung** (V2_KI_Einstellung) | **Altersgruppe** (V20_PI_Altersgruppe) | Spearman-Korrelation | 143 | -0,16 | -1,86 | 0,064 | kein signifikanter Zusammenhang |
| 3 | **KI-Nutzungshäufigkeit** (V3_KI_Haeufigkeit) | **Altersgruppe** (V20_PI_Altersgruppe) | Spearman-Korrelation | 143 | -0,32 | -3,96 | <0,001 | **signifikanter negativer Zusammenhang** |

**Abbildung 4.49** Spearman-Korrelation: Altersgruppe / KI-Erfahrung, KI-Einstellung und KI-Nutzungshäufigkeit. (Eigene Darstellung, Auswertung PSPP)

**Korrelationen zwischen Einschätzung unternehmensseitiger Informationen zu KI und KI-Erfahrung, KI-Einstellung, KI-Nutzungshäufigkeit sowie gefühlter Informiertheit zu KI**

Zur Untersuchung möglicher Zusammenhänge zwischen der Einschätzung unternehmensseitiger Informationen zu KI und der allgemeinen KI-Erfahrung, der Einstellung zu KI, der Häufigkeit der KI-Nutzung und der gefühlten Informiertheit zu KI wurden Spearman-Korrelationen berechnet. Die jeweiligen Variablenpaare wurden dabei als ordinalskalierte Merkmale betrachtet (Abbildung 4.50).

| Nr. | Variable 1 | Variable 2 | Verfahren | n (Fälle) | ρ-Wert | T-Wert | p-Wert | Ergebnis |
|---|---|---|---|---|---|---|---|---|
| 1 | **KI-Erfahrung** (V1_KI_Erfahrung) | **Unternehmensinfos zu KI** (V5_UE_KI_Info) | Spearman-Korrelation | 143 | 0,27 | 3,37 | 0,001 | **signifikanter positiver Zusammenhang** |
| 2 | **KI-Einstellung** (V2_KI_Einstellung) | **Unternehmensinfos zu KI** (V5_UE_KI_Info) | Spearman-Korrelation | 143 | 0,09 | 1,1 | 0,271 | kein signifikanter Zusammenhang |
| 3 | **KI-Nutzungshäufigkeit** (V3_KI_Haeufigkeit) | **Unternehmensinfos zu KI** (V5_UE_KI_Info) | Spearman-Korrelation | 143 | 0,24 | 2,99 | 0,003 | **signifikanter positiver Zusammenhang** |
| 4 | **Gefühlte Informiertheit zu KI im Unternehmen** (V4 UE KI InfoSelbst) | **Unternehmensinfos zu KI** (V5_UE_KI_Info) | Spearman-Korrelation | 143 | 0,7 | 11,76 | <0,001 | **signifikanter positiver Zusammenhang** |

**Abbildung 4.50** Spearman-Korrelation: Unternehmensinfos zu KI / KI-Erfahrung, KI-Einstellung, KI-Nutzungshäufigkeit und gefühlte Informiertheit zu KI. (Eigene Darstellung, Auswertung PSPP)

Zwischen der Einschätzung der unternehmensseitigen KI-Informationen und der allgemeinen KI-Erfahrung, der Häufigkeit der KI-Nutzung sowie der gefühlten Informiertheit zu KI im Unternehmen zeigten sich jeweils signifikante positive Zusammenhänge. Befragte, die den unternehmensseitigen Informationen zu KI stärker zustimmten, berichteten tendenziell über eine höhere Erfahrung mit KI, eine häufigere KI-Nutzung sowie eine höhere gefühlte Informiertheit. Zwischen der Einschätzung der unternehmensseitigen KI-Informationen und der Einstellung zu KI bestand hingegen kein signifikanter Zusammenhang.

## 4.10 Reflexion der Ergebnisse anhand Gütekriterien

Zur Beurteilung der Aussagekraft der Untersuchung werden die Ergebnisse im Hinblick auf die Gütekriterien Validität, Objektivität und Reliabilität reflektiert. Dabei werden sowohl Stärken als auch Einschränkungen berücksichtigt, die für die Interpretation der Resultate relevant sind.

**Reflexion der Validität**

Die Validität der Untersuchung wurde durch einen theoriegeleiteten Fragebogen und einen Pretest grundsätzlich unterstützt. Dennoch bestehen verschiedene Einschränkungen, die die Validität der Ergebnisse begrenzen. Beispielsweise waren die Fragen 4 und 5 sehr ähnlich formuliert, sodass die Unterschiede zwischen den Fragen für die Befragten nicht immer eindeutig erkennbar waren. Frage 7 kombinierte zudem mehrere Aspekte, wie den Zugang zu KI-Anwendungen und das Vorhandensein von Pilotprojekten, was die Eindeutigkeit der Antworten beeinträchtigen konnte. Bei Frage 6 zu Schulungs- und Weiterbildungsangeboten wurde lediglich nach deren Existenz gefragt, nicht jedoch nach der tatsächlichen Nutzung durch die Mitarbeitenden, um darüber auf die Erfahrung dieser schließen zu können.

Die Erwartungen an den Einsatz von KI wurden nur indirekt über die Einschätzungen der Befragten zu den Nutzenpotenzialen in den Matrixfragen erhoben. Andere mögliche Erwartungshaltungen blieben dadurch unberücksichtigt. Die Inhalte der Matrixfragen wurden aus der Theorie abgeleitet, dennoch könnten sie für die Teilnehmenden zu komplex gewesen sein und nicht von allen gleichermaßen verstanden worden sein. Obwohl im Fragebogen darauf hingewiesen wurde, dass die Potenziale unter der Annahme bewertet werden sollen, dass alle Schritte durch KI unterstützt werden können, ist nicht auszuschließen, dass individuelle Erfahrungen und persönliches Know-how die Antworten beeinflusst haben.

Die Generalisierbarkeit der Ergebnisse ist eingeschränkt. Zwar wurde die Sollgröße der Stichprobe erreicht, allerdings nur durch die bewusste Erhöhung der Fehlerspanne auf 10 % anstelle der üblicherweise angesetzten 5 %. Zudem ist die Zusammensetzung der Stichprobe nicht repräsentativ, da ein hoher Anteil der Teilnehmenden aus dem internen Firmennetzwerk des Forschenden stammt, Zulieferer gegenüber Entwicklungsdienstleistern dominieren und mittelgroße Unternehmen nur schwach vertreten sind.

Darüber hinaus kam es im Fragebogen zu einem Fehler bei der Abbildung der Größenklassen der Unternehmen, wodurch die Einordnung erschwert wurde. Zusätzlich ist zu berücksichtigen, dass durch Selbstselektion der Befragten Verzerrungen entstanden sein könnten, da vermutlich eher interessierte oder KI-affine Personen zur Teilnahme bereit waren.

**Reflexion der Objektivität**

Die Durchführungsobjektivität der Untersuchung war durch die standardisierte Online-Erhebung gewährleistet. Alle Teilnehmenden erhielten identische Fragen in gleicher Form und beantworteten diese selbstständig, ohne direkte soziale Interaktion mit der forschenden Person, sodass Beeinflussungen ausgeschlossen waren.

Die Auswertungsobjektivität beschreibt, dass die Ergebnisse unabhängig von der auswertenden Person zustande kommen (vgl. Döring & Bortz, 2016, S. 443). Dies wurde durch geschlossene Fragen mit festen Antwortformaten sowie eine computergestützte Auswertung sichergestellt. Obwohl die erhobenen Daten vor der Analyse ausgewählt und aufbereitet wurden, ist durch die sorgfältige Dokumentation aller Schritte die Nachvollziehbarkeit gewährleistet und die Objektivität zusätzlich unterstützt.

Interpretationsobjektivität liegt dann vor, wenn verschiedene Personen bei identischer Datenlage zu denselben Schlussfolgerungen gelangen (vgl. Döring & Bortz, 2016, S. 443). In dieser Untersuchung wurde darauf geachtet, dass alle Interpretationen nachvollziehbar auf Basis der erhobenen Daten erfolgen. Auch wenn der Messvorgang durch den standardisierten Fragebogen und die einheitliche Durchführung objektiv im methodischen Sinne bleibt, ist die Einordnung der Ergebnisse im Rahmen dieser Masterarbeit zwangsläufig durch die Perspektive der forschenden Person beeinflusst und daher nicht völlig frei von Subjektivität.

**Reflexion der Reliabilität**

Die Reliabilität der Untersuchung wurde durch den Einsatz geschlossener Fragen, standardisierter Antwortskalen und einen vorgelagerten Pretest gefördert. Mit 143 verwertbaren Fällen wurde die Sollgröße übertroffen, was die Stabilität der Ergebnisse zusätzlich unterstützt. Eine statistische Prüfung der internen Konsistenz (vgl. Braunecker, 2023, S. 113; vgl. Ebster & Stalzer, 2017, S. 228) erfolgte nicht, da die Items der Matrixfragen unterschiedliche Aspekte der Tätigkeitsfelder erfassen und nicht als homogene Items konzipiert sind. Damit wurde die Reliabilität nicht quantitativ überprüft.

Wie bereits im Rahmen der Reflexion der Validität erläutert, waren einzelne Fragen teilweise ähnlich formuliert, sodass die Unterschiede in der Fragestellung nicht immer klar erkennbar waren. Dies könnte bei wiederholter Befragung zu abweichenden Antworten derselben Personen führen und damit die Reliabilität einschränken. Zudem kombinierten manche Fragen mehrere Aspekte in einer Formulierung, wodurch die Eindeutigkeit der Antworten reduziert wurde. Schließlich könnte auch die Länge und Komplexität des Fragebogens zu Ermüdungseffekten beitragen, die die Reliabilität zusätzlich beeinträchtigen.

## 4.11 Interpretation der empirischen Ergebnisse

Die Interpretation der Ergebnisse ist maßgeblich von der Zusammensetzung der Stichprobe geprägt. Da die deutliche Mehrheit der Befragten aus großen Unternehmen stammt und über 80 % in Zulieferbetrieben tätig sind, spiegeln die Befunde in erster Linie die Sichtweise größerer Organisationen mit produktionsnaher Ausrichtung wider. Mittelständische Unternehmen und Entwicklungsdienstleister sind dagegen deutlich unterrepräsentiert, sodass sich die Ergebnisse nur eingeschränkt auf diese Gruppen übertragen lassen.

Die Verteilung der Rollen zeigt, dass drei Viertel der Befragten Fachkräfte sind, überwiegend Entwicklungsingenieur*innen. Damit sind die Ergebnisse vor allem durch eine operative Perspektive geprägt, während die strategische Sicht aufgrund der geringen Führungskräftequote weniger stark zum Tragen kommt. Dies spiegelt sich auch in der Altersstruktur wider, die einen Schwerpunkt bei 30–39 Jahren erkennen lässt, also in einem Bereich mit mittlerer Berufserfahrung. Geschlecht und Bildungsabschluss entsprechen weitgehend der Branchenrealität. Der hohe Männeranteil unterstreicht die nach wie vor geringe Diversität in technischen Berufszweigen, während die Akademikerquote von zwei Dritteln auf einen ausgeprägten technischen Qualifikationshintergrund der Befragten hinweist.

**Erfahrung der Befragten mit Künstlicher Intelligenz**

Die Ergebnisse zeigen, dass sich die Mehrheit der Befragten noch in einer frühen Phase des Umgangs mit Künstlicher Intelligenz befindet. Viele verfügen lediglich über erste Berührungspunkte oder grundlegendes Wissen, während nur wenige bereits über vertiefte Kenntnisse oder eine regelmäßige Anwendungserfahrung berichten. Daraus lässt sich schließen, dass KI in der Produktentwicklung bislang noch nicht als fest etabliertes Werkzeug gilt. Gleichzeitig zeigt sich, dass die Befragten in sehr unterschiedlichem Maße mit KI vertraut sind. Dieser Befund steht im Einklang mit der zu Beginn beschriebenen Problemstellung, wonach Automobilhersteller deutlich stärker in den Aufbau von KI-Kompetenzen investieren als Zulieferer und Entwicklungsdienstleister, sodass letztere in der Praxis häufig erst am Beginn entsprechender Entwicklungen stehen.

Die Haltung der Befragten gegenüber Künstlicher Intelligenz ist überwiegend positiv geprägt. Die meisten zeigen sich aufgeschlossen, teilweise sogar sehr offen, während nur ein kleinerer Teil eine neutrale oder skeptische Position einnimmt. Damit wird deutlich, dass die Einführung von KI-Anwendungen in der Produktentwicklung grundsätzlich auf eine hohe Akzeptanz stoßen kann. Vorbehalte einzelner Beschäftigter scheinen weniger auf generelles Misstrauen gegenüber der Technologie zurückzugehen, sondern vielmehr auf mangelnde Information.

Im Gegensatz zur positiven Einstellung fällt die tatsächliche Nutzung deutlich verhaltener aus. Nur ein kleiner Teil setzt KI regelmäßig im Arbeitsalltag ein, während die Mehrheit die Technologie bisher selten oder gar nicht nutzt. Die Diskrepanz zwischen Aufgeschlossenheit und praktischer Anwendung deutet darauf hin, dass fehlende Anwendungsfälle, unklare Rahmenbedingungen oder mangelnde Unterstützung sowie Information durch die Unternehmen den Einsatz bislang hemmen.

Beim subjektiven Informationsniveau zeigt sich ein überwiegend kritisches Bild. Die meisten Befragten fühlen sich nur wenig durch ihr Unternehmen informiert, ein weiterer großer Teil ordnet sich zumindest teilweise informiert ein. Damit wird deutlich, dass die positive Haltung vieler Befragter gegenüber Künstlicher Intelligenz nicht auf einer breiten Wissensbasis beruht, sondern stärker von allgemeiner Aufgeschlossenheit geprägt ist. Für Unternehmen ergibt sich daraus die Notwendigkeit, gezielte Informationsangebote bereitzustellen, um Wissen systematisch aufzubauen und die Anwendung sowie Akzeptanz nachhaltig zu festigen.

Die Ergebnisse zeigen außerdem, dass die unternehmensinterne Informationsweitergabe zum Thema Künstliche Intelligenz von den meisten Befragten als unzureichend wahrgenommen wird. Nur eine Minderheit berichtet von einer regelmäßigen Kommunikation, während der überwiegende Teil den Eindruck hat, dass Entwicklungen und Einsatzmöglichkeiten von KI im Unternehmen kaum oder gar nicht thematisiert werden. Damit wird deutlich, dass KI vielfach noch nicht als strategisches Querschnittsthema in die interne Kommunikation integriert ist.

Besonders deutlich wird der Handlungsbedarf im Bereich der Schulungs- und Weiterbildungsangebote. Die Mehrheit der Befragten gab an, dass es in ihrem Unternehmen keine Schulungs- oder Weiterbildungsangebote zu Künstlicher Intelligenz gibt. Nur wenige Teilnehmende nannten entsprechende Maßnahmen, während ein erheblicher Anteil angab, nicht zu wissen, ob solche Angebote existieren. Dies macht deutlich, dass Initiativen zur Qualifizierung von Mitarbeitenden zum Thema KI bislang kaum etabliert sind. Zusätzlich deutet die große Zahl von „Ich weiß es nicht“-Antworten auf Defizite in der internen Kommunikation hin, da offenbar nicht klar ist, ob entsprechende Maßnahmen angeboten werden oder nicht. Insgesamt zeigt sich damit, dass Mitarbeitende bisher kaum systematisch auf den Umgang mit KI in Unternehmen vorbereitet werden, was die praktische Anwendung im Arbeitsalltag erheblich einschränkt.

Ein Großteil der Befragten gab an, in ihrem Arbeitsumfeld bereits Zugang zu KI-gestützten Tools zu haben oder dass Pilotprojekte hierzu in ihrem Unternehmen durchgeführt werden. Dies unterstreicht, dass Künstliche Intelligenz in der Branche nicht nur theoretisch diskutiert, sondern bereits praktisch erprobt wird. Dennoch deutet auch hier der Anteil an „nicht bekannt"-Antworten auf Mängel in der internen Kommunikation hin, da für viele Mitarbeitende offenbar nicht transparent ist, ob Anwendungen vorhanden sind oder KI-Projekte im Unternehmen durchgeführt werden.

Ein interessanter Unterschied zeigte sich dabei zwischen Zulieferern und Entwicklungsdienstleistern, während Zulieferunternehmen häufiger angaben, Zugang zu KI-gestützten Tools oder Pilotprojekten zu haben, war dies bei Entwicklungsdienstleistern seltener der Fall. Dies deutet darauf hin, dass KI bislang stärker in produktionsnahen Umgebungen erprobt wird. Aufgrund des geringen Anteils an Entwicklungsdienstleistern in der Stichprobe ist dieses Ergebnis jedoch nur eingeschränkt aussagekräftig.

Auch zwischen mittelgroßen und großen Unternehmen wurde ein Unterschied sichtbar, denn obwohl die große Mehrheit der Befragten aus großen Unternehmen stammt, berichteten gerade Teilnehmende aus mittelgroßen Unternehmen vergleichsweise häufiger von einem Zugang zu KI. Aufgrund der geringen Fallzahl in dieser Gruppe ist dieses Ergebnis jedoch mit Vorsicht zu interpretieren.

Die bivariaten Analysen verdeutlichen zudem, dass der Zugang zu KI im Unternehmen einen erheblichen Unterschied macht. Befragte, die angaben Zugang zu Tools oder Pilotprojekten zu haben, bewerteten ihre Erfahrung und Nutzungshäufigkeit signifikant höher als Teilnehmende ohne entsprechenden Zugang. Dies legt nahe, dass die praktische Verfügbarkeit von KI-Anwendungen im Arbeitsumfeld entscheidend für den Kompetenzaufbau und die tatsächliche Anwendung ist.

#### Zusammenhänge zwischen Erfahrung, Einstellung und Nutzung

Die Korrelationsanalysen zeigen, dass Erfahrung, Einstellung und Nutzung von KI eng miteinander verflochten sind. Mehr Erfahrung geht mit einer offeneren Einstellung einher, gleichzeitig führt sie zu einer häufigeren Nutzung. Darüber hinaus zeigt sich, dass auch eine positivere Einstellung die Nutzungshäufigkeit erhöht. Damit ergibt sich eine Kette wechselseitiger Zusammenhänge, in der praktische Erfahrung die Einstellung prägt, die wiederum gemeinsam mit der Erfahrung die Nutzung vorantreibt. Für Unternehmen bedeutet dies, dass der gezielte Zugang zu Pilotprojekten und Tools nicht nur Kompetenzen aufbaut, sondern auch die Offenheit stärkt und damit die Grundlage für eine breitere Anwendung schafft.

#### Zusammenhänge zwischen Alter und Erfahrung, Einstellung und Nutzung

Die Korrelationsanalysen zeigen, dass ein höheres Alter mit geringerer Erfahrung und seltenerer Nutzung von KI verbunden ist. Jüngere Befragte verfügen häufiger über praktische Erfahrungen und setzen KI intensiver ein. Die grundsätzliche

Einstellung gegenüber KI bleibt jedoch unabhängig vom Lebensalter. Für Unternehmen bedeutet dies, dass insbesondere ältere Mitarbeitende gezielt informiert und an den Umgang mit KI herangeführt werden sollten. Auf diese Weise kann ihre Erfahrung erhöht und damit auch die Wahrscheinlichkeit gesteigert werden, dass sie KI-Anwendungen aktiv nutzen.

**Zusammenhänge zwischen Unternehmensinformationen und Erfahrung, Einstellung, Nutzung und Informiertheit**
Die Korrelationsanalysen zeigen außerdem, dass die unternehmensseitige Kommunikation zum Thema KI eng mit den Erfahrungen und der Nutzung der Befragten verbunden ist. Dort, wo Unternehmen regelmäßig über Entwicklungen und Anwendungen informieren, verfügen Mitarbeitende häufiger über praktische Erfahrungen, nutzen KI intensiver und fühlen sich insgesamt besser informiert. Besonders deutlich wird der Zusammenhang zwischen Unternehmensinformationen und dem subjektiven Informationsstand der Befragten, was die Bedeutung einer transparenten und umfassenden Kommunikation hervorhebt. Auf die grundsätzliche Einstellung zu KI wirkt sich die interne Informationsweitergabe jedoch nicht aus, sodass Offenheit oder Skepsis stärker von individuellen Faktoren abhängen. Für Unternehmen ergibt sich daraus, dass interne Kommunikation ein zentraler Ansatzpunkt ist, um Wissen und Anwendungspraxis im Umgang mit KI zu fördern.

**KI-Nutzenpotenzial im Anforderungsmanagement**
Im Anforderungsmanagement wurde das Nutzenpotenzial von KI insgesamt eher hoch eingeschätzt. Besonders positiv bewerteten die Befragten den möglichen Beitrag bei der Erhebung und Dokumentation von Anforderungen, während Validierung und Verwaltung zurückhaltender bewertet wurden. Auffällig ist zudem, dass die Einschätzung des Potenzials vom Bildungsstand beeinflusst wurde. Auch wenn zwischen den Gruppen keine klaren Unterschiede nachgewiesen werden konnten, deutet dieses Ergebnis darauf hin, dass die Wahrnehmung in diesem Tätigkeitsfeld stärker mit dem Bildungsweg verbunden ist als in anderen Bereichen.

Wie auch die Theorie hervorhebt, zählt das Anforderungsmanagement zu den zentralen Bestandteilen der Produktentwicklungsarbeit. Fehler oder Unklarheiten wirken sich stark auf nachgelagerte Entwicklungsstufen aus und verursachen hohe Folgekosten und Zeitrisiken. Die Zahl und Komplexität der Anforderungen wächst zudem durch technologischen und gesellschaftlichen Wandel stetig. Vernetzte Systeme, Softwareintegration und Nachhaltigkeitsvorgaben erzeugen eine Flut an Anforderungen, die Zulieferer und Entwicklungsdienstleister von OEMs übernehmen und entlang der Wertschöpfungskette weitergeben. Besonders schwierig ist in diesem Zusammenhang die Prüfung auf Vollständigkeit, Eindeutigkeit, Widersprüche und Umsetzbarkeit. Genau hier bewerteten die Befragten das Potenzial von KI zurückhaltender. Dies könnte damit zusammenhängen, dass diese Aufgaben stark erfahrungs- und kontextabhängig sind und die bisherigen KI-Erfahrungen in diesem Bereich begrenzt sind.

Das Anforderungsmanagement bietet sich daher insgesamt als geeignetes Pilotfeld für den Einsatz von KI an. Insbesondere bei der Erhebung und Dokumentation können Systeme unterstützen, indem sie Anforderungen schneller analysieren, strukturieren und für alle Beteiligten transparent darstellen. Für Zulieferer und Entwicklungsdienstleister eröffnet dies die Chance, OEM-Vorgaben effizienter zu prüfen und weiterzugeben. Gleichzeitig bleibt die Validierung und Verwaltung eine besondere Herausforderung, bei der menschliche Erfahrung unverzichtbar ist. Der Einsatz von KI sollte deshalb schrittweise erfolgen und die aktive Einbindung der Anwender*innen einschließen, um Akzeptanz und Erfahrung aufzubauen.

**KI-Nutzenpotenzial in der Problemlösungs- und Entscheidungsfindung**

Im Tätigkeitsfeld Problemlösungs- und Entscheidungsfindung wurde das Nutzenpotenzial von KI insgesamt im unteren mittleren Bereich eingeschätzt. Chancen sehen die Befragten vor allem bei der Suche nach Lösungsansätzen sowie bei der Bewertung und dem Vergleich möglicher Alternativen, während die eigentliche Entscheidungsfindung zurückhaltender bewertet wurde.

Die Problemlösungs- und Entscheidungsfindung zählt zu den zentralen Aufgaben der Produktentwicklung. Besonders die Entscheidungsfindung stellt eine Herausforderung dar, da sie von Unsicherheiten, unvollständigen Informationen und widersprüchlichen Zielen geprägt ist. Die Befragungsergebnisse zeigen, dass der Einsatz von KI vor allem dort als hilfreich angesehen wird, wo große Datenmengen strukturiert, Varianten verglichen und Übersicht geschaffen werden können. Die Unterstützung bei der eigentlichen Entscheidungsfindung wurde dagegen zurückhaltend bewertet. Offenbar wird KI in diesem Zusammenhang weniger mit den erforderlichen kognitiven Fähigkeiten verbunden, obwohl sie insbesondere bei Prognosen zukünftiger Entwicklungen große Leistungsfähigkeit entfalten kann, sofern eine belastbare Datenbasis vorhanden ist.

Daraus lässt sich ableiten, dass KI im Bereich Problemlösungs- und Entscheidungsfindung vor allem als Unterstützung bei der Generierung, Strukturierung und Bewertung von Varianten eingesetzt werden sollte. Der eigentliche Entscheidungsakt wird dagegen auch zukünftig von Menschen getragen. KI ist somit in diesem Feld als Ergänzung und nicht als Ersatz für die menschliche Entscheidungshoheit zu verstehen. Perspektivisch ist jedoch denkbar, dass KI-Systeme Entscheidungsunterstützung in Form aufbereiteter Entscheidungsbäume, Wahrscheinlichkeiten oder

Szenarien bieten, die es Ingenieur*innen und Führungskräften erleichtern, fundierte Entscheidungen zu treffen.

### KI-Nutzenpotenzial in der Konstruktion

Die Einschätzung der Befragten zum KI-Nutzenpotenzial in der Konstruktion fällt differenziert aus. Während die 3D-Modellierung mehrheitlich nur mit geringem bis mittlerem Potenzial bewertet wurde, sehen die Befragten in der Erstellung von 2D-Zeichnungen, der Nutzung von Konstruktionskatalogen sowie besonders in der Stücklistenerstellung hohes bis sehr hohes Potenzial. Insgesamt wird dem Einsatz von KI in der Konstruktion ein hohes mittleres Potenzial zugesprochen.

Die Befragungsergebnisse zeigen, dass KI in der Konstruktion vor allem dort Potenzial hat, wo Arbeitsabläufe stark formalisiert sind und sich standardisieren oder automatisieren lassen. Dazu gehören etwa die Prüfung von Normvorgaben, Bemaßungen und Toleranzen, die Sicherstellung vollständiger Stücklisten oder die intelligente Auswahl von Katalogteilen. Zurückhaltender wird der Nutzen dagegen bei der 3D-Modellierung gesehen, da hier kreative und komplexe Entscheidungen dominieren, die weiterhin auf der Erfahrung und Intuition der Konstrukteur*innen beruhen.

Daraus ergibt sich für Unternehmen, dass sie den Einsatz von KI in der Konstruktion auf standardisierte Aufgabenfelder ausrichten sollten. Besonders die Stücklistenerstellung und die Nutzung von Konstruktionskatalogen bieten sich als Pilotbereiche an, da hier unmittelbare Effizienzgewinne in Form von reduzierten Durchlaufzeiten und geringeren Fehlerkosten realisierbar sind. Bei der 3D-Modellierung hingegen bleibt KI auf eine unterstützende Rolle beschränkt. Sie sollte hier als Werkzeug verstanden werden, das Routinetätigkeiten übernimmt und Freiraum für wertschöpfende kreative Arbeit schafft.

### KI-Nutzenpotenzial im Design for Manufacturing

Die Befragungsergebnisse zeigen insgesamt ein eher niedriges mittleres Potenzial für den Einsatz von KI im Design for Manufacturing. Während die Vereinfachung der Produktstruktur überwiegend mit mittlerem oder geringem Potenzial eingeschätzt wurde, sehen die Befragten in der fertigungsgerechten Auslegung eher hohes Potenzial. Auffällig ist zudem, dass in diesem Tätigkeitsfeld ein signifikanter Unterschied nach der Nutzungshäufigkeit von KI festgestellt wurde. Befragte, die KI bereits regelmäßig einsetzen, bewerten das Potenzial höher als Personen ohne praktische Erfahrung.

Die Einschätzungen zeigen, dass KI vor allem dort Potenzial zugesprochen wird, wo klar definierte Regeln und geometrische Kriterien die Konstruktion prägen.

Bei der fertigungsgerechten Auslegung, etwa in Bezug auf Wandstärken, Entformschrägen oder Trennlinien, können daten- und modellbasierte Systeme konstruktive Schwachstellen identifizieren und Optimierungsvorschläge machen. Zurückhaltender bewerten die Befragten hingegen die Vereinfachung der Produktstruktur, da dieser Schritt komplexe Abwägungen zwischen Funktionalität, Integrationsgrad und Bauteilaufteilung erfordert und stark als kreative und erfahrungsbasierte Ingenieurleistung wahrgenommen wird.

Für die Praxis lässt sich ableiten, dass KI im Bereich DFM zunächst vor allem in der fertigungsgerechten Auslegung eingesetzt werden sollte. Hier können automatisierte Prüfungen und Vorschläge die Entwicklungsarbeit spürbar beschleunigen und zu robusteren Lösungen führen. Die Vereinfachung der Produktstruktur bleibt dagegen ein Feld, in dem menschliche Kreativität und Erfahrung unverzichtbar sind. Perspektivisch kann KI auch hier unterstützen, indem sie Varianten simuliert oder auf fertigungsbezogene Einschränkungen hinweist. Kurzfristig erscheint es für Unternehmen jedoch sinnvoll, KI primär als Analysewerkzeug einzusetzen, während die konzeptionelle Verantwortung weiterhin bei den Entwicklungsteams liegt.

**KI-Nutzenpotenzial in der FEM-Simulation**

Für den Einsatz von KI in der FEM-Simulation wird insgesamt ein mittleres Potenzial gesehen, wobei die Einschätzungen der einzelnen Schritte sich stark unterscheiden. Während im Modellaufbau und in der numerischen Berechnung mehrheitlich hohes bis sehr hohes Potenzial gesehen wird, wird die Lastfalldefinition eher im mittleren Bereich eingeordnet. Am zurückhaltendsten wurde die Analyse bewertet. Zu berücksichtigen ist zudem, dass nur ein sehr kleiner Teil der Befragten schwerpunktmäßig in der Simulation tätig ist und der Anteil an Antworten „Keine Einschätzung möglich" vergleichsweise hoch ausfiel. Ergänzend zeigte sich ein signifikanter Unterschied nach KI-Erfahrung, wobei Befragte mit Grundkenntnissen das Potenzial höher bewerteten als Personen mit ersten Berührungspunkten. Aufgrund der geringen Repräsentanz von Expert*innen sind diese Befunde insgesamt nur eingeschränkt aussagekräftig.

Die Einschätzungen zeigen, dass KI vor allem dort als sinnvoll angesehen wird, wo stark regelbasierte oder datenintensive Tätigkeiten im Vordergrund stehen. Beim Modellaufbau kann KI beispielsweise bei der Geometrievereinfachung, der Vernetzung oder der Materialzuweisung unterstützen. Auch in der numerischen Berechnung werden hohe Potenziale gesehen, da KI hier zu Effizienzsteigerungen beitragen und Rechenzeiten reduzieren kann. Weniger klar wird der Nutzen dagegen bei der Lastfalldefinition eingeschätzt, die stark vom Erfahrungswissen der Ingenieure geprägt ist. Noch zurückhaltender erfolgt die Bewertung in der Analysephase, da hier die Interpretation der Ergebnisse eine hohe kognitive Leistung erfordert und stark von Fachwissen, Erfahrung und Kontextverständnis abhängt.

In praktischer Hinsicht bedeutet dies, dass erste KI-Einsätze in der FEM-Simulation vorsichtig und fokussiert erfolgen sollten. Am ehesten eignen sich klar definierte, wiederkehrende Tätigkeiten im Modellaufbau oder in der Berechnungsvorbereitung. Anspruchsvollere Schritte wie die Analyse bleiben dagegen auch künftig stark von menschlicher Expertise abhängig. Da effizientere Simulationen physische Tests verkürzen oder teilweise ersetzen können, was zu Kostensenkungen und einer schnelleren Markteinführung von Produkten beiträgt, erscheint weitere Forschung besonders sinnvoll. Nur durch gezielte Untersuchungen mit ausgewiesenen Simulationsexpert*innen lässt sich bestimmen, in welchen Schritten der FEM-Simulation das größte Nutzenpotenzial von KI tatsächlich liegt.

**KI-Nutzenpotenzial für Teamarbeit, Kommunikation und Wissensmanagement**

Dem Tätigkeitsfeld Teamarbeit, Kommunikation und Wissensmanagement wird insgesamt ein hohes bis sehr hohes Potenzial zugesprochen. Besonders deutlich zeigt sich dies bei der Informationssuche, die von den Befragten fast durchgängig mit sehr hohem oder hohem Potenzial bewertet wurde. Auch beim Dokumentenmanagement und bei der Dokumentation und Protokollierung überwiegen hohe bis sehr hohe Einschätzungen.

Die Ergebnisse verdeutlichen, dass KI insbesondere dort Potenzial hat, wo Routineaufgaben vereinfacht und der Zugang zu Wissen erleichtert werden können. Das gilt vor allem für die Informationssuche, bei der intelligente Algorithmen große Datenmengen durchsuchen und relevante Inhalte schnell zugänglich machen können. Auch im Dokumentenmanagement und in der Protokollierung bestehen Vorteile, etwa durch automatisierte Ablage, Verschlagwortung oder das Erstellen standardisierter Protokolle. Damit lassen sich Prozesse beschleunigen und die Zusammenarbeit verbessern. Dies ist besonders relevant, da Teamarbeit, Kommunikation und Wissensmanagement zu den zentralen Erfolgsfaktoren der Produktentwicklung gehören, in der Praxis jedoch häufig mit Zeitaufwand, unvollständigen Inhalten oder fehlenden Standards verbunden sind.

Daraus abgeleitet sollten Unternehmen im Bereich Teamarbeit, Kommunikation und Wissensmanagement frühzeitig auf KI setzen, da hier vergleichsweise ausgereifte Technologien verfügbar sind und sich Effizienz sowie Ressourceneinsatz verhältnismäßig einfach optimieren lassen. Besonders die Informationssuche stellt ein geeignetes Feld dar, um den Wissenszugang in Entwicklungsprojekten zu beschleunigen und zu verbessern. Auch Dokumentation und Dokumentenmanagement können durch KI erheblich entlastet werden. Der gezielte Einsatz in diesen Bereichen kann nicht nur die Effizienz steigern, sondern auch die Qualität der Zusammenarbeit verbessern, indem relevante Informationen schneller verfügbar sind, Fehler durch Wissenslücken reduziert werden und Wissensverluste durch Fluktuation oder Fachkräftemangel abgefedert werden.

**KI-Nutzenpotenziale in der Produktentwicklung**

Die Interpretation der sechs Tätigkeitsfelder zeigt ein differenziertes Bild hinsichtlich der wahrgenommenen Potenziale von KI in der Produktentwicklung. Insgesamt wird KI in allen Bereichen nicht als Ersatz, sondern als unterstützendes Werkzeug verstanden, das vor allem regelbasierte, datenintensive und wiederkehrende Tätigkeiten effizienter machen kann.

Am höchsten eingeschätzt wurden die Potenziale in den Feldern Teamarbeit, Kommunikation und Wissensmanagement sowie im Anforderungsmanagement. Beide Bereiche sind durch hohen Informations- und Abstimmungsaufwand geprägt, wodurch KI unmittelbar zur Strukturierung und besseren Verfügbarkeit von Wissen beitragen kann.

Im Mittelfeld liegen die Tätigkeiten Konstruktion und FEM-Simulation. Während in der Konstruktion vor allem in standardisierten Arbeitsschritten wie der Stücklistenerstellung große Potenziale gesehen werden, bleiben kreative Aufgaben wie die 3D-Modellierung skeptischer bewertet. In der FEM-Simulation werden Potenziale insbesondere in modell- und datenintensiven Schritten gesehen, während die Ergebnisanalyse weiterhin als klar menschliche Domäne gilt.

Zurückhaltender bewertet wurde das Tätigkeitsfeld Problemlösungs- und Entscheidungsfindung. Die Befragten sehen Potenziale insbesondere bei der Unterstützung der Lösungsfindung und -bewertung, nicht jedoch bei der eigentlichen Entscheidung, die weiterhin mit menschlicher Erfahrung und Verantwortungsübernahme verbunden wird.

Am geringsten wird das Potenzial im Bereich Design for Manufacturing eingeschätzt. Hier sehen die Befragten in der fertigungsgerechten Auslegung noch gewisse Potenziale, während die Vereinfachung der Produktstruktur vor allem als erfahrungsbasierte, kreative Aufgabe gilt, bei der KI derzeit nur begrenzt Unterstützung leisten kann.

Bemerkenswert ist, dass sich diese Einschätzungen unabhängig von Rolle, Geschlecht, Alter, Unternehmensgröße oder Unternehmenstyp zeigen. Unterschiede ergeben sich ausschließlich im Hinblick auf die Einstellung zu KI. Je positiver die Haltung, desto höher fällt die Potenzialeinschätzung in allen Tätigkeitsfeldern aus. Besonders deutlich wird dies im Vergleich von skeptischen Befragten mit offen oder sehr offen eingestellten Teilnehmenden. Damit wird deutlich, dass nicht strukturelle Merkmale die Wahrnehmung von KI-Potenzialen bestimmen, sondern in erster Linie die Einstellung der Mitarbeitenden.

Insgesamt zeigt sich, dass KI vor allem dort hohe Potenziale zugeschrieben bekommt, wo Tätigkeiten durch klare Regeln, wiederkehrende Muster und große Datenmengen geprägt sind. Zurückhaltender fällt die Einschätzung in Bereichen aus, die stark von Kreativität, Erfahrung, Intuition oder kognitiver Bewertung abhängen. Damit bestätigt sich die Rolle von KI in der Produktentwicklung in erster Linie als Instrument zur Automatisierung und Entscheidungsunterstützung, nicht als Ersatz für die Expertise von Ingenieur*innen.

## 4.12 Vergleich der gewonnenen Erkenntnisse mit der Literatur

In diesem Kapitel werden zentrale gewonnene Erkenntnisse mit einschlägiger Literatur verglichen. Dabei werden sowohl bereits herangezogene Quellen als auch weitere aktuelle Studien berücksichtigt. Ziel ist es, die Befunde in einen breiteren wissenschaftlichen Kontext einzuordnen. Es wird deutlich, in welchen Punkten die Ergebnisse durch andere Studien gestützt werden und wo Unterschiede auftreten.

**Erfahrung, Einstellung und Nutzung von KI**

Die Befragungsergebnisse verdeutlichen, dass sich die meisten Teilnehmenden noch in einer frühen Phase der Nutzung von Künstlicher Intelligenz befinden. Zwar zeigen sie eine überwiegend positive Haltung, die tatsächliche Anwendung im Arbeitsalltag bleibt jedoch selten. Damit bestätigt sich ein Muster, das bereits in der Problemstellung angedeutet wurde. Weiss (2024) zeigt, dass zwar ein Großteil der Automobilunternehmen den Einsatz von KI plant oder bereits begonnen hat, die tägliche Nutzung jedoch mit 6,6 % sehr gering bleibt, während fast die Hälfte der Beschäftigten angibt, kaum oder nie KI-basierte Programme zu verwenden. Cooper (2024a) unterstreicht diesen Befund, indem er die geringe Anwendungsrate von KI hervorhebt, gleichzeitig jedoch die zukünftige Relevanz für die Produktentwicklung betont (vgl. Cooper, 2024b).

**Unternehmensfaktoren: Kommunikation, Schulung und Zugang zu Tools**

Die Befragungsergebnisse zeigen, dass das Informationsniveau vieler Teilnehmender zum Thema Künstliche Intelligenz niedrig ist und die interne Kommunikation in den Unternehmen als unzureichend wahrgenommen wird. Schulungs- und Weiterbildungsangebote sind kaum vorhanden, und vielfach ist nicht einmal bekannt, ob entsprechende Maßnahmen existieren. Gleichzeitig wird deutlich, dass der Zugang zu KI-Anwendungen sowie das vorhandene Wissen und die interne Information ausschlaggebend für die praktische Nutzung sind. Beschäftigte mit Zugang zu Tools oder Pilotprojekten berichten von deutlich mehr Erfahrung und häufigerer Anwendung. Zudem zeigt sich, dass ein höheres Informationsniveau die Nutzung fördert und indirekt auch die Einstellung zu KI positiv beeinflusst.

Das Whitepaper von Stowasser und Suchy (2020) stützt diese Ergebnisse teilweise. Es betont, dass transparente Kommunikation und eine frühzeitige Einbindung der Mitarbeitenden entscheidend für die erfolgreiche Einführung von KI-Systemen sind (vgl. 2020, S. 8, 12). Ergänzend wird hervorgehoben, dass grundlegende Qualifizierungen notwendig sind, um Akzeptanz zu schaffen und dass Pilotprojekte praxisnahe Erfahrungen ermöglichen, die den Umgang mit KI erleichtern und ihre Nutzung festigen (vgl. 2020, S. 22–23). Während die Literatur damit zentrale Rahmenbedingungen beschreibt, verdeutlichen die empirischen Befunde zusätzlich den unmittelbaren Zusammenhang zwischen Informationsniveau, Toolzugang und tatsächlicher Nutzung.

**Nutzenpotenziale in Tätigkeitsfeldern**

Die empirischen Ergebnisse zeigen, dass Künstliche Intelligenz im Bereich Teamarbeit, Kommunikation und Wissensmanagement ein besonders hohes Potenzial besitzt. Vorteile werden bei der Informationssuche, im Dokumentenmanagement sowie in der Protokollierung und Dokumentation von Wissen gesehen. Diese Einschätzungen decken sich mit Jarrahi et al. (2023), die herausstellen, dass KI im Wissensmanagement insbesondere durch die Automatisierung von Speicherung, Abruf und Austausch von Informationen Effizienzgewinne ermöglicht und die Zusammenarbeit unterstützt, während komplexe und kreative Aufgaben weiterhin klar menschlicher Expertise vorbehalten bleiben. Ergänzend zeigt Garcia (2024), dass es bereits eine Vielzahl praktischer Anwendungen gibt. Beispiele sind KI-gestützte Kollaborationsplattformen wie Slack, Teams oder Zoom, die Kommunikation und Projektmanagement verbessern, sowie Chatbots, die Routineaufgaben übernehmen und Zusammenarbeit fördern (vgl. Garcia, 2024, S. 50–53).

Auch im Anforderungsmanagement sehen die Befragten vor allem bei Erhebung und Dokumentation ein hohes Potenzial, während Validierung und Verwaltung zurückhaltender bewertet werden. Damit wird KI insbesondere dort als hilfreich eingeschätzt, wo große Mengen an Anforderungen strukturiert und aufbereitet werden müssen. Dehn et al. (2023) weisen ebenfalls auf das hohe Potenzial von KI im

Anforderungsmanagement hin, verweisen jedoch gleichzeitig auf eine Lücke zwischen den technischen Möglichkeiten und der praktischen Anwendung. Um diese zu überbrücken, schlagen die Autor*innen vor, Anforderungen in standardisierte Prozessschritte zu zerlegen, die sich gezielt mit passenden Algorithmen unterstützen lassen. Jama Software (2024) zeigt ergänzend, dass bereits heute Tools existieren, die nicht nur Erhebung und Dokumentation, sondern auch Validierung und Verwaltung von Anforderungen unterstützen. Damit deckt sich die aktuelle Tool-Landschaft nicht mit den empirischen Ergebnissen, die hier ein geringeres Potenzial aufzeigen. Eine mögliche Erklärung ist, dass die Vorgabe, das Nutzenpotenzial unabhängig von der Frage nach der technischen Umsetzbarkeit einzuschätzen, nicht von allen Teilnehmenden konsequent beachtet wurde. Vermutlich floss die individuelle Vorerfahrung mit KI dennoch in die Antworten ein und die Bedeutung von Validierungstätigkeiten im Anforderungsmanagement könnte zudem unterschätzt worden sein.

Die Ergebnisse der Befragung zeigen, dass sowohl der Konstruktion als auch der FEM-Simulation insgesamt ein mittleres Potenzial für den Einsatz von KI zugeschrieben wird. In der Konstruktion wurden standardisierte Aufgaben wie die Stücklistenerstellung, die Nutzung von Konstruktionskatalogen und die Erstellung von 2D-Zeichnungen besonders hoch bewertet, während die 3D-Modellierung deutlich zurückhaltender eingeschätzt wurde. Für die FEM-Simulation ergibt sich ein ähnliches Bild. Hohe Potenziale werden beim Modellaufbau und in der numerischen Berechnung gesehen, während die Lastfalldefinition und vor allem die Analyse deutlich geringer bewertet wurden. Damit wird deutlich, dass KI in beiden Tätigkeitsfeldern vor allem dort Nutzen zugestanden wird, wo wiederkehrende Abläufe automatisiert und datenintensive Prozesse unterstützt werden können, während komplexe und erfahrungsbasierte Tätigkeiten nach wie vor menschliche Expertise erfordern. Ao et al. (2025) bestätigen diese Einschätzung und zeigen in ihrem State-of-the-Art-Review, dass KI-gestütztes Design (AIAD) insbesondere in struktur- und simulationsintensiven Aufgaben bereits erfolgreich eingesetzt wird, etwa bei Optimierungen und topologischen Gestaltungen. Eigenständige kreative 3D-Modellierung wird von ihnen jedoch nicht als spezifische Aufgabe des AIAD hervorgehoben. Dennoch betonen die Autor*innen, dass AIAD mit zunehmender Rechenleistung und verbesserten Algorithmen weiter an Bedeutung gewinnen wird. Dieser Trend zeigt sich auch in marktführenden CAD-Lösungen. Dassault Systèmes bietet für CATIA, eine der in der Automobilbranche am häufigsten genutzten CAD-Software, KI-gestützte Konstruktionsfunktionen an. (Dassault Systèmes, o. J.). Damit zeigt sich, dass KI bereits in gängigen Konstruktionswerkzeugen Einzug hält und konstruktive Aufgaben unterstützen und beschleunigen kann.

# Schlussfolgerungen und Handlungsempfehlungen 5

Im Folgenden werden die Forschungsfragen nacheinander aufgegriffen und auf Basis der theoretischen Analyse sowie der empirischen Ergebnisse beantwortet. Dadurch entsteht ein differenziertes Bild der Einsatzmöglichkeiten von KI in der Produktentwicklung sowie der Erfahrungen und Erwartungen von Mitarbeiter*innen mit und an Künstlicher Intelligenz, das zugleich die Grundlage für die anschließenden Handlungsempfehlungen bildet.

## 5.1 Beantwortung der Forschungsfragen

**F1: Welche Einsatzmöglichkeiten bietet künstliche Intelligenz entlang des Produktentwicklungsprozesses deutscher mittlerer und großer Automobilzulieferer sowie Entwicklungsdienstleister?**

Die Grundlage für die Beantwortung dieser Forschungsfrage wurde im theoretischen Teil der Arbeit gelegt. In *Abschnitt 3.2* wurden sechs grundlegende Tätigkeitsfelder der Produktentwicklung herausgearbeitet: Anforderungsmanagement, Problemlösungs- und Entscheidungsfindung, Konstruktion, Design for Manufacturing, FEM-Simulation sowie Teamarbeit, Kommunikation und Wissensmanagement. Ergänzend wurde in *Abschnitt 3.3* ein Verständnis für Künstliche Intelligenz und ihre Fähigkeiten entwickelt. Auf Basis dieser Herleitungen und der in *Abschnitt 3.4* dargestellten Überlegungen zu Einsatzmöglichkeiten von KI im Produktentwicklungsprozess lässt sich festhalten, dass jedes der betrachteten Tätigkeitsfelder einschließlich der einzelnen Schritte durch KI unterstützt werden kann und somit entlang des gesamten Produktentwicklungsprozesses Einsatzmöglichkeiten bestehen.

 
M. Kotterer, *Einsatzmöglichkeiten und Nutzenpotenziale von KI in der Produktentwicklung*, BestMasters, https://doi.org/10.1007/978-3-658-51914-8_5

Während im theoretischen Teil die Einsatzmöglichkeiten von KI in allen Tätigkeitsfeldern aufgezeigt wurden, differenziert die empirische Untersuchung in *Kapitel 4* diese Erkenntnisse und verdeutlicht, in welchen Bereichen ein höheres oder geringeres Nutzenpotenzial gesehen wird.

Im Tätigkeitsfeld Teamarbeit, Kommunikation und Wissensmanagement besteht insgesamt das größte praktische Nutzenpotenzial für den Einsatz von KI. Dies gilt für alle drei betrachteten Schritte: Dokumentation und Protokollierung, Dokumentenmanagement sowie Informationssuche. Besonders deutlich sticht die Informationssuche hervor, die von allen Bereichen das höchste Potenzial aufweist. Diese Einschätzung erscheint plausibel, da in der Produktentwicklung ein erheblicher Teil der Arbeitszeit auf das Auffinden und die Aufbereitung von Informationen entfällt.

Im Anforderungsmanagement besteht ebenfalls ein hohes, jedoch nicht ganz so stark ausgeprägtes praktisches Nutzenpotenzial für den Einsatz von KI. Besonders in den Schritten Datenerhebung und Dokumentation zeigt sich deutliche Unterstützung, da hier große Informationsmengen erfasst und strukturiert werden müssen. Auch für die Verwaltung und Validierung von Anforderungen ergibt sich Potenzial, wenn auch in geringerem Maße. Insgesamt verdeutlichen die Ergebnisse, dass in diesem Tätigkeitsfeld wichtige Ansätze bestehen, um Anforderungen effizient zu sammeln, konsistent zu dokumentieren und über den gesamten Entwicklungsprozess hinweg nachvollziehbar bereitzustellen.

In der Konstruktion besteht ebenfalls ein hohes praktisches Nutzenpotenzial für den Einsatz von KI. Besonders die Erstellung von Stücklisten und die Nutzung von Konstruktionskatalogen gelten als vielversprechende Anwendungsbereiche. Auch bei der Erstellung von 2D-Zeichnungen zeigt sich Potenzial. Zurückhaltender wird hingegen die 3D-Modellierung bewertet, die mehrheitlich nur mit mittlerem und geringem Potenzial verbunden ist.

In der FEM-Simulation zeigt sich ein insgesamt mittleres bis hohes Nutzenpotenzial für den Einsatz von KI. Besonders im Modellaufbau und in der numerischen Berechnung gelten die Einsatzmöglichkeiten als vielversprechend, da diese Arbeitsschritte zeitaufwendig, datenintensiv und stark formalisiert sind. Auch bei der Lastfalldefinition und den Ergebnisauswertungen zeigen sich Nutzenpotenziale, wenn auch etwas zurückhaltender.

In der Problemlösungs- und Entscheidungsfindung besteht insgesamt ein mittleres Nutzenpotenzial für den Einsatz von KI. Das größte Potenzial zeigt sich in der Lösungsbewertung und beim Vergleich von Alternativen, da KI große Datenmengen verarbeiten und Optionen systematisch gegenüberstellen kann. In der Lösungssuche liegen die Einschätzungen überwiegend im mittleren Bereich.

Am zurückhaltendsten wird das Potenzial bei der eigentlichen Entscheidungsfindung gesehen, die weiterhin stark von menschlicher Erfahrung und Verantwortung geprägt bleibt.

Im Design for Manufacturing besteht insgesamt das geringste praktische Nutzenpotenzial für den Einsatz von KI. In der fertigungsgerechten Auslegung von Bauteilen ergeben sich zwar Ansätze für eine sinnvolle Unterstützung, die Bewertungen fallen jedoch weniger stark aus als in anderen Tätigkeitsfeldern. Noch zurückhaltender wird das Potenzial in der Vereinfachung von Produktstrukturen gesehen.

Zusammenfassend lässt sich feststellen, dass KI entlang des gesamten Produktentwicklungsprozesses vielfältige Einsatzmöglichkeiten bietet. Besonders große Potenziale bestehen in der Teamarbeit, im Wissensmanagement und im Anforderungsmanagement, gefolgt von der Konstruktion und der FEM-Simulation. Mittlere Potenziale zeigen sich in der Problemlösungs- und Entscheidungsfindung, während Design for Manufacturing aktuell am zurückhaltendsten bewertet wird. Damit ergibt sich ein differenziertes Bild, bei dem die größten Chancen vor allem in datenintensiven und standardisierten Tätigkeiten liegen.

**F2: Welche Erfahrungen und Erwartungen haben Mitarbeiter*innen im Produktentwicklungsprozess deutscher mittlerer und großer Automobilzulieferer sowie Entwicklungsdienstleister im Umgang mit künstlicher Intelligenz?**

Die theoretische Analyse hat verdeutlicht, dass KI in zahlreichen Tätigkeitsfeldern der Produktentwicklung Anwendung finden könnte. Die empirische Untersuchung zeigt jedoch, dass die bisherigen praktischen Erfahrungen der Mitarbeiter*innen mit KI vergleichsweise gering sind. Ein großer Teil der Teilnehmenden verfügt lediglich über erste Berührungspunkte oder grundlegende Kenntnisse, während regelmäßige und tiefgehende Erfahrungen bislang nur selten vorhanden sind. Damit wird deutlich, dass sich KI im Arbeitsalltag der Produktentwicklung noch in einer frühen Phase der Nutzung befindet und bisher kaum systematisch in die Prozesse integriert ist.

Trotz der geringen praktischen Erfahrung ist die grundsätzliche Einstellung gegenüber KI überwiegend positiv. Die Mehrheit der Teilnehmenden zeigt sich offen oder sehr offen gegenüber dem Einsatz entsprechender Systeme. Skeptische Haltungen treten vergleichsweise selten auf, eine grundsätzliche Ablehnung ist kaum erkennbar.

Im beruflichen Alltag erfolgt der Einsatz von KI bislang nur vereinzelt. Die meisten Teilnehmenden geben an, entsprechende Systeme selten oder gar nicht zu nutzen. Regelmäßige oder tägliche Anwendungen bilden die Ausnahme. Dies unterstreicht, dass KI-Anwendungen in der Produktentwicklung bisher nur punktuell zum Einsatz kommen und noch nicht flächendeckend etabliert sind.

Der Informationsstand zu KI-Themen ist insgesamt eher gering. Viele Teilnehmende gaben an, nur unregelmäßig über Entwicklungen oder Einsatzmöglichkeiten informiert zu werden. Eine systematische oder kontinuierliche Kommunikation seitens der Unternehmen findet bislang nur vereinzelt statt. Dadurch bleibt das vorhandene Wissen oftmals fragmentiert, und ein umfassendes Verständnis von KI im Arbeitskontext ist bislang kaum vorhanden.

Auch bei Schulungs- und Weiterbildungsangeboten zeigt sich ein deutliches Defizit. Die Mehrheit der Teilnehmenden berichtete, dass es in ihrem Unternehmen keine entsprechenden Angebote gibt. Nur vereinzelt bestehen gelegentliche oder regelmäßige Möglichkeiten, sich im Bereich KI weiterzubilden. Damit fehlt eine systematische Qualifizierung weitgehend, was die bisherigen Erfahrungen mit KI zusätzlich einschränkt.

Aus den Ergebnissen wird deutlich, dass KI in der Produktentwicklung vor allem als Unterstützung verstanden wird. Der erwartete Nutzen bezieht sich insbesondere auf repetitive, datenintensive und standardisierte Aufgaben, bei denen durch Automatisierung eine effizientere und verlässlichere Bearbeitung möglich erscheint. In kreativen und erfahrungsbasierten Tätigkeiten fallen die Erwartungen deutlich zurückhaltender aus, da hier die Bedeutung menschlicher Expertise und individueller Einschätzung im Vordergrund steht.

Zusammenfassend wird KI von den Mitarbeitenden derzeit kaum praktisch genutzt, gleichzeitig aber mit einer grundsätzlich positiven Haltung verbunden. Defizite bestehen insbesondere beim Informationsstand und in den Weiterbildungsangeboten. Die Erwartungen richten sich auf eine unterstützende Rolle von KI in standardisierten und datenintensiven Tätigkeiten, während kreative und erfahrungsbasierte Aufgaben weiterhin klar dem Menschen zugeschrieben werden.

**F3: Welche Maßnahmen sollten Entscheider*innen entlang des Produktentwicklungsprozesses deutscher mittlerer und großer Automobilzulieferer sowie Entwicklungsdienstleister treffen, damit zukünftige, auf künstlicher Intelligenz basierende, strategische Vorhaben gelingen?**

Die empirischen Ergebnisse verdeutlichen, dass die erfolgreiche Einführung von KI nicht nur eine technologische, sondern vor allem auch eine organisatorische und kulturelle Aufgabe ist. Zwar erkennen die Befragten in vielen Tätigkeitsfeldern ein hohes Potenzial, verfügen bisher jedoch nur über geringe praktische

Erfahrung. Daraus ergibt sich die Notwendigkeit, Maßnahmen zu ergreifen, die den Umgang mit KI systematisch fördern und eine breite Akzeptanz ermöglichen.

Ein erster Handlungsbereich betrifft die Qualifizierung und das Wissen. Mitarbeitende sollten gezielt geschult und mit den Grundlagen von KI vertraut gemacht werden. Neben fachlichen Weiterbildungsangeboten ist auch eine kontinuierliche Informationsvermittlung erforderlich, damit ein gemeinsames Verständnis für Möglichkeiten und Grenzen von KI entsteht. Dazu zählt insbesondere eine transparente interne Kommunikation über laufende Projekte und geplante Vorhaben, sodass Mitarbeitende die Zielsetzungen nachvollziehen und Vertrauen in die Technologie entwickeln können.

Darauf aufbauend ist es wichtig, den Zugang zur Nutzung von KI zu ermöglichen und praktische Erfahrungen zu fördern. Mitarbeitende sollten entsprechende Systeme nicht nur theoretisch kennen, sondern in einem klar definierten Rahmen aktiv im Arbeitsalltag erproben können. So lassen sich Vorbehalte abbauen und neue Use-Cases direkt aus der Praxis heraus identifizieren. Die Ergebnisse verdeutlichen, dass zwischen Erfahrung, Einstellung und Nutzung eine selbstverstärkende Beziehung besteht. Mehr praktische Erfahrung geht mit einer positiveren Einstellung gegenüber KI einher, eine positive Einstellung erleichtert die Nutzung, und eine intensivere Nutzung fördert wiederum zusätzliche Erfahrung. Dieser Kreislauf unterstreicht die Bedeutung, Mitarbeitenden frühzeitig reale Anwendungsmöglichkeiten zu eröffnen.

Ein weiterer Handlungsbereich ist die Einbindung in KI-Pilotprojekte. Mitarbeitende sollten nicht nur Anwender sein, sondern aktiv in die Planung und Umsetzung eingebunden werden. Dadurch können ihre praktischen Erfahrungen, fachlichen Kenntnisse und Perspektiven direkt in die Entwicklung einfließen. Gleichzeitig wird die Akzeptanz erhöht, da Beteiligung Vertrauen schafft und die Identifikation mit neuen Technologien stärkt.

Die Akzeptanz und Kultur spielen eine entscheidende Rolle, da Einstellung und Nutzung in enger Wechselwirkung stehen. Eine positive Haltung erleichtert die Anwendung, fördert den Erfahrungsaustausch und verstärkt den beschriebenen Kreislauf. KI wird in der Produktentwicklung derzeit vor allem als Unterstützung und nicht als Ersatz menschlicher Arbeit verstanden. Dies sollte in der Kommunikation stets betont werden, um Vertrauen zu schaffen und eine konstruktive Einstellung zu fördern. Eine Unternehmenskultur, die Offenheit für Experimente zulässt und Fehler als Teil des Lernprozesses begreift, stärkt zusätzlich die Akzeptanz und kann wesentlich dazu beitragen, den Einsatz von KI nachhaltig im Unternehmen zu verankern.

Zusammenfassend zeigt sich, dass erfolgreiche Maßnahmen zur Einführung von KI weniger in der reinen Technologieauswahl liegen, sondern vor allem in der Befähigung, Einbindung und Unterstützung der Mitarbeitenden. Diese Punkte bilden die Grundlage für die im folgenden Kapitel dargestellten Handlungsempfehlungen.

## 5.2 Handlungsempfehlungen

Auf Grundlage der theoretischen Analyse und der empirischen Ergebnisse lassen sich konkrete Handlungsempfehlungen ableiten. Diese orientieren sich an den drei Forschungsfragen und geben Unternehmen der Automobilzuliefer- und Entwicklungsdienstleistungsbranche praxisnahe Orientierungspunkte für den erfolgreichen Einsatz von Künstlicher Intelligenz in der Produktentwicklung.

**Handlungsempfehlungen zu Einsatzfeldern von KI in der Produktentwicklung**

Den Einstieg in den KI-Einsatz sollten Unternehmen in den Tätigkeitsfeldern Zusammenarbeit, Kommunikation und Wissensmanagement suchen. Hier bestehen zahlreiche marktverfügbare Anwendungen, die vergleichsweise schnell implementiert werden können und unmittelbare Effizienzgewinne versprechen. Besonders das Suchen nach Informationen, Daten oder Dokumenten bindet in vielen Unternehmen erhebliche Ressourcen, sodass gerade in diesem Bereich ein großes Potenzial für Zeiteinsparungen durch KI-Unterstützung besteht.

Im nächsten Schritt bietet sich das Anforderungsmanagement an, da dieses Tätigkeitsfeld eine zentrale Steuerungsfunktion für den gesamten Produktentwicklungsprozess besitzt und durch KI-gestützte Methoden erheblich verbessert werden kann. Mit zunehmender Produktkomplexität steigen auch Anzahl und Differenziertheit der Anforderungen, wodurch die Bedeutung eines effizienten und transparenten Anforderungsmanagements weiter zunimmt.

Darüber hinaus zeigt sich die Konstruktion als geeignetes Anwendungsfeld, insbesondere für wiederkehrende, standardisierte und datenintensive Aufgaben. Beispiele sind die automatisierte Stücklistenerstellung oder die Erstellung von 2D-Zeichnungen, die sich durch KI-Unterstützung effizienter und fehlerärmer umsetzen lassen.

Ergänzend empfiehlt sich die Durchführung detaillierter Prozessanalysen, um Tätigkeiten nach Kriterien wie Standardisierung, Datenintensität und Wiederholhäufigkeit zu bewerten. So können weitere Arbeitsbereiche mit hohem Automatisierungspotenzial gezielt identifiziert und priorisiert werden.

**Handlungsempfehlungen zu Erwartungen und Erfahrungen der Mitarbeitenden**

Für den erfolgreichen Einsatz von KI in der Produktentwicklung ist die aktive Einbindung der Mitarbeitenden entscheidend. Ihre Einstellungen, ihr Wissen und ihre praktischen Erfahrungen prägen maßgeblich die Akzeptanz neuer Technologien.

Unternehmen sollten daher gezielt in Informations- und Weiterbildungsangebote investieren, um Unsicherheiten abzubauen und notwendige Kompetenzen aufzubauen. Neben technischen Kenntnissen sollten dabei auch praxisnahe Anwendungsbeispiele vermittelt werden, um den Nutzen von KI greifbar zu machen.

Darüber hinaus ist es wichtig, Mitarbeitende frühzeitig in Pilotprojekte einzubinden. So können sie praktische Erfahrungen sammeln, Feedback geben und Vertrauen in die neuen Systeme entwickeln. Eine breite Beteiligung stärkt nicht nur die Akzeptanz, sondern erhöht auch die Chance, dass Lösungen tatsächlich den Arbeitsalltag erleichtern.

Schließlich sollten Mitarbeitende aktiv in die Identifikation von Einsatzmöglichkeiten einbezogen werden. Da sie die konkreten Abläufe und Herausforderungen am besten kennen, können sie wertvolle Hinweise auf Potenziale geben, die aus Management- oder IT-Perspektive oft nicht sichtbar sind.

**Handlungsempfehlungen zu strategischen Maßnahmen für erfolgreiche KI-Vorhaben**

Damit KI-Initiativen in der Produktentwicklung nicht bei einzelnen Pilotprojekten stehen bleiben, sondern langfristig Wirkung entfalten, ist ein strukturiertes und strategisches Vorgehen erforderlich. KI sollte nicht als isoliertes IT-Projekt betrachtet werden, sondern als Teil einer übergeordneten Unternehmensstrategie, die technologische, organisatorische und kulturelle Aspekte integriert.

Unternehmen sollten eine schrittweise Einführung verfolgen. Zunächst gilt es, kleinere, klar abgegrenzte Anwendungsfälle zu realisieren, bevor größere und komplexere Projekte umgesetzt werden. Auf diese Weise können Erfahrungen gesammelt, Risiken kontrolliert und frühzeitig sichtbare Erfolge erzielt werden, die wiederum als Motivation für weitere Schritte dienen.

Gerade in der Anfangsphase empfiehlt es sich, auf marktverfügbare Lösungen zurückzugreifen. Diese lassen sich vergleichsweise schnell implementieren, reduzieren Investitionskosten und bieten die Möglichkeit, ohne lange Entwicklungszeiten praktische Nutzenpotenziale zu erschließen. Eigene Entwicklungen können in einem späteren Schritt sinnvoll sein, wenn die Organisation im Umgang mit KI gereift ist und konkrete Bedarfe klarer definiert sind.

Ein konsequentes Change Management ist dabei unverzichtbar. Neben der technischen Einführung müssen Mitarbeitende informiert, befähigt und kontinuierlich

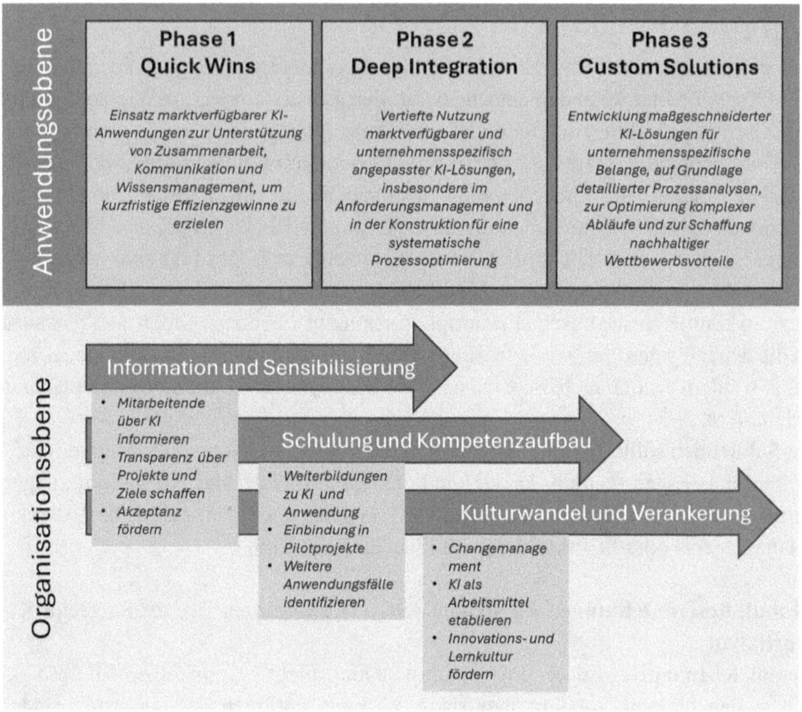


**Abbildung 5.1** Phasenmodell zur Einführung von KI in der Produktentwicklung. (Eigene Darstellung)

unterstützt werden. Nur durch eine aktive Beteiligung der Belegschaft lassen sich Widerstände abbauen und eine Kultur etablieren, die KI als Chance begreift, anstatt sie als Bedrohung wahrzunehmen.

Schließlich sollten Pilotprojekte als gezielte Lernfelder verstanden werden. Sie liefern nicht nur Erkenntnisse über Nutzen und Machbarkeit, sondern auch über organisatorische Voraussetzungen, notwendige Kompetenzen und die Akzeptanz bei den Anwendern. Die daraus gewonnenen Erfahrungen bilden die Basis für eine strategische Roadmap, in der die langfristige Verankerung von KI im Unternehmen geplant und priorisiert wird.

Zusammenfassend lässt sich festhalten, dass Unternehmen beim Einsatz von KI in der Produktentwicklung zunächst in leicht umsetzbaren Tätigkeitsfeldern starten, die Mitarbeitenden aktiv einbinden und den strategischen Ausbau schrittweise mit marktverfügbaren Lösungen und einem konsequenten Change Management begleiten sollten. Auf dieser Basis können langfristig strategische Potenziale erschlossen und die Wettbewerbsfähigkeit nachhaltig gestärkt werden. Abbildung 5.1 verdeutlicht diesen empfohlenen Ablauf in drei Phasen und zeigt die begleitenden Maßnahmen auf Organisationsebene.

# Conclusio

# 6

Das abschließende Kapitel fasst die Ergebnisse und Erkenntnisse der Untersuchung zusammen, benennt bestehende Limitationen und gibt einen Ausblick auf die weitere Entwicklung sowie Forschungsperspektiven.

## 6.1 Zusammenfassung und Fazit

Die vorliegende Arbeit hat sich mit den Einsatzmöglichkeiten und Nutzenpotenzialen von Künstlicher Intelligenz in der Produktentwicklung deutscher mittlerer und großer Automobilzulieferer sowie Entwicklungsdienstleister befasst. Ausgangspunkt waren die aktuellen Herausforderungen der Branche: steigende Produkt- und Prozesskomplexität, wachsende Datenmengen, Innovations- und Wettbewerbsdruck, Fachkräftemangel sowie die Notwendigkeit immer kürzerer Entwicklungszeiten. Vor diesem Hintergrund wäre anzunehmen, dass KI bereits flächendeckend eingesetzt wird, um diesen Herausforderungen zu begegnen. Die Literatur zeigt jedoch, dass KI bislang nur in geringem Maße genutzt wird (vgl. Weiss, 2024).

Dies weist auf eine wachsende Lücke zwischen technischer und wirtschaftlicher Notwendigkeit sowie praktischer Umsetzung hin. Die Arbeit untersuchte daher, in welchen Tätigkeitsfeldern des Produktentwicklungsprozesses sich KI einsetzen lässt, wie Mitarbeitende das Nutzenpotenzial einschätzen, in welchem Maße KI bislang tatsächlich Anwendung findet und welche Erfahrungen bereits vorliegen. Die Ergebnisse bestätigen, dass die Nutzung noch gering ist und die Erfahrungen der Mitarbeitenden meist oberflächlich bleiben.



M. Kotterer, *Einsatzmöglichkeiten und Nutzenpotenziale von KI in der Produktentwicklung*, BestMasters, https://doi.org/10.1007/978-3-658-51914-8_6

Gleichzeitig wurde deutlich, dass die größten Potenziale in den Tätigkeitsfeldern Zusammenarbeit, Kommunikation und Wissensmanagement sowie im Anforderungsmanagement liegen. Insgesamt zeigt sich, dass KI insbesondere dort sinnvoll eingeschätzt wird, wo standardisierte, datenintensive und repetitive Aufgaben vorliegen, während erfahrungsbasierte, kreative oder intuitive Tätigkeiten weiterhin klar menschlicher Expertise vorbehalten bleiben.

Darüber hinaus wurde herausgearbeitet, dass technologische Potenziale und theoretische Einsatzmöglichkeiten allein nicht genügen. Damit KI-Anwendungen in der Praxis angenommen werden, sollten Unternehmen gezielt Informationsangebote bereitstellen, Schulungen durchführen und Mitarbeitende aktiv in Pilotprojekte sowie in die Identifikation von Anwendungsfällen einbeziehen. Erst durch diese Einbindung entstehen Akzeptanz, Vertrauen und praktische Erfahrung. Diese Faktoren sind entscheidend dafür, neue Einsatzmöglichkeiten zu erschließen und den nachhaltigen Nutzen von KI sicherzustellen.

Im Fazit zeigt sich, dass die technologische Basis und zahlreiche Einsatzmöglichkeiten bereits vorhanden sind, das Potenzial von KI in der Produktentwicklung jedoch erst durch aktive Nutzung, informierte Mitarbeitende und ihre konsequente Einbindung realisiert werden kann.

## 6.2 Limitationen

Die vorliegende Arbeit weist mehrere Limitationen auf, die bei der Einordnung der Ergebnisse zu berücksichtigen sind. Ein erster wesentlicher Aspekt betrifft die Zusammensetzung der Stichprobe. Da über 80 % der Teilnehmenden aus dem eigenen Unternehmen stammen und damit ein deutlicher Schwerpunkt auf internen Perspektiven liegt, spiegeln die Befunde in erster Linie die Sichtweise dieses Unternehmensumfelds wider. Mittelständische Unternehmen, Entwicklungsdienstleister und auch andere Zulieferer sind dagegen deutlich unterrepräsentiert, sodass sich die Ergebnisse nur eingeschränkt auf die gesamte Branche übertragen lassen. Zudem ist die Rollenverteilung mit einem Schwerpunkt auf Fachkräften prägend, da strategische Sichtweisen von Führungskräften weniger stark zum Tragen kommen. Trotz dieser Einschränkungen wird jedoch angenommen, dass die zentralen Erkenntnisse und Handlungsempfehlungen dieser Ausarbeitung auf andere, strukturell vergleichbare Unternehmen der Branche übertragen werden können.

Darüber hinaus deckt die Untersuchung nicht alle Tätigkeitsfelder der Produktentwicklung ab. So wurde der Bereich Versuch und Validierung, der einen wesentlichen Beitrag zum Entwicklungsprozess leistet, nicht betrachtet. Auch innerhalb der Simulation wurde mit der FEM-Simulation nur ein Teilfeld gewählt, während andere Simulationsdisziplinen unberücksichtigt blieben. Insgesamt ist die Produktentwicklung ein sehr breites Feld. Um die Arbeit in einem vertretbaren Umfang zu halten, wurde daher bewusst auf elementare und allgemein relevante Tätigkeitsfelder fokussiert, wodurch eine selektive, aber praxisnahe Abbildung entstand.

Auch im Hinblick auf die Akzeptanz von KI bestehen Einschränkungen. Die Befragung konzentrierte sich auf Erfahrungen, Nutzungshäufigkeit und wahrgenommene Nutzenpotenziale. Detailliertere Dimensionen wie Vertrauen, ethische Fragen oder wahrgenommene Risiken wurden dagegen nicht systematisch erhoben. Eine breitere Abfrage hätte ein noch differenzierteres Bild zur Akzeptanz von KI in der Produktentwicklung ermöglichen können.

## 6.3 Ausblick und Anknüpfungspunkte für eine zukünftige Forschung

Im Ausblick zeigt sich, dass sich der Einsatz von KI in der automobilen Produktentwicklung zunehmend etablieren wird. Angesichts steigender Produktkomplexität, wachsender Datenmengen, des anhaltenden Fachkräftemangels sowie des hohen Innovations- und Wettbewerbsdrucks wird KI zu einem unverzichtbaren Bestandteil der Entwicklungsarbeit. Tätigkeiten, Funktionen und Rollen werden sich verändern, einige Aufgaben werden entfallen, während neue hinzukommen und menschliche Ressourcen für wertschöpfende Tätigkeiten frei werden. KI wird sich kontinuierlich weiterentwickeln und immer neue Einsatzmöglichkeiten eröffnen. Langfristig ist davon auszugehen, dass der Einsatz von KI in der Produktentwicklung selbstverständlich sein wird, vergleichbar mit der Einführung des Taschenrechners in früheren Zeiten.

Für die zukünftige Forschung ergeben sich mehrere Anknüpfungspunkte. Die Problemlösungs- und Entscheidungsfindung wurde in dieser Arbeit nur auf einer allgemeinen Ebene betrachtet, und das Nutzenpotenzial wird aktuell zurückhaltend eingeschätzt. Eine vertiefte Untersuchung könnte aufzeigen, in welchen Schritten KI künftig stärker unterstützen kann und welche Voraussetzungen hierfür notwendig sind.

Darüber hinaus weisen die Tätigkeitsfelder Konstruktion, Simulation und Design for Manufacturing eine enge inhaltliche Verbindung auf. Es erscheint daher sinnvoll, systematisch zu untersuchen, inwiefern eine KI-gestützte Zusammenführung im Sinne eines übergreifenden „Design for X" zusätzliche Effizienzgewinne und Synergieeffekte ermöglichen könnte.

Ein weiterer Ansatzpunkt liegt im Bereich Versuch und Validierung. Dieser leistet einen wesentlichen Beitrag zur Produktentwicklung, wurde in der vorliegenden Arbeit jedoch nicht berücksichtigt. Zukünftige Studien könnten sich darauf konzentrieren, wie KI zur Effizienzsteigerung, Automatisierung und Qualitätssicherung in diesem Tätigkeitsfeld beitragen kann.

# Sustainable Development Goals (SDGs)

Die Masterarbeit lässt sich den folgen SDGs zuordnen:


M. Kotterer, *Einsatzmöglichkeiten und Nutzenpotenziale von KI in der Produktentwicklung*, BestMasters, https://doi.org/10.1007/978-3-658-51914-8

**Tabelle B.1** Sustainable Development Goals der UN. (Quelle: un.org)

| | | Ziel | Herausforderung | Begründung |
|---|---|---|---|---|
| ☐ | | #1: Keine Armut (No poverty):<br>Das Ziel ist es, die extreme Armut in all ihren Formen überall zu beenden | • Living wages<br>• Menschen sollen die gleichen Zukunftschancen haben<br>• jeder Mensch Zugang zu Möglichkeiten haben, um aus der Armut herauszukommen, zB durch Mikrokredite | |
| ☐ | | #2: Kein Hunger (Zero hunger):<br>Das Ziel ist es, den Hunger zu beenden, nachhaltige Landwirtschaft und bessere Ernährung zu fördern und Ernährungssicherheit zu garantieren | • Betrachtung der gesamten Lieferkette<br>• Kleinere Primärproduzenten<br>• Risken hinsichtlich landwirtschaftlicher Produkte | |
| ☐ | | #3: Gesundheit und Wohlergehen (Good health and wellbeing):<br>Das Ziel ist es, Gesundheitssysteme zu stärken, Krankheiten zurückzudrängen und ein gesundes Leben für alle zu gewährleisten | • Kosten für Volkswirtschaften und Unternehmen durch nichtübertragbare Krankheiten<br>• Kosten auf Grund psychischer Gesundheitsprobleme in entwickelten Ländern<br>• Verkehrsunfälle | |
| ☒ | | #4: Hochwertige Bildung (Quality education):<br>Das Ziel ist es, hochwertige Bildung zu fördern und das lebenslange Lernen voranzutreiben | • Bewusstseinsbildung für nachhaltige Entwicklung<br>• Partnerschaften Unternehmen und Fachhochschulen<br>• Einsatz von Fachkräften | Diese Arbeit fördert lebenslanges Lernen, indem sie Wissen zu KI in der Produktentwicklung aufbereitet und die Qualifizierung von Fachkräften und Führungskräften unterstützt |

(Fortsetzung)

**Tabelle B.1** (Fortsetzung)

| | | Ziel | Herausforderung | Begründung |
|---|---|---|---|---|
| ☐ |  | #5: Geschlechtergleichheit (Gender equality):<br>Ziel ist es, die Gleichstellung der Geschlechter zu erreichen | • Zugang zu qualifizierten MitarbeiterInnen<br>• Flexibilisierung und Work-life-Balance<br>• Diversität in Führungsebenen | |
| ☐ |  | #6: Sauberes Wasser und Sanitär-Einrichtungen (Clean water and sanitation):<br>Das Ziel ist es, diese verfügbar zu machen und eine nachhaltige Bewirtschaftung von sauberem Wasser zu gewährleisten | • Wasserverbrauch durch Industrien<br>• Bessere Gesundheit durch Zugang zu Trinkwasser und Sanitärsversorgung<br>• Folgen der Übernutzung und des Klimawandels<br>• Betrachtung des gesamten industriellen Wasserkreislaufs | |
| ☐ |  | #7: Bezahlbare und saubere Energie (Affordable and clean energy):<br>Ziel ist es den Zugang zu nachhaltiger und bezahlbarer Energie für alle zu garantieren | • Zugang zu Strom<br>• Energieeffizienz<br>• Erneuerbare Energie □ Einsatz | |

(Fortsetzung)

**Tabelle B.1** (Fortsetzung)

| | | | | |
|---|---|---|---|---|
| ☐ | | #8: Menschenwürdige Arbeit und Wirtschaftswachstum (Decent work and economic growth):<br>Ziel ist es, ein dauerhaftes und nachhaltiges Wirtschaftswachstum mit menschenwürdiger Arbeit und Vollbeschäftigung zu fördern | • Mehrwert für lokale Wirtschaft<br>• Menschenrecht in der Lieferkette<br>• Arbeitsplatzsicherheit | |
| ☒ | | #9: Industrie, Innovation und Infrastruktur (Industry, innovation and infrastructure):<br>Ziel ist es, umweltfreundliche Verkehrsmittel zu fördern, die Infrastruktur auszubauen und nachhaltige Industrialisierung zu fördern | • Adäquate und belastbare Infrastruktur<br>• Zuverlässige und nachhaltige kommunale Dienstleistungen<br>• Technologische Innovation, Forschung und Entwicklung | Diese Arbeit fördert Innovation in der Automobilzulieferbranche, indem sie Potenziale von KI in Produktentwicklungsprozessen aufzeigt |
| ☐ | | #10: Weniger Ungleichheiten (Reduced inequalities):<br>Ziel ist es, die Ungleichheiten innerhalb und zwischen Ländern zu verringern und die Potenziale aller Menschen zu nutzen | • Zugang zu finanziellen Services<br>• Verfügbarkeit von Produkten und Services für Einkommensschwache Haushalte | |

(Fortsetzung)

**Tabelle B.1** (Fortsetzung)

| | | | | |
|---|---|---|---|---|
| ☐ | | #11: Nachhaltige Städte und Gemeinden (Sustainable cities and communities):<br>Ziel ist es, Städte inklusiv und nachhaltig zu gestalten | • Auswirkungen der Unternehmenstätigkeit auf die Stadt<br>• Gebäude mit geringem ökologischen Fußabdruck<br>• Mobilität der MitarbeiterInnen | |
| ☐ | | #12: Nachhaltige/r Konsum und Produktion (Responsible consumption and production):<br>Ziel ist es, die Wirtschafts- und Lebensweisen innerhalb der natürlichen ökologischen Grenzen zu halten und Konsum und Produktion nachhaltig zu gestalten | • Veränderungen der Unternehmensaktivitäten auf Grund von Ressourcenknappheit und Klimawandel<br>• Reduktion der Kosten durch Ressourceneffizienz<br>• Lebensmittelabfälle und –verluste entlang der Wertschöpfungskette | |
| ☐ | | #13: Maßnahmen zum Klimaschutz (Climate action):<br>Ziel ist es, umgehend Maßnahmen zur Bekämpfung des Klimawandels zu treffen | • Chancen und Risiken durch Klimawandel<br>• Treibhausgasemissionen<br>• Energieeffizienz<br>• Ökologische Investments | |
| ☐ | | #14: Leben unter Wasser (Life below water):<br>Ziel ist es, die Meeresressourcen nachhaltig und bedacht zu nutzen | • Vermeidung und richtige Entsorgung von Plastikabfällen<br>• Nachhaltige Quellen bei Fischen und Meeresfrüchten<br>• Innovation und Investitionen | |

(Fortsetzung)

**Tabelle B.1** (Fortsetzung)

| | | | | |
|---|---|---|---|---|
| ☐ | | #15: Leben am Land (Life on land):<br>Ziel ist es, Ökosysteme an Land zu schützen, wieder aufzubauen und nachhaltig zu bewirtschaften | • Ökosysteme liefern entscheidenden Betrag für viele Unternehmen<br>• Auswirkungen auf Entwaldung durch Kerntätigkeit<br>• Compliance | |
| ☐ | | #16: Frieden, Gerechtigkeit und starke Institutionen (Peace, justice and strong institutions):<br>Ziel ist es, friedliche Gesellschaften für nachhaltige Entwicklungen zu fördern | • Compliance<br>• Transparenz über Unternehmensaktivitäten | |
| ☐ | | #17: Partnerschaften zur Erreichung der Ziele (Partnerships for the goals):<br>Ziel ist es, Umsetzungsmittel zu verstärken und globale Partnerschaften für nachhaltige Entwicklung einzugehen | • Partnerschaften bieten Chancen<br>• Komplexe Herausforderungen erfordern integrierte Herangehensweise<br>• Investitionen | |

# Literaturverzeichnis


Anderson, D. B. (2023, Juli 26). Die Bonferroni-Korrektur: Definition und Beispiel. *Statorials*. https://statorials.org/de/bonferroni-korrektur/

Anderson, D. M. (2020). *Design for manufacturability: How to use concurrent engineering to rapidly develop low-cost, high-quality products for lean production* (2nd ed.). Routledge. https://doi.org/10.4324/9780429285981

Ao, Y., Li, S., & Duan, H. (2025). Artificial Intelligence-Aided Design (AIAD) for Structures and Engineering: A State-of-the-Art Review and Future Perspectives. *Archives of Computational Methods in Engineering*. https://doi.org/10.1007/s11831-025-10264-1

Automobil Industrie. (2021, September 28). *Die zehn größten deutschen Entwicklungsdienstleister*. »Automobil Industrie«. https://www.automobil-industrie.vogel.de/die-zehn-groessten-deutschen-entwicklungsdienstleister-a-1060113/

Automobilwoche. (2002, Mai 28). *Peguform zahlungsunfähig*. Automobilwoche.de. https://www.automobilwoche.de/online-archiv/peguform-zahlungsunfahig

Automobilwoche. (2024, April 28). *Entwicklungsdienstleister: 16 deutsche Unternehmen unter den Top 25*. https://www.automobilwoche.de/automobilzulieferer/entwicklungsdienstleister-16-deutsche-unternehmen-unter-den-top-25

Autozeitung. (2024, Dezember 27). *Bosch, ZF & Co. Zwischen Innovation und Kostendruck*. https://www.autozeitung.de/autozulieferer-analyse-207793.html?image=1

Bach, M. (2024, Dezember 27). *Globaler Machtkampf: Wie sich Autozulieferer neu erfinden müssen*. https://www.autozeitung.de/autozulieferer-analyse-207793.html

Baur, N., & Blasius, J. (Hrsg.). (2019). *Handbuch Methoden der empirischen Sozialforschung*. Springer Fachmedien Wiesbaden. https://doi.org/10.1007/978-3-658-21308-4





M. Kotterer, *Einsatzmöglichkeiten und Nutzenpotenziale von KI in der Produktentwicklung*, BestMasters, https://doi.org/10.1007/978-3-658-51914-8

Becker, M. (2025, März 20). *3,4 Millionen Fahrzeuge: Deutsche Autoexporte steigen wieder, USA wichtigster Markt.* https://www.focus.de/finanzen/boerse/3-4-millionen-fahrzeuge_746931fa-b644-4fb5-9a28-3ce78366f0a0.html

Bender, B., & Steven, M. (2015). Erfolgsindikatoren in der technischen Produktentwicklung. *Die Unternehmung (Bern), 69*(4), 354–370. https://doi.org/10.5771/0042-059X-2015-4-354

Berger-Grabner, D. (2016). *Wissenschaftliches Arbeiten in den Wirtschafts- und Sozialwissenschaften.* Springer Fachmedien. https://doi.org/10.1007/978-3-658-13078-7

Bertrandt AG. (o. J.). *Über 50 Jahre Erfahrung in der Automobil-Industrie.* Abgerufen 23. April 2025, von https://www.bertrandt.com/branchen/automobil-industrie

Boothroyd, G., Dewhurst, P., & Knight, W. A. (2011). *Product design for manufacture and assembly* (3rd ed.). CRC P. https://doi.org/10.1201/9781420089288

Braun, J., & Mißler-Behr, M. (2021). Produktentwicklung im Kontext von Industrie 4.0 in der Automobilindustrie – Eine bibliometrische Analyse. In R. Fritzsche, S. Winter, & J. Lohmer (Hrsg.), *Logistik in Wissenschaft und Praxis: Von der Datenanalyse zur Gestaltung komplexer Logistikprozesse.* Springer Fachmedien. https://doi.org/10.1007/978-3-658-33480-2_11

Braunecker, C. D. (2021). *How to do Statistik und SPSS: Eine Gebrauchsanleitung.* utb GmbH. https://go.exlibris.link/v3KLpgTD

Braunecker, C. D. (2023). *How to do empirische Sozialforschung: Eine Gebrauchsanleitung* (2. Aufl.). utb GmbH. https://doi.org/10.36198/9783838561608

Britz, A. (2017). Wie künstliche Intelligenz und virtuelle Realitäten unsere Arbeitswelt verändern werden. In K. Lucks (Hrsg.), *Praxishandbuch Industrie 4.0: Branchen—Unternehmen—M&A.* Schäffer-Poeschel Verlag. https://go.exlibris.link/Zdg1xSyC

Bühner, M. (2010). *Einführung in die Test- und Fragebogenkonstruktion.* Pearson Education Deutschland GmbH.

Bundesregierung. (2024, März 27). *Nachhaltige Mobilität gestalten und fördern | Bundesregierung.* Die Bundesregierung informiert | Startseite. https://www.bundesregierung.de/breg-de/schwerpunkte-der-bundesregierung/nachhaltigkeitspolitik/nachhaltige-mobilitaet-2044132

Burchardt, A., & Aschenbrenner, D. (2021). Praxisleitfaden KI = Kollaborativ und Interdisziplinär: Verantwortungsvolle Innovation für die Integration von Anwendungen der künstlichen Intelligenz in die Arbeitswelt. In I. Knappertsbusch & K. Gondlach (Hrsg.), *Arbeitswelt und KI 2030.* Springer Fachmedien Wiesbaden. https://doi.org/10.1007/978-3-658-35779-5_2

Business Insider. (2025, März 10). *Die deutsche Autoindustrie verliert immer mehr Anteile am globalen Markt.* Business Insider. https://www.businessinsider.de/wirtschaft/die-deutsche-autoindustrie-verliert-immer-mehr-anteile-am-globalen-markt/

Buske, N., & Wirth, S. von. (2024, Februar 21). *Das sind Deutschlands größte Automobilzulieferer*. https://www.handelsblatt.com/unternehmen/handel-konsumgueter/elektromobilitaet-das-sind-deutschlands-groesste-automobilzulieferer/25228788.html

Buxmann, P., & Schmidt, H. (2019a). Grundlagen der Künstlichen Intelligenz und des Maschinellen Lernens. In P. Buxmann & H. Schmidt (Hrsg.), *Künstliche Intelligenz: Mit Algorithmen Zum Wirtschaftlichen Erfolg*. Springer Berlin Heidelberg. https://doi.org/10.1007/978-3-662-57568-0_1

Buxmann, P., & Schmidt, H. (2019b). Ökonomische Effekte der Künstlichen Intelligenz. In P. Buxmann & H. Schmidt (Hrsg.), *Künstliche Intelligenz: Mit Algorithmen Zum Wirtschaftlichen Erfolg*. Springer Berlin Heidelberg. https://doi.org/10.1007/978-3-662-57568-0_2

Capgemini Research Institute. (2019). *Accelerating automotive's AI transformation: How driving AI enterprise-wide can turbo-charge organizational value*. https://www.bidt.digital/themenmonitor/einsatz-von-ki-in-der-automobilindustrie-deutschland-auf-platz-3-im-achtlaendervergleich/

Chan, C. K. Y., & Colloton, T. (2024). *Generative AI in Higher Education: The ChatGPT effect*. Routledge. https://doi.org/10.4324/9781003459026

Cooper, R. G. (1996). Overhauling the new product process. *Industrial Marketing Management*, *25*(6), 465–482. https://doi.org/10.1016/S0019-8501(96)00062-4

Cooper, R. G. (2017). Idea-to-Launch Gating Systems: Better, Faster, and More Agile. *Research Technology Management*, *60*(1), 48–52. https://doi.org/10.1080/08956308.2017.1255057

Cooper, R. G. (2024a). The AI transformation of product innovation. *Industrial Marketing Management*, *119*, 62–74. https://doi.org/10.1016/j.indmarman.2024.03.008

Cooper, R. G. (2024b). The Artificial Intelligence Revolution in New-Product Development. *IEEE Engineering Management Review*, *52*(1), 195–211. https://doi.org/10.1109/EMR.2023.3336834

Das Kraftfahrt-Bundesamt. (o. J.-a). *Kraftfahrt-Bundesamt—Monatliche Neuzulassungen—Neuzulassungsbarometer im Dezember 2024*. Abgerufen 15. April 2025, von https://www.kba.de/DE/Statistik/Fahrzeuge/Neuzulassungen/MonatlicheNeuzulassungen/2024/202412_GImonatlich/202412_nzbarometer/202412_n_barometer.html?nn=3504038&monthFilter=12_Dezember&yearFilter=2024

Das Kraftfahrt-Bundesamt. (o. J.-b). *Kraftfahrt-Bundesamt—Segmente*. Abgerufen 14. April 2025, von https://www.kba.de/DE/Statistik/Fahrzeuge/Bestand/Segmente/segmente_node.html

Dassault Systèmes. (o. J.). *KI-gestützte generative Erfahrungen*. Dassault Systèmes. Abgerufen 9. September 2025, von https://www.3ds.com/de/products/catia/ai-driven-generative-experiences

DATAtab Team. (2025). *DATAtab: Kruskal-Wallis-Test*. https://datatab.de/tutorial/kruskal-wallis-test

Daubner, R. (2025, Februar 12). *The Future of Digitalization in the German Automotive Industry Beyond the 2024 Shock*. https://www.linkedin.com/pulse/future-digitalization-german-automotive-industry-beyond-daubner-2en3f/

Deger, Y. (2017). *Die Methode der Finiten Elemente: Grundlagen und Einsatz in der Praxis* (8. Auflage). UTB GmbH.

Dehn, S., Jacobs, G., Zerwas, T., Berroth, J., Hötter, M., Korten, M., Müller, M., Gossen, N., Striegel, S., & Fleischer, D. (2023). On identifying possible artificial intelligence applications in requirements engineering processes. *Forschung Im Ingenieurwesen, 87*(1), 497–506. https://doi.org/10.1007/s10010-023-00657-8

Dekkers, R. (2018). *Innovation management and new product development for engineers: Volume I : basic concepts.* Momentum Press. https://go.exlibris.link/vxkzJYdm

Deloitte GmbH. (2025, Januar 17). *Kaufabsichten für Elektroautos stagnieren.* https://www.deloitte.com/de/de/about/press-room/Kaufabsichten-fuer-Elektroautos-stagnieren.html

Deloitte GmbH & VDA. (2021). *Automobilzulieferer: Transformation zur Elektromobilität.* https://www.deloitte.com/content/dam/assets-zone2/de/de/docs/industries/consumer/2024/Transformation-deutscher-Automobilzulieferer-zur-Elektromobilit%C3%A4t.pdf

DER SPIEGEL online. (2024, August 30). *Autoindustrie: Werden Deutsche Zulieferer zu Verlierern der E-Mobilität? – DER SPIEGEL.* https://www.spiegel.de/wirtschaft/autoindustrie-werden-deutsche-zulieferer-zu-verlierern-der-e-mobilitaet-a-01f2c781-36b5-4859-8967-97a6a3c635ec

Desai, A., & Mital, A. (2021). *Sustainable product design and development.* CRC Press. https://doi.org/10.1201/9780429327803

Diez, W. (2009). *Automobil-Marketing.* mi-Wirtschaftsbuch. https://go.exlibris.link/FM0kgyB5

Döring, N., & Bortz, J. (2016). *Forschungsmethoden und Evaluation in den Sozial- und Humanwissenschaften.* Springer Berlin Heidelberg. https://doi.org/10.1007/978-3-642-41089-5

dpa. (2024, April 3). *Kluft zwischen Zulieferern und OEM wächst.* https://www.springerprofessional.de/automobilwirtschaft/automobilproduktion/die-kluft-zwischen-zulieferern-und-oem-waechst/26931656

Ebster, C., & Stalzer, L. (2017). *Wissenschaftliches Arbeiten für Wirtschafts- und Sozialwissenschaftler* (5. Aufl.). facultas. https://doi.org/10.36198/9783838546841

EDAG Engineering GmbH. (o. J.-a). *Know-how in der Fahrzeugentwicklung.* Abgerufen 23. April 2025, von https://www.edag.com/de/branchen/automobil-bikes/automobil

EDAG Engineering GmbH. (o. J.-b). *Produkte und Lösungen für Zulieferer.* Abgerufen 23. April 2025, von https://www.edag.com/de/branchen/automobil-bikes/zulieferer

Ernst, H. (2005). Neuproduktentwicklungsmanagement. In S. Albers & O. Gassmann (Hrsg.), *Handbuch Technologie- und Innovationsmanagement.* Gabler Verlag. https://doi.org/10.1007/978-3-322-90786-8_14

Europäische Kommission. (2003). *Empfehlung der Kommission vom 6. Mai 2003 betreffend die Definition der Kleinstunternehmen sowie der kleinen und mittleren Unternehmen (2003/361/EG).* https://eur-lex.europa.eu/eli/reco/2003/361/oj

European Commission. (1999). *Case No COMP/M.1406—HYUNDAI / KIA: Merger Procedure Article 6(1)(b) decision.* Office for Official Publications of the European Communities. https://ec.europa.eu/competition/mergers/cases/decisions/m1406_en.pdf

Ferchau GmbH. (o. J.). *Technologie-Dienstleister für die Automotive-Branche.* Abgerufen 23. April 2025, von https://www.ferchau.com/at/de/technologien-und-loesungen/automotive

Fraunhofer IPT. (o. J.). *Treiber der Mobilitätswende.* Fraunhofer-Institut für Produktionstechnologie IPT. Abgerufen 12. April 2025, von https://www.ipt.fraunhofer.de/de/branchen/automobilindustrie/treiber-der-mobilitaetswende.html

Freitag, E. (2020). *Kreativitätstechniken: So finden Sie das richtige Werkzeug für Ihr Problem.* utb GmbH. https://doi.org/10.36198/9783838555539

Freudenthaler-Mayrhofer, D. (2024). Zukunftsorientierte Innovation. In D. Freudenthaler-Mayrhofer (Hrsg.), *Future Focused Innovation: Mit zukunftsfähigen Innovationen die Welt von morgen mitgestalten.* Springer Fachmedien. https://doi.org/10.1007/978-3-658-43681-0_7

Frisch, M., Glenk, C., Dörnhöfer, A., & Rieg, F. (2016). Topologieoptimierung in kleinen und mittelständischen Unternehmen: Von der erfahrungsbasierten Konstruktion zum Einsatz der Topologieoptimierung im Produktentwicklungsprozess. *Zeitschrift Für Wirtschaftlichen Fabrikbetrieb, 111*(5), 243–246. https://doi.org/10.3139/104.111498

Garcia, A. D. (2024). *Agilität und KI: Strategien Für ein Adaptives und Zukunftsorientiertes Projektmanagement.* tredition Verlag. https://ebookcentral.proquest.com/lib/fh-burgenland/detail.action?docID=31233937

Gerberich, C. (2024). Die acht Felder der Innovation. In V. Schackmann & W. Ziegler (Hrsg.), *Praxisorientiertes Managementwissen: Die Existenz von Unternehmen in schwierigen Zeiten sichern.* Springer. https://doi.org/10.1007/978-3-662-68132-9_8

Gerstbach, I. (2017). *77 Tools für Design Thinker: Insider-Tipps aus der Design-Thinking-Praxis.* Gabal Verlag. https://go.exlibris.link/Zg6WFrV0

Gethmann, C. F., Buxmann, P., & Distelrath, J. (2022). *Künstliche Intelligenz in der Forschung: Neue Möglichkeiten und Herausforderungen für die Wissenschaft.* Springer. https://doi.org/10.1007/978-3-662-63449-3

Gilgen, T. (2024, Januar 30). *Wie günstig können Elektroautos produziert werden?* Automobil Produktion Online. https://www.automobil-produktion.de/produktion/so-hoch-sind-die-produktionskosten-von-elektroautos-745.html

Global Market Insights Inc. (2024, Oktober). *Automotive Engineering Services Marktgröße, Wachstumstrends 2032.* Global Market Insights Inc. https://www.gminsights.com/de/industry-analysis/automotive-engineering-services-market

GlobalLogic. (2024, November 22). Die Automobilindustrie im Wandel: Der Einfluss von KI – GlobalLogic Germany. *GlobalLogic Germany – Digital Product Engineering Services.* https://www.globallogic.com/de/insights/blogs/die-automobilindustrie-im-wandel-der-einfluss-von-ki/

Glück, M. (2025). *Agile Innovation: Mit neuem Schwung zum Erfolg* (2. Aufl.). Springer Fachmedien. https://doi.org/10.1007/978-3-658-46584-1_1

Gommel, H. (2016). Transparenz über den Innovationsprozess mithilfe der Wertstromanalyse. In T. Abele (Hrsg.), *Die frühe Phase des Innovationsprozesses.* Springer Fachmedien Wiesbaden. https://doi.org/10.1007/978-3-658-09722-6_9

Grasshoff, R., & Kellner, C. J. (2023). *Kollaboratives Wissensmanagement: Grundlagen und Fallstudien.* Springer Fachmedien Wiesbaden. https://doi.org/10.1007/978-3-658-40503-8

Hahn, M., & Reck, M. (2021). *Kompaktkurs Finite Elemente für Einsteiger: Theorie und Beispiele zur Approximation linearer Feldprobleme.* Springer Fachmedien Wiesbaden. https://doi.org/10.1007/978-3-658-33411-6

Hannemann, P. (2023, März 19). *ChatGPT in Zahlen: So stellt die KI gerade einen Rekord auf.* CHIP. https://www.chip.de/news/ChatGPT-in-Zahlen-So-stellt-die-KI-gerade-einen-Rekord-auf_184689605.html

Hauschildt, J., Salomo, S., Schultz, C., & Kock, A. (2023). *Innovationsmanagement* (7. Aufl.). Franz Vahlen. https://go.exlibris.link/0jnw75Wq

Heine, M., Dhungel, A.-K., Schrills, T., & Wessel, D. (2023). *Künstliche Intelligenz in öffentlichen Verwaltungen: Grundlagen, Chancen, Herausforderungen und Einsatzszenarien.* Springer Fachmedien Wiesbaden. https://doi.org/10.1007/978-3-658-40101-6

Hentschel, C., Mühlemeyer, P., & Thom, N. (2024). *Grundwissen Ideenmanagement.* utb GmbH. https://doi.org/10.36198/9783838562032

Herbrich, R. (2019). Künstliche Intelligenz bei Amazon Spitzentechnologie im Dienste des Kunden. In P. Buxmann & H. Schmidt (Hrsg.), *Künstliche Intelligenz: Mit Algorithmen Zum Wirtschaftlichen Erfolg.* Springer Berlin Heidelberg. https://doi.org/10.1007/978-3-662-57568-0_4

Herstatt, C., Kalogerakis, K., & Schulthess, M. (2014). *Innovationen durch Wissenstransfer: Mit Analogien schneller und kreativer Lösungen entwickeln.* Springer Fachmedien Wiesbaden. https://ebookcentral.proquest.com/lib/fh-burgenland/detail.action?docID=1783352

Hilbert, M., Neukart, F., Ringlstetter, C., Seidel, C., & Sichler, B. (2019). KI-Innovation über das autonome Fahren hinaus. In P. Buxmann & H. Schmidt (Hrsg.), *Künstliche Intelligenz: Mit Algorithmen Zum Wirtschaftlichen Erfolg.* Springer Berlin Heidelberg. https://doi.org/10.1007/978-3-662-57568-0_11

Hildesheim, W., & Michelsen, D. (2019). Künstliche Intelligenz im Jahr 2018 – Aktueller Stand von branchenübergreifenden KI-Lösungen: Was ist möglich? Was nicht? Beispiele und Empfehlungen. In P. Buxmann & H. Schmidt (Hrsg.), *Künstliche Intelligenz: Mit Algorithmen Zum Wirtschaftlichen Erfolg.* Springer Berlin Heidelberg. https://doi.org/10.1007/978-3-662-57568-0_8

ING Bank. (2023, August 24). *Klimawandel und Digitalisierung – die Revolution der Automobilindustrie.* https://www.ingwb.com/de/insights/sustainability/orange-blog/klimawandel-und-digitalisierung---die-revolution-der-automobilindustrie

IT&Production. (2025, Februar 18). *Weniger Modelle, kürzere Entwicklungszeiten.* https://it-production.com/news/maerkte-und-trends/weniger-modelle-kuerzere-entwicklungszeiten/

Jama Software. (2024, August 15). Leveraging Artificial Intelligence in Requirements Management. *Jama Software.* https://www.jamasoftware.com/blog/leveraging-artificial-intelligence-in-requirements-management/

Jantzer, M., Nentwig, G., Deininger, C., & Michl, T. (2019a). Das Produktversprechen halten. In M. Jantzer, G. Nentwig, C. Deininger, & T. Michl, *Die Kunst, eine Produktentwicklung zu führen.* Springer Berlin Heidelberg. https://doi.org/10.1007/978-3-662-57899-5_11

Jantzer, M., Nentwig, G., Deininger, C., & Michl, T. (2019b). Komplexität beherrschen. In M. Jantzer, G. Nentwig, C. Deininger, & T. Michl, *Die Kunst, eine Produktentwicklung zu führen.* Springer Berlin Heidelberg. https://doi.org/10.1007/978-3-662-57899-5_16

Jantzer, M., Nentwig, G., Deininger, C., & Michl, T. (2019c). Requirements Engineering. In M. Jantzer, G. Nentwig, C. Deininger, & T. Michl, *Die Kunst, eine Produktentwicklung zu führen.* Springer Berlin Heidelberg. https://doi.org/10.1007/978-3-662-57899-5_8

Jarrahi, M. H., Askay, D., Eshraghi, A., & Smith, P. (2023). Artificial intelligence and knowledge management: A partnership between human and AI. *Business Horizons, 66*(1), 87–99. https://doi.org/10.1016/j.bushor.2022.03.002

Jastram, M. (2022). Mit KI die Komplexität der Produktentwicklung beherrschen. *Softwaretechnik-Trends, 42*(3), 9–12. https://dl.gi.de/handle/20.500.12116/40185

Junk, S. (2025). *Autodesk® Fusion – kurz und bündig: Einstieg in 3D-Druck und CNC-Biegen.* Springer Fachmedien Wiesbaden. https://doi.org/10.1007/978-3-658-46891-0

Kahn, K. B. (2014). *Product Planning Essentials* (2nd ed). Taylor and Francis.

Kahn, K. B., & Mohan, M. (2021). *Innovation and new product planning.* Routledge. https://doi.org/10.4324/9781003025313

Kaiser, J. H. (2020). *Technische Produktdokumentation: Die Methoden der Produktbeschreibung und ihre Rolle in den Prozessen.* Springer Fachmedien Wiesbaden. https://doi.org/10.1007/978-3-658-28749-8

Kemle, J. (2018, November 2). *Die schwierige Zusammenarbeit von OEM und Zulieferer.* Markt und Mittelstand – Das Wachstumsmagazin. https://www.marktundmittelstand.de/technologie/die-schwierige-zusammenarbeit-von-oem-und-zulieferer

Khan, W. A., Esat, V., Hammad, M., Ali, H., Zafar, M. Q., & Ali, R. (2025). *Computer Aided Engineering Design and Manufacturing: A Fourth Industrial Revolution Perspective.* Springer Nature Switzerland. https://doi.org/10.1007/978-3-031-77106-4

Kielblock, S. D. (2024). *Kompass quantitative Forschung: Eine Navigationshilfe für die Erziehungswissenschaft.* utb GmbH. https://go.exlibris.link/YV5ZzmZV

Kienle, K. (2024, November 25). *Krise der deutschen Autoindustrie: Zwischen Gewinneinbrüchen, globaler Konkurrenz und Transformationsdruck.* The Nuremberg Times. https://www.nbtimes.de/post/krise-der-deutschen-autoindustrie-zwischen-gewinneinbrüchen-globaler-konkurrenz-und-transformation

Kirchner, E. (2020). *Werkzeuge und Methoden der Produktentwicklung: Von der Idee zum erfolgreichen Produkt.* Springer. https://doi.org/10.1007/978-3-662-61762-5

Knapp, P., & Wagner, C. (2019). Künstliche Intelligenz schafft neue Geschäftsmodelle im Mittelstand. In P. Buxmann & H. Schmidt (Hrsg.), *Künstliche Intelligenz: Mit Algorithmen Zum Wirtschaftlichen Erfolg.* Springer Berlin Heidelberg. https://doi.org/10.1007/978-3-662-57568-0_10

Knauf Industries Automotive. (2024, Juni 6). *Die Rolle der OEMs und Tier-Zulieferer in der Automobilindustrie.* https://knaufautomotive.com/de/die-rolle-der-oems-und-tier-zulieferer-in-der-automobilindustrie/

Köth, C.-P. (2022, Juni 28). *Konflikt zwischen Autoherstellern und Zulieferern: „Momentan gilt nur noch die Raffgier“.* https://www.automobil-industrie.vogel.de/konflikt-zwischen-autoherstellern-und-zulieferern-momentan-gilt-nur-noch-die-raffgier-a-dc83ff73f05fae408216c13f5aefe45a/

Kreutzer, R. T., & Sirrenberg, M. (2019). *Künstliche Intelligenz verstehen: Grundlagen – Use-Cases – unternehmenseigene KI-Journey.* Springer Fachmedien Wiesbaden. https://doi.org/10.1007/978-3-658-25561-9

Labisch, S. (2021). CAD in der Praxis. In A. Böge & W. Böge (Hrsg.), *Handbuch Maschinenbau* (S. 1415–1426). Springer Fachmedien Wiesbaden. https://doi.org/10.1007/978-3-658-30273-3_69

Lee, S., & Lee, D. K. (2018). What is the proper way to apply the multiple comparison test? *Korean Journal of Anesthesiology, 71*(5), 353–360. https://doi.org/10.4097/kja.d.18.00242

Leffers, N., Maihöfner, A., & Stahl, M. (2020). *Der Wertschöpfungsbeitrag der EDL-Branche in der global transformierten Automobilindustrie.* Verband der Automobilindustrie e.V. (VDA). https://www.vda.de/de/aktuelles/publikationen/publication/der-wertschpfungsbeitrag-der-edl-branche-in-der-global-transformierten-automobilindustrie

Liebermann, F. (2025). Invention, Innovation und Disruption. In F. Liebermann (Hrsg.), *Disruptionen erkennen, meistern und nutzen: Unternehmen im Wandel erfolgreich führen.* Springer Fachmedien. https://doi.org/10.1007/978-3-658-47195-8_2

Listflix. (2025). *Automobilzulieferer Statistik Deutschland 2025.* https://listflix.de/statistik/automobilzulieferer/

Lück-Benz, J. (2022). *Statistik für Journalist:innen: Grundlagen und Praxis.* utb GmbH. https://doi.org/10.36198/9783838553405

Lüke, K.-H., Walther, J., Wäldchen, D., & Royer, D. (2019). Innovation Management Methods in the Automotive Industry. In K.-H. Lüke, G. Eichler, C. Erfurth, & G. Fahrnberger (Hrsg.), *Innovations for Community Services* (Bd. 1041). Springer International Publishing. https://doi.org/10.1007/978-3-030-22482-0_10

Majic, M., Schnurrer, S., Giebels, J., & Erhardt, R. (2025). *Wie Automobilzulieferer Herausforderungen meistern können.* https://www.oliverwyman.de/unsere-expertise/publikationen/2025/feb/automotive-suppliers-2025-report-wie-automobilzulieferer-herausforderungen-meistern-koennen.html

manager. (2025, März 20). *Autoindustrie: Deutsche Exporte steigen 2024, USA wichtigster Absatzmarkt.* https://www.manager-magazin.de/unternehmen/autoindustrie/autoindustrie-deutsche-exporte-steigen-2024-usa-wichtigster-absatzmarkt-a-7979343e-2485-4fe0-8668-6349f19475f9

ManpowerGroup. (2025). *Studie: Fachkräftemangel 2025 | ManpowerGroup.* https://www.manpowergroup.de/de/insights/studien-und-research/studien/2025/01/20/15/32/mpg-studie-fachkraeftemangel-2025

Marr, B. (2024, Dezember 2). 2025's Tech Forecast: The Consumer Innovations That Will Matter Most. *Bernard Marr.* https://bernardmarr.com/2025s-tech-forecast-the-consumer-innovations-that-will-matter-most/

Me & Company GmbH. (2025, Januar 16). Time-to-Market (TTM): Methoden zur schnelleren Markteinführung. *Me & Company.* https://www.me-company.de/magazin/time-to-market/

Mehrle, P., Vendég, T., Hammer, A., & Weber, M. (2012). Schlanke Zusammenarbeit in der Produktentwicklung: Best Practice-Prinzipien aus der Automobilindustrie. *Zeitschrift Für Wirtschaftlichen Fabrikbetrieb, 107*(5), 332–338. https://doi.org/10.3139/104.110762

Meyer Industry Research. (2025). *Marktanalyse Automobilzulieferer Deutschland: Top 100 Ranking 2025.* https://www.meyer-industryresearch.de/wp-content/uploads/2025/02/TOP100-Autozulieferer-in-Deutschland-2025_FINAL.pdf

Michels, J. S. (2016). Vom Kunden zum Lastenheft – Systems Engineering in den frühen Phasen der Entwicklung intelligenter technischer Systeme. In T. Abele (Hrsg.), *Die frühe Phase des Innovationsprozesses.* Springer Fachmedien Wiesbaden. https://doi.org/10.1007/978-3-658-09722-6_10

Mirfendreski, A. (2022). *Künstliche Intelligenz für die Entwicklung von Antrieben: Historie, Arbeitsprozesse, Konzepte, Methoden und Anwendungsbeispiele.* Springer Berlin Heidelberg. https://doi.org/10.1007/978-3-662-63495-0

Mital, A. (2008). *Product development: A structured approach to consumer product development, design, and manufacture.* Butterworth-Heinemann, An imprint of Elsevier. https://ebookcentral.proquest.com/lib/fh-burgenland/detail.action?docID=328607

Möhring, W., & Schlütz, D. (Hrsg.). (2013). *Handbuch standardisierte Erhebungsverfahren in der Kommunikationswissenschaft.* Springer Fachmedien Wiesbaden. https://doi.org/10.1007/978-3-531-18776-1

Möhrle, M. G. (2005). Werkzeuge für Entwicklungsmethodiken. In S. Albers & O. Gassmann (Hrsg.), *Handbuch Technologie- und Innovationsmanagement.* Gabler Verlag. https://doi.org/10.1007/978-3-322-90786-8_17

Motherson. (o. J.). *Modules and Polymer Products—Motherson Group.* Abgerufen 8. April 2025, von https://www.motherson.com/company/business-divisions/modules-and-polymer-products

Müller, A., Schröder, H., & Von Thienen, L. (2021). *Digineering: Business Process Management im digitalen Zeitalter.* Springer Berlin Heidelberg. https://doi.org/10.1007/978-3-662-63592-6

Nachhaltigkeit Wirtschaft. (o. J.). *Top-Branchen in Deutschland und weltweit: Was Sie wissen müssen!* Abgerufen 11. April 2025, von https://nachhaltigkeit-wirtschaft.de/die-wichtigsten-branchen-in-deutschland-und-in-der-welt/

Noack, P., & Sanner, S. (2023). *Künstliche Intelligenz Verstehen: Eine Spielerische Einführung* (2. Aufl.). Rheinwerk Verlag. https://ebookcentral.proquest.com/lib/fh-burgenland/reader.action?docID=7303374&c=UERG

Nolting, M. (2021). *Künstliche Intelligenz in der Automobilindustrie: Mit KI und Daten vom Blechbieger zum Techgiganten.* Springer Fachmedien Wiesbaden. https://doi.org/10.1007/978-3-658-31567-2

OM online. (2025, Januar 21). *Deutsche Autobranche vor schwierigem Jahr – E-Autos im Fokus.* OM online. https://www.om-online.de/wirtschaft/deutsche-autobranche-vor-schwierigem-jahr-e-autos-im-fokus-668175

OpenAI. (2022, November 30). *Introducing ChatGPT.* https://openai.com/index/chatgpt/

Plappert, S., Gembarski, P. C., & Lachmayer, R. (2020). The Use of Knowledge-Based Engineering Systems and Artificial Intelligence in Product Development: A Snapshot. In J. Świątek, L. Borzemski, & Z. Wilimowska (Hrsg.), *Information Systems Architecture and Technology: Proceedings of 40th Anniversary International Conference on Information Systems Architecture and Technology – ISAT 2019* (Bd. 1051). Springer International Publishing. https://doi.org/10.1007/978-3-030-30604-5_6

Pohl, K., & Rupp, C. (2021). *Basiswissen Requirements Engineering: Aus- und Weiterbildung Nach IREB-Standard Zum Certified Professional for Requirements Engineering Foundation Level* (5. Aufl.). dpunkt.verlag. https://go.exlibris.link/CQhXj9kF

Prawitz, S. (2023, August 4). *Was sind Automobilzulieferer? Grundlagen, Ranking und Beispiele.* Automobil Industrie. https://www.automobil-industrie.vogel.de/was-ist-ein-automobilzulieferer-und-welche-sind-die-groessten-unternehmen-a-e91ff631fa2056c6c1cd2d2a90a7bca6/

PwC Strategy&. (2024). *Transformation verursacht neue Dynamik in der Automobilbranche.* https://www.strategyand.pwc.com/de/de/branchen/automobil/automobilzulieferer.html

Reichert, S. (2021, März 23). Engineering Services im Wandel. *Lünendonk & Hossenfelder GmbH.* https://www.luenendonk.de/aktuelles/themen-trends/engineering-services-im-wandel/

Rupp, C., Simon, M., & Hocker, F. (2009). Requirements Engineering und Management. *HMD Praxis der Wirtschaftsinformatik, 46*(3), 94–103. https://doi.org/10.1007/BF03340367

Schabacker, M. (2023). *Solid Edge 2023 für Fortgeschrittene – kurz und bündig*. Springer Fachmedien Wiesbaden. https://doi.org/10.1007/978-3-658-41086-5

Schäperkötter, H. (2022). *Grundlagen des Innovationsmanagements: Orientierung und Anregungen für Praktiker*. Springer Fachmedien Wiesbaden. https://doi.org/10.1007/978-3-658-37725-0

Schawel, C., & Billing, F. (2018). *Top 100 Management Tools: Das wichtigste Buch eines Managers Von ABC-Analyse bis Zielvereinbarung*. Springer Fachmedien Wiesbaden. https://doi.org/10.1007/978-3-658-18917-4

Schluse, M. (2024). *Experimentierbare Digitale Zwillinge: Konvergenz von Simulation und Realität*. Springer Fachmedien Wiesbaden. https://doi.org/10.1007/978-3-658-44445-7

Schmid, T., Hildesheim, W., & Holoyad, T. (2023). *Künstliche Intelligenz managen und verstehen: Der Praxis-Wegweiser für Entscheidungsträger, Entwickler und Regulierer*. Beuth Verlag. https://go.exlibris.link/xGF71GKF

Schweitzer, G. M. J. (2024). *Einsatz von künstlicher Intelligenz in der Produktentwicklung auf Basis eines Engineering-Graph im Kontext von Model-based-Systems-Engineering* [Dissertation, Universität des Saarlandes]. https://doi.org/10.22028/D291-41920

SMP. (o. J.-a). *Expertise: SMP*. Abgerufen 8. April 2025, von https://www.smp-automotive.com/de/expertise

SMP. (o. J.-b). *Produkte: SMP*. Abgerufen 8. April 2025, von https://www.smp-automotive.com/de/Produkte

SMP. (o. J.-c). *Unternehmen: SMP*. Abgerufen 8. April 2025, von https://www.smp-automotive.com/de/Unternehmen

SMRPBV. (o. J.). *Our Businesses: Samvardhana Motherson Automotive System Group BV*. Abgerufen 8. April 2025, von https://www.smrpbv.com/our-businesses.html

Sörensen, D. (2006). *The Automotive Development Process*. DUV. https://doi.org/10.1007/978-3-8350-9339-3

Spath, D., & Dangelmaier, M. (2016). Produktentwicklung Quo Vadis. In U. Lindemann (Hrsg.), *Handbuch Produktentwicklung*. Hanser.

Statistisches Bundesamt. (o. J.). *Beschäftigte und Umsatz der Betriebe im Verarbeitenden Gewerbe: Deutschland, Jahre, Wirtschaftszweige (WZ2008 2-/3-/4-Steller)*. Abgerufen 12. April 2025, von https://www-genesis.destatis.de

Statistisches Bundesamt. (2025a). *Demografischer Wandel*. Statistisches Bundesamt. https://www.destatis.de/DE/Im-Fokus/Fachkraefte/Demografie/_inhalt.html

Statistisches Bundesamt. (2025b, März 14). *Anzahl der Beschäftigten in der Automobilzulieferindustrie in Deutschland in den Jahren 2005 bis 2024 [Graph]*. Statista. https://de.statista.com/statistik/daten/studie/30700/umfrage/beschaeftigtenzahl-in-der-automobilzulieferindustrie-seit-1990/

Stowasser, S., & Suchy, O. (Hrsg.). (2020). *Einführung von KI-Systemen in Unternehmen. Gestaltungsansätze für das Change-Management*. Whitepaper aus der Plattform Lernende Systeme. https://www.plattform-lernende-systeme.de/files/Downloads/Publikationen/AG2_Whitepaper_Change_Management.pdf

Strümke, I. (2024). *Künstliche Intelligenz: Wie Sie Funktioniert und Was Sie Für Uns Bedeutet*. Rheinwerk Verlag. https://go.exlibris.link/J4v4DN53

Stuttgarter Zeitung. (2019, November 24). *Preisverhandlungen in der Autoindustrie: Wie die Preise der Zulieferer gedrückt werden.* stuttgarter-zeitung.de. https://www.stuttgarter-zeitung.de/inhalt.preisverhandlungen-in-der-autoindustrie-das-alljaehrliche-gefeilschte.4f7fe099-4662-473b-bac2-6c2f73f96e3e.html

SurveyMonkey. (o. J.). *Stichprobenrechner und Stichprobengröße.* SurveyMonkey. Abgerufen 22. März 2025, von https://de.surveymonkey.com/mp/sample-size-calculator/

Thommen, J.-P., Achleitner, A.-K., Gilbert, D. U., Hachmeister, D., Jarchow, S., & Kaiser, G. (2023). Wissensmanagement. In J.-P. Thommen, A.-K. Achleitner, D. U. Gilbert, D. Hachmeister, S. Jarchow, & G. Kaiser, *Allgemeine Betriebswirtschaftslehre.* Springer Fachmedien Wiesbaden. https://doi.org/10.1007/978-3-658-39395-3_46

Timmer, A., Simon, J., Heitmann, G., Flierl, S., & weitere Autoren. (2024). *TOP 100-Zuliefererstudie 2024: Zulieferer unter Druck – China als Wachstumsmotor der Industrie.* Berylls by AlixPartners. https://www.berylls.com/wp-content/uploads/2024/08/TOP-100-Zulieferer-Studie-2023-DE-Digital-Final-2.pdf

Umweltbundesamt. (2024, Mai 6). *Treibhausgas-Emissionen in Deutschland* [Text]. Umweltbundesamt. https://www.umweltbundesamt.de/daten/klima/treibhausgas-emissionen-in-deutschland

Umweltbundesamt. (2025, März 13). *Klimaziele bis 2030 erreichbar* [Text]. Umweltbundesamt; Umweltbundesamt. https://www.umweltbundesamt.de/presse/pressemitteilungen/klimaziele-bis-2030-erreichbar

Unternehmer Deutschlands. (2024, Mai 27). *Innovationsdruck: Warum deutsche Unternehmen schneller handeln müssen.* https://www.unternehmer-deutschlands.de/innovationsdruck-warum-deutsche-unternehmen-schneller-handeln-muessen/

Vahs, D., Brem, A., & Oswald, C. (2023). *Innovationsmanagement: Von der Idee Zur Erfolgreichen Vermarktung* (6. Aufl.). Schaffer-Poeschel Verlag fur Wirtschaft Steuern Recht GmbH. https://ebookcentral.proquest.com/lib/fh-burgenland/detail.action?docID=7296032

Vajna, S., Hehenberger, P., Weber, C., Bley, H., & Zeman, K. (2009). *CAx für Ingenieure: Eine praxisbezogene Einführung* (2. Aufl.). Springer Berlin Heidelberg. https://doi.org/10.1007/978-3-540-36039-1

VDA. (o. J.-a). *Automobilproduktion.* Abgerufen 15. April 2025, von https://www.vda.de/de/aktuelles/zahlen-und-daten/jahreszahlen/automobilproduktion

VDA. (o. J.-b). *Der automobile Mittelstand—Rueckgrat unserer Wirtschaft.* Abgerufen 23. April 2025, von https://www.vda.de/de/themen/Automobil-Insight-2023/Der-automobile-Mittelstand

VDA. (o. J.-c). *Jahreszahlen der Automobilindustrie—Allgemeines.* Abgerufen 22. März 2025, von https://www.vda.de/de/aktuelles/zahlen-und-daten/jahreszahlen/allgemeines

VDA. (o. J.-d). *Jahreszahlen zum Export von PKW aus Deutschland.* Abgerufen 13. April 2025, von https://www.vda.de/de/aktuelles/zahlen-und-daten/jahreszahlen/export

VDA. (o. J.-e). *Neue Perspektiven für Entwicklungsdienstleister.* Abgerufen 23. April 2025, von https://www.vda.de/de/themen/automobilindustrie/zulieferer-und-mittelstand/entwicklungsdienstleister

VDA. (o. J.-f). *Standort Deutschland verliert an internationaler Wettbewerbsfähigkeit.* Abgerufen 11. April 2025, von https://www.vda.de/de/themen/Automobil-Insight-2023/Beschaeftigung-in-der-deutschen-automobilindustrie

VDA. (2025, März 27). *VDA statement regarding planned punitive tariffs on imported cars.* https://www.vda.de/en/press/press-releases/2025/250327_VDA_statement_regarding_planned_punitive_tariffs_on_imported_cars

Verein Deutscher Ingenieure. (2024, August 14). *Massiver Fachkräftemangel in den Ingenieur- und Informatikberufen.* https://www.vdi.de/news/detail/massiver-fachkraeftemangel-in-den-ingenieur-und-informatikberufen-jaehrlicher-wertschoepfungsverlust-liegt-bei-bis-zu-13-milliarden-euro

Verein Deutscher Ingenieure e.V. (2019). *Entwicklung technischer Produkte und Systeme: Modell der Produktentwicklung* (No. VDI 2221–1). Beuth Verlag, Berlin.

Webarchiv. (2013, April 20). *SMP-Samvardhana Motherson Peguform.* https://web.archive.org/web/20130420110332/http:/www.smp-automotive.de/geschichte.html

Weichbold, M. (2019). Pretest. In N. Baur & J. Blasius (Hrsg.), *Handbuch Methoden der empirischen Sozialforschung.* Springer Fachmedien Wiesbaden. https://doi.org/10.1007/978-3-658-21308-4_23

Weiss, H. (2024, Dezember 2). *Akzeptanz von KI – Der Graben wird immer tiefer.* https://www.automotiveit.eu/technology/kuenstliche-intelligenz/der-graben-wird-immer-breiter-802.html

Western Digital. (2024, Oktober 6). *Volumen der jährlich generierten/replizierten digitalen Datenmenge weltweit von 2010 bis 2023 und Prognose für 2028 (in Zettabyte) [Graph].* Statista. https://de.statista.com/statistik/daten/studie/267974/umfrage/prognose-zum-weltweit-generierten-datenvolumen/

Wilkesmann, U., Antoniewicz, H., & Wilkesmann, M. (2022). *Hinterher Ist Man Immer Schlauer: Wissenstransfer in der Gehobenen Gastronomie.* Springer Fachmedien Wiesbaden GmbH. https://go.exlibris.link/0XQ5jg9d

Wirtschaft Magazin. (2025, Januar 13). *Fachkräftemangel in Deutschland – aktuelle Prognosen.* https://wirtschaft-magazin.de/fachkraeftemangel-deutschland-prognose/

Zaun, D. P. (1999). *Künstliche neuronale Netze und Computerlinguistik* (Reprint 2016). Max Niemeyer Verlag. https://go.exlibris.link/Pc6J0trf

Zwick, D. (2024, August 2). *Elektroauto: Die Deutschen treten bei E-Autos in den Käuferstreik – WELT.* DIE WELT. https://www.welt.de/wirtschaft/article252694426/Elektroauto-Die-Deutschen-treten-bei-E-Autos-in-den-Kaeuferstreik.html

Kolibri 360 GmbH
Ferdinand-Jühlke-Straße 7
99095 Erfurt, Deutschland
produktsicherheit@kolibri360.de